정치와 리더십의 실패가 부른 전쟁

임진왜란
대비하지 않으면 다시 온다

壬辰倭亂

정치와 리더십의 실패가 부른 전쟁

임진왜란

대비하지 않으면 다시 온다

김형기 지음

산수야

들어가며

　필자가 태어나고 자란 곳은 통영의 한산섬이다. 한산섬 북쪽 해안에는 능선이 자리 잡고 있는데, 이 능선 자락에 유서 깊은 사적지인 제승당(制勝堂)이 있다. 임진왜란 당시 '한산대첩'에서 승리를 거둔 이순신은 전라좌도수군절도사 겸 삼도수군통제사로 임명되었고, 이곳에서 숙영하며 수군을 통솔하고 군사를 훈련시켰다. 지금도 이곳에는 이순신의 영정이 보관되어 있다. 초등학교 시절 소풍 때마다 제승당에 갔던 필자는 자연스럽게 그 정경(情景)이 머릿속에 떠오른다. 요즘도 제승당에서 인접한 선착장에 내려 고향 집에 다녀오곤 하여 더욱 친숙하고 정이 들었다.

　한산섬을 마주 보고 있는 통영은 임진왜란 이후 조선 수군을 지휘 통제하던 수군통제영이 있던 곳이다. 과거를 증명하듯 세병관과 충렬사, 착량묘 등 왜란 이후 조선의 삼도수군통제사들이 수군을 지휘하던 시설들이 시내 곳곳에 남아 있고, 지역 주민들이 이순신의 유지를 받들고 추모하는 사적 역시 많다. 통영의 남서 편에서 케이블카를 타고 미륵산 정상에 오르면 한산섬을 바라볼 수 있다. 동남쪽 바다 위로 돌고래 떼 같은 조그마한 섬들을 품고 있는 한산섬 뒤로, 북으로는 견내량 물골에서부터 남으로는 가라산 자락까지 병풍처럼 둘러서 있는 곳이 거제도이다. 그리고 통영항에서 남쪽의 한산섬 방향으로 둥그렇게 펼쳐져 있는 바다가 바로 이순신이 왜적을 섬멸한 '한산대첩'의 현장이다.

우리가 익히 알고 있듯, 통영 외에도 남해, 여수, 진도, 해남, 목포 등 영남과 호남 해안에는 이순신과 백성들이 힘을 합쳐 나라를 지키고자 애썼던 역사의 흔적이 지명으로, 사당으로, 설화로 남아 있다. 이곳들은 대부분 이순신이 직접 주둔하거나 전투에서 승리를 거둔 격전지로 국난 극복을 기념하는 역사의 현장이기도 하지만 조선에 닥쳤던 위기를 되새기게 해주는 성찰의 자리이기도 하다. 임진왜란 극복을 기념하는 문화유산은 아마 지금 발견된 것보다 더 많이 있었을 것인데 35년의 일제강점기를 거치며 다수가 파괴되고 훼손되었다.

임진왜란을 기억하는 글을 쓰겠다고 처음 마음을 먹은 것은 필자가 국방 현장에서 근무할 때였다. 이웃 국가 일본의 경제력과 발전상은 여러 경로를 통해 듣고 배워서 알고는 있었지만 막상 국방부에서 일본담당 직무를 수행하게 되면서 일본 방위성 관계자들과의 대화와 출장을 통해 확인한 일본의 국가적 능력은 기대 이상이었다. 그들의 오늘이 간접적으로는 결국 우리 민족의 희생과 식민지배의 연장선에 있다는 데로 생각이 귀결되면서 느끼게 되는 감회는 너무도 복잡했다. 그러던 어느 날 임진왜란의 한산대첩지이자 삼도수군통제영이 설치되어 있던 통영을 고향으로 둔 사람으로서, 고향의 역사에 대한 지식이 기초적인 수준에 머물고 있는 점을 반성하게 되었다. 그리고 다시금 서애 류성룡의 『징비록』을 대하면서 그가 글을 통해 전하고 가르치고자 했던 바를 새로이 할 수 있었고, 오늘날의 시각에서 그것을 음미해 보는 것도 매우 의미 있겠다는 생각을 하였다.

　『징비록』은 7년간의 임진왜란 동안 영의정과 도체찰사로서 나라와 백성을 지켜내고자 분투한 류성룡이 다시는 이러한 비극이 되풀이되어선 안 되겠다는 일념으로 쓴 글이다. 필자는 이 글을 통해 왜적의 침입에 제대로 대처하지 못했던, 안타깝다 못해 어이없는 당시의 국가지도자들과 방비 태세의 면모를 확인할 수 있었다. 후세의 한 사람으로 가슴이 미어졌다. 그리고 류성룡이 가르치고 강조한 '지난날의 잘못을 징계해서 후일의 어려움에 대비한다'는 '징비 (懲毖)'의 의미는 필자가 국방의 임무를 수행하는 동안 많은 생각과 자세를 가다듬게 했고 자신을 성찰하는 데 큰 도움을 주었다.

일전에 모 방송사에서 방영한 류성룡의 『징비록』을 통해 임진왜란을 재조망할 기회가 있었음에도 우리는 여전히 임진왜란을 이순신만의 전쟁으로, 그리고 백성들이 의병을 일으켜 나라를 지켜낸 전쟁 정도로만 이해하는 경향이 있다. 그러나 임진왜란은 조선과 일본 두 국가 간의 전쟁이면서 명나라를 포함한 동아시아 3국의 운명을 가른 국제전이었다. 이 전란은 우리가 생각하는 것 이상으로 중요한 의미를 지닌 역사적 사건이며, 오늘날까지도 우리 사회에 영향력을 미치고 있는 현실적인 사건이다.

대륙으로 진출하여 지리적 한계를 극복하려는 일본의 시도는 임진왜란에서 끝나지 않았다. 20세기 초 한반도 지배와 중국 침공으로 재현되었으며, 일본은 오늘날까지도 그 연장선에서 한반도를 바라보고 있다. 임진왜란과 정유재란 당시 본토에서의 전쟁 방지를 위해 '항왜원조'(抗倭援朝)를 내세우며 참전했던 중국은 한국전쟁 때에도 '항미원조'(抗美援朝)를 표방하며 그 행태를 반복하였다. 지금도 중국은 미국 등 자신들과 체제를 달리하는 국가들과 각을 세우는 형편이다. 북한을 후원하거나 전략적 완충지대로 활용하면서 '이이제이(以夷制夷-오랑캐로 오랑캐를 무찌른다)'라는 책략적 외교 전략을 견지하고 있는 데서 이러한 중국의 관점이 잘 드러난다.

임진왜란은 왜군이 1592년(임진년, 선조 25년) 4월 13일 부산포 앞바다에 기습적으로 출현하여 그다음 날인 14일 부산성을 공격하며 시작되었고, 1598년 11월 19일 충무공 이순신이 전사한 노량해전을 끝으로 왜군이 철수하면서 종결되었다.

7년간의 전란으로 조선 강토가 훼손되었고 수백만의 인명 피해가 발생하여 국가 발전이 침체를 면치 못하는 고난과 역경을 거쳤다. 그런데도 또다시 그 왜국, 일본에 의해 35년간의 식민 통치를 당하였다. 필자는 일본이 원망스러운 것에 더하여 조선의 정치 지도자들과 지배세력이 한심하게 느껴졌다. 임진왜란으로 그토록 처참한 피해를 입었다면 다시는 일본의 지배를 당하지 않도록 대처했어야 하는 것이 옳다. 어찌하여 같은 역사가 반복되었는가? 의구심과 분노로 가슴이 미어지면서도 자칫하면 그런 역사가 또 반복될 가능성이 있다는 점이 염려스럽기도 하다.

우리는 언제나 깨어 각성하며 일본을 바라보아야 한다. 420여 년

8

전 임진왜란을 일으킨 일본은 구한말에 이르러 다시금 조선을 침략했다. 역사는 반복되어 우리는 정치, 경제, 사회, 문화 등 어느 한구석 남기지 않고 피해를 입었고, 민족의 자존과 명예는 짓밟혔다. 앞으로도 그런 일이 일어나지 말라는 법이 없다. 35년간의 일제 지배는 왜란 7년의 5배나 긴 기간 동안 더 처참하게 한반도를 유린하였고, 국가 발전의 기운을 가로막아 국력을 약화시켰다. 그리고 그 연장선에서 민족의 비극인 6·25전쟁과 남북 분단 상황이 초래되었다. 임진왜란 당시 일본이 빼앗아 간 조선의 뛰어난 인재와 기술과 문물은 이후 그들이 긍지로 여기는 '에도시대'라는 중흥의 시기를 맞이하는 밑거름이 되었다. 일본은 오늘날까지도 중국을 견제하는데 한반도의 분단 상황을 요령껏 활용하고 있다.

필자처럼 1950년대 중반 이후 태어난 사람들은 일제의 탄압도, 6·25전쟁도 직접 체험하지 못한 세대이다. 우리 역사에 대해 부모 세대로부터 전해 듣거나 학교에서 배워 아는 것이 전부인 세대가 이제는 대한민국 사회의 주축을 이루고 있다. 비록 세대는 교체되었지만 오늘의 대한민국이 어제의 연속선상에 있다는 점을 잊어서는 안 된다. 우리 조상들이 겪어야 했던 어려움과 극복 정신, 교훈이 전수되지 않는다면 비극적인 역사는 또다시 반복될 수 있다. 그러므로 대한민국이 지향하는 자유민주주의와 시장경제, 번영과 통일을 추구하기 위해서는 일련의 역사를 알고, 일본과 중국을 비롯한 주변국을 직시할 수 있어야 한다. 그래야 우리 존재의 당위성을 인식하고 일본과의 관계를 바로 세우며 중국 등 주변국에 대해서도 주체적으로 대처해 나갈 수 있다.

국가리더십과 정치의 실패는 국가 위기를 초래하고 국민을 희생시킨다는 사실 역시 기억해야 한다. 임진왜란뿐만 아니라 일제강점기, 6·25전쟁도 그 연장선에 있다. 튼튼한 국방은 국가지도자들과 정치인들의 각성과 선도, 그리고 국민의 이해와 참여를 독려할 수 있는 헌신적이고 모범적인 자세가 전제될 때 가능하다. 임진왜란과 6·25전쟁 초기, 적에게 침략을 허용하고 무참히 패배했던 이유도 국방태세 유지에 실패했기 때문이다. 그 결과 백성의 삶은 무너지고 미래를 짊어지고 나갈 젊은이들이 희생되어야 했다. 자연히 나라의 발전은 지연되었고 국민의 삶은 고통에 빠졌다. 이런 역사가 다시금 반복되어야 하겠는가.

1965년 한·일 양국 간의 국교 정상화에도 불구하고 일본은 일제 35년의 식민지배를 침략으로 공식 인정하지 않고 가해 사실에 대해 진정한 사죄를 하지 않는 태도를 견지하고 있다. 그러면서도 한반도 문제에 대해서만큼은 대단한 이해관계를 가지고 눈에 불을 켠 듯 접근한다. 우리 국민이라면 누구나 일본이 '과거사' 문제를 분명히 하고 있지 않는다는 데 대해 지극히 유감스럽고 불만스럽게 생각하고 있다. 그러나 한·일 양국은 굴곡의 역사에도 불구하고 수교 이래 정치, 경제, 사회, 문화 등 다방면에 걸친 교류와 협력을 통해 상호 이해와 존중의 폭을 넓혀 가고 있으며 동아시아의 평화와 안정을 위해 공동의 노력을 경주하는 우호 협력의 동반자 관계로 발전해 가고 있는 것이 엄연한 현실이다. 지난 60~70년대 동안 일본이 우리나라의 경제 발전을 위해 제공한 협력과 지원은 실질적인 도움이 되었던 것도 사실이다. 또 우리 국민이 많이 방문하는 국가 중 하나가 일본이며 일본 국민도 중국 다음으로 한국을 많이 방문하고 있다는 데서 양국 관계의 현주소가 잘 입증되고 있다. 한·일 양국 관계는 이처럼 복합적으로 연결되어 있으며 미래 지향적인 발전을 추구하는 시각에 있어 두터운 공감대를 형성하고 있다. 따라서 필자는 단순히 일본을 미워하거나 원망하기 위해서 이 글을 쓴 것이 아니다. 다만 과거의 역사를 되풀이해서는 안 된다는 반성과 다짐을 바탕으로 전쟁을 억제하고 굳건한 우리 조국, 대한민국을 만들어 가야겠다는 차원에서 역사적 교훈을 찾고자 노력하였다.

필자는 역사학자가 아니므로 여기에서 임진왜란에 대한 새로운 역사적 해석을 전개하지는 않는다. 전쟁이 국가의 운명과 백성의 삶에 지대한 영향을 미친다는 점에서 전란 극복을 위한 지도층과 백성의 자세와 헌신, 전란 후의 수습과정을 군 복무 경험과 국방부 공직자의 관점으로 임진왜란을 살펴볼 것이다. 이 작업을 통해 과거, 현재, 미래에 걸쳐 있는 임진왜란의 의미를 재발견하고 다시는 이런 불행을 반복하지 않을 지혜를 독자와 함께 찾고자 한다.

책의 전반부에서는 임진왜란을 한눈에 바라볼 수 있도록 당시 조·명·일 3국의 상호 인식과 대외관계, 전란의 경과와 전쟁 지도자들의 리더십을 살피고 그동안 우리가 애써 외면했던 참혹한 칠천량 패전을 자세히 분석하였다. 그리고 후반부에서는 조선의 방위 시스템과 전쟁 지속 능력, 명나라 참전에 따른 전쟁 상황의 변화와 국가적 부담을 살피고 임진왜란의 현재와 미래의 의미를 고찰하였다. 이제 필자와 함께 임진왜란, 그 고통스러웠던 역사를 오늘날의 시각에서 미래의 사건으로 만나 보자.

차례

3장 안타까움으로 점철된 전란 경과

4장 조선 수군 최대의 패전, 칠천량 해전

5장 전란의 리더들

9장 일본에 끌려간
조선 백성들의 피맺힌 절규와 한탄

10장 대비하지 않으면 다시 온다

제1부

무너진 국가 리더십,
임진왜란은
정치의 실패가 불렀다

1장

국가리더십의 실패가 초래한 전란,
임진왜란

풀리지 않는 임진왜란의 의문점들

임진왜란의 진행 과정을 살피다 보면 항상 의문이 드는 부분들이 있다. 조선은 전쟁이라는 국가적 위기 상황을 우려하고 일본에 통신사를 파견했다. 그런데 일본에 다녀온 조선통신사 사신단의 귀국 보고가 서로 달랐다. '부사'였던 김성일이 사신단을 대표하는 위치에 있는 '정사' 황윤길과 다른 의견을 내놓았다. 이에 당연히 재차, 삼차 확인하는 과정이 필요했을 터인데 조선 조정은 무슨 연유에서인지 관련 노력을 기울이지 않았고 정사의 의견보다도 부사의 의견을 더 존중하였다. '전란의 발생'이라는 사안의 중대성에 비추어 보면 너무나 의문스러운 대목이다.

의문은 여기서 그치지 않는다. 전쟁이 일어났을 때 선조는 황급히 한성을 떠나 도망치듯 피난길에 올랐다. 그 긴박한 상황에서 자신을 대리하여 전란을 수습해야 할 영의정 등 최고위 신료들을 임명했다가 하룻밤 만에 교체해 버렸다. 이것을 어떻게 이해해야 할 것인가? 전쟁이 벌어져 국가의 존망이 경각에 처해 있는 형편인데도 어떻게 동서 당쟁이 용인되었는가?

임진왜란 이전 몇 년간의 기록을 살펴보면 조선 조정 역시 나름대로는 일본의 전쟁태세에 대비하고 있었다는 사실을 알 수 있다. 그런데도 조선은 개전 초기 어떻게 그토록 맥없이 무너졌는가? 임진왜란 당시 조선의 군사체계와 방비 태세가 도대체 어느 정도였기에 수도 한성(서울, 별칭 '한양')이 20일이라는 짧은 기간 안에 함락되었는가?

조선은 전쟁의 당사자였다. 그럼에도 명과 일본 간의 강화협상에 참여하지 못했다. 비록 명나라 군사가 조선의 지원군으로 참전하였다 하더라도 납득하기 힘든 점이다. 그리고 왜군은 1593년 한성에서 부산과 울산, 거제도 일대로 남하한 뒤 두어 달 만에 진주성을 함락시켰으나 본국으로 철수하지 않은 채 1597년 1월 정유재란까지 거의 4년에 달하는 긴 기간 동안 명과 강화협상을 진행했는데, 이 역시 석연치 않다.

또 다른 의문은 절치부심하며 재침을 준비해 온 일본의 최고위 장수가 조선의 전선을 책임지는 군 간부에게 동료 장수를 제거하기 위한 첩보를 전했다는 점이다. 그리고 조선 조정은 그 첩보의 진위와 유용성에 대하여 체찰사 이원익이나 도원수 권율, 삼도수군통제사 이순신 등 전선 책임자들의 의견을 묻지 않았다. 어찌하여 일부 신료, 그것도 백관 신료들의 의견만을 듣고 판단했는가? 더 나아가 선조는 자신의 명령에 따르지 않았다는 이유 하나만으로 천 리 밖 일선의 최고위 장수를 압송하고 문초하여 백의종군시켰으며, 후에는 스스럼없이 재기용했다. 여기에는 어떤 사정이 있었던 것인가?

이러한 의문점들 외에도 군사와 백성들의 사기에 결정적인 영향을 미치는 국가지도층들의 임전 자세와 군량과 군마를 위한 마초의 확보 문제, 전쟁 포로 문제도 궁금하였다. 특히 임진왜란을 전후하여 조선 조정에서 대단히 중요한 과제로 대두되었을 군량 확보 문제와 전쟁 포로 문제는 필자의 중요한 관심 분야였다.

대규모 왜군에 기습적인 침입을 당한 조선의 선조 임금과 조정 신료, 일선 관청의 책임자들의 임전 자세는 어떠하였으며 백성들은 어떻게 반응하고 대응했을까? 또한 조·명 연합군과 왜군이 조선 땅에 운집한 가운데 7년간이나 전쟁을 지속하였다는 점에서 조선 군사의 군량 공급마저 힘겨워하던 조정으로서는 4만 8,000여 명의 명나라 군사에 대한 군량과 마초 공급 문제가 참으로 간단치 않았을 것이다. 과연 조선의 조정은 이 문제를 어떻게 해결하고 수송 문제는 어떻게 조치하였을까?

그리고 전쟁으로 인하여 10여만 명이 넘는 선량한 조선의 백성들이 일본으로 납치되어 가서는 종살이를 면하지 못했고 어떤 경우에는 포르투갈 상인들에 의해 인도와 이태리 등 유럽으로까지 팔려나가기도 했다. '백성의 안전 귀환과 정착 지원은 국가의 도리이자 책임'이라는 점에서 전란이 끝난 후 조선 조정은 붙잡혀간 백성들의 안전 귀환을 위해 어떤 노력을 기울였으며, 일본은 어떤 자세를 견지했기에 소수의 인원('피로인', 被擄人)들만 돌아올 수 있었을 뿐 절대다수의 피로인들은 일본 땅에 그대로 남게 되었던 것일까?

국방 실무를 담당한 필자로서는 이런 모든 점들이 궁금하였다. 조선은 체제를 갖춘 국가였고, 과거시험을 거쳐 선발된 뛰어난 인재들이 조정을 구성하고 있었다. 아울러 일본에 파견되었던 사신의 보고와 이들과 동행했던 일본 요원들의 공공연한 내침 시사 발언으로 전쟁에 대비하지 않을 수 없었던 상황이었다. 이에 따라 한양 이남 3도의 관찰사를 새로이 임명하는 등 조선 조정 나름대로는 과감한 조치들도 취하고 있었다. 이런 상황에 비추어 보면 조선이 왜 그토록 무기력하게 일본에 짓밟혀야 했는지 좀처럼 이해하기 어렵다. 이미 역사학계의 권위 있는 전문가들에 의해 규명된 부분이 있기는 하지만, 필자는 국방 실무를 직접 담당했던 군 복무 경험과 공직자의 관점에서 이러한 의문점들을 풀어내 보고 싶었다.

명나라 원정을 핑계로 조선을 점령하려 했던 일본

도요토미 히데요시(이하 '히데요시')는 1590년 일본 전국을 통일하며 100여 년간 지속된 전국시대의 막을 내렸다. 사실 히데요시는 통일 이전부터 차근차근 자신의 야심을 실현해 왔다. 1582년 오다 노부나가(織田信長)가 피살되자 히데요시는 곧바로 주군의 복수를 한 뒤 이를 명분 삼아 그의 후계자가 되었다. 1585년에는 스스로 간바쿠(關白)가 되었고 그 이듬해 다조다이진(太政大臣)의 지위에 올라 전국을 통치했다. 1587년에는 규슈 평정에 성공했으며, 이러한 자신감을 바탕으로 당시까지만 해도 독립국이었던 류큐(琉球, 오키나와)를 복속시킨 다음 조선과 명나라를 정복하겠다는 포부를 공공연히 밝혔다.

그러나 히데요시는 빈한한 농민 출신인 까닭에 통치기반이 단단

하지 못했다. 자신의 약점을 보완할 방책으로 지배 집단인 다이묘(大名)들의 지지와 협조를 강화하려 했는데, 그 대안은 대규모 해외 원정을 벌이는 것이었다. 원정을 하면 다이묘들은 해외에서 무력을 소진하여 세력이 약화될 것이었고, 원정에 참여한 지도세력들에게 정복지를 재분배하여 영지 확장 욕구를 충족시킬 수도 있었다. 히데요시는 이러한 시도를 통해 다이묘들로부터 광범위한 지지기반을 확보하려 했다.

전쟁에 앞서 히데요시는 놀랍게도 조선 조정에 편지를 보내 명나라(中國)를 정복하고자 하니 명나라로 가는 길을 터 줄 것을 요구했다. 어쩌면 히데요시식의 이런 생각은 임진왜란 이후 일본의 정치 지도자들에게 전통처럼 계승되어 잠재해 있는지도 모른다. 제2차 세계대전 당시 중국과 인도차이나반도를 점령하고자 추구했던 '조선의 식민지화─국권침탈'이나 '대동아 공영권'과 같은 개념이 히데요시의 야심과 비슷한 맥락을 보였기 때문이다.

히데요시는 1587년 5월 규슈를 평정함으로써 류큐와 쓰시마를 쉽게 복속시키게 되자 이와 마찬가지로 조선을 장악하면 명나라도 평정할 수 있을 것이라는 야심찬 구상을 하였다. 만약 조선이 일본에 비협조적이거나 불응한다면 조선을 공격하여 쓰시마에 복속시킬 작정이었다. 그러한 작정의 일환으로 임진왜란이 발발하기 5년 전인 1587년, 그는 쓰시마 도주 소 요시시게(宗義調)와 그의 아들 소 요시토시(宗義智, 고니시 유키나가의 사위) 부자에게 특수임무를 맡겼다. 조선으로 건너가서 '조선은 일본이 명나라로 가는 침입 경로를 제공해 주고 일본에 와서 입조할 것(假途入明과 國王入朝)'을 요망하는 본인의 뜻을 전달하라는 것이었다. 쓰시마 섬은 조선과의 교역으로 먹고사는 형편이었기 때문에 이들 부자는 '가도입명'이나 '국왕입조'가 가당찮은 일임을 잘 알고 있었다. 고민 끝에 이들은 중단되고 있던 '조선통신사의 파견'을 성사시키는 것을 대안으로 떠올렸다. 그리고 가신 다치바나 야스히로(귤강광 橘康廣)를 일본 국왕의 사신으로 위장시켜 파견했다. 그러나 조선 측의 거부로 통신사 파견은 성사되지 못했고, 이를 보고받은 히데요시는 화가 나 다치바나와 그 일족을 모두 사형시켰다. 조선을 편들었다는 이유에서였다.

1589년 3월, 히데요시는 조선 국왕의 입조가 지연되고 있는 데 대해 쓰시마 도주를 강하게 질책하면서 여름에는 반드시 입조를 성사시키도록 다그쳤다. 재촉을 받은 쓰시마 도주 소 요시시게는 그해 6월, 일전에 조선에서 외교승으로 활약한 바 있는 겐소(현소 玄蘇)를 정사(正使)로, 자신의 아들 소 요시토시를 부사(副使)로 삼아 조선에 거듭 보내 사절단 파견을 요청했다. 조선 방문 경험이 많은 겐소를 정사로 고른 데서 알 수 있듯이 사신들에게는 조선의 방비 상태를 염탐하라는 명령도 함께 내려져 있었다.

통신사 귀국보고 혼선으로 전란 대비에 실패한 조선

계속되는 일본의 조선통신사 파견 요청을 수상쩍게 여긴 조선 조정은 일본 사절에게 조건을 내걸고는 조치를 지켜보고 결정을 내리기로 했다. 조건이란 1587년(선조 20년) 전라도 손죽도에 침범해 피해를 입히고 녹도 보장 이대원을 살해한 왜구의 우두머리와 조선인 앞잡이 사화동, 그리고 그 당시 납치당한 조선인들의 송환이었다.

조선통신사 파견이 급선무였던 쓰시마 도주는 곧 이들 모두를 조선으로 돌려보냈다. 일련의 과정이 이행되자 조선 조정은 같은 해 9월 히데요시의 일본 전국 통일을 축하하는 통신사 파견을 결정하고 11월에는 정사에 중추부 첨지(僉知, 정3품) 황윤길(黃允吉)을 임명했다. 황윤길은 명종 대에 문과에 급제한 인재로, 율곡 이이와 정철, 성혼 등과 가까이 지내던 사림파의 인물이었다. 부사에는 성균관 사성(司成, 종3품) 김성일(金誠一)을, 서장관(書狀官, 외교문서 담당)에는 성균관 전적(典籍, 정6품)이자 허균의 형으로 잘 알려진 허성을, 수행 무관(武官)에는 황진을 각각 임명했다. 동·서인으로 분열되어 있던 조정 내 역학관계가 사신 선정에도 작용하여 황윤길은 서인 측, 김성일은 동인 측을 대표한 모양새였다.

조선통신사 일행은 그 이듬해인 1590년 3월, 입경해 있던 일본 사절들과 함께 한양을 떠났다. 당시 일본의 사절이었던 소 요시토시는 조선 조정에 공작 두 마리와 조총 몇 자루, 창, 칼 등을 선물로 전달했는데, 선조는 이때 받은 조총을 군기시(軍器寺)에 두도록 지시했다.

조선군이 조총을 갖게 된 것은 이때가 처음이었다. 조금의 경각심과 군사적 이해가 있었더라면 관심을 가지고 잘 관리하여 활용 방도를 강구할 수도 있었을 것이다. 그러나 군왕 선조와 조정의 신료들은 그렇지 못했다. 만약 그때 조정에서 조총을 잘 연구하고 군사적으로 활용하도록 조치했더라면 임진왜란의 초기 전세는 많이 달라졌을 것이다. 오늘날 생각해 보면 참으로 안타까울 뿐이다.

유학과 문치에만 익숙한 군왕과 조정 신료들은 눈앞에 버젓이 놓인 최신 무기를 보고도 연구하는 당연한 일을 하지 못했다. 일본은 달랐다. 1543년 태풍으로 일본에 떠밀려온 포르투갈 선박의 상인들에게서 조총을 건네받았을 때, 일본의 지도자들은 제작 기술을 빼내기 위해 최선을 다했다. 그리하여 20여 년이 지난 후에는 조총을 대량생산할 수 있었고 전쟁 무기로 활용하는 수준에까지 도달할 수 있었다. 조선과의 외교 현장에 오른 조총은 그런 일본의 자신감의 징표였다.

조선통신사 황윤길 일행은 1590년 3월(선조 23년) 한성을 떠나 부산 다대포, 쓰시마(5월 초), 오사카를 거쳐 7월 말에야 국도 교토에 겨우 도착했다. 그러고도 히데요시가 동쪽 지방 정벌에 나가 있는 바람에 서너 달을 더 기다려야 했다. 9월이 되어 히데요시가 교토로 돌아왔지만 궁궐을 수리 중이라는 이유로 만나지 못하다가 11월 초에야 대면했다. 일본에 사신으로 가서 5개월 동안이나 기다린 끝에 국서를 전할 수 있었던 것이다.

선조의 국서는 히데요시의 전국 통일을 축하하며, 앞으로 선린 우호 관계를 잘 유지하자는 의례적인 내용이었지만, 히데요시는 조선의 국서를 받고서도 곧장 답서를 써 주지 않았다. 뿐만 아니라 사신단으로 하여금 교토에서 100여 리 떨어진 사카이(계빈 堺濱, 오사카부)로 가서 기다리면 답신을 보내주겠다고 했으나, 그나마 마지못해 보내온 답서도 "한번 뛰어 곧바로 대명국으로 들어가, 귀국이 선구가 되어 입조한다면, 대명에 들어가는 날 사졸을 거느리고 군영에 임한다면" 등 그 내용이 거칠었다. 도저히 국서에 쓸 수 없는 거만한 표현들이 사용되고 있었기 때문에 부사 김성일은 일본 측에 두세 차례 서신을 보내 고칠 것을 요구하였으나 받아들여지지 않았다. 이런 실랑이 속에서 정사 황윤길과 서장관 허성은 서둘러 일본을 떠나려고 하는 바람에 조선 사신들 사이에서도 의견이 갈라졌다. 긴 소동 끝에 마침내 통신사 일행이 부산포로 귀국한 것은 파견으로부터 무려 10개월이 지난 1591년 1월 28일(선조 24년)이었다. 그러나 사신단의 대립은 귀국 이후에도 여전했다. 정사 황윤길과 서장관 허성은 부산포에 도착하자마자 "반드시 병화(兵禍)가 있을 것입니다" 하고 직보했고, 3월에 한양에서 선조에게 복명할 때에도 그대로 보고했다. 히데요시에 대해서도 "눈빛이 반짝반짝하여 담과 지략이 있는 사람인 듯했습니다"라고 전했다. 그러나 부사 김성일의 의견은 정반대였다. "신은 그러한 정세가 있는 것을 보지 못했습니다. 황윤길이 인심을 동요시키는 것은 옳지 못합니다. 그의 눈은 쥐와 같았는데 두려워할 위인이 못됩니다"라고 보고했다.

조선의 지도층에 속하는 인사들의 답답한 행태는 조총에서 끝나지 않았다. 전란이 우려되어 파견한 사신단에서도 그대로 드러났다. 일본의 침입을 사전에 감지하고 대비태세를 갖추기에도 역부족한 상황에서 사신들의 일치되지 못한 보고는 조정에 혼선을 야기하여 임진왜란의 굴욕을 안겨주었다. 전란을 앞둔 상황에서의 국론분열은 이렇듯 치명적이다.

조정의 파쟁과 자만심으로 일본의 변화 간과

징비록에는 류성룡이 김성일에게 "황사(黃使)의 말과 다른 데 만일 병화(兵禍)가 있게 되면 장차 어떻게 할 것인가?" 하고 묻자, "나 역시 어찌 왜적이 끝내 동병(動兵)치 않을 것이라고 단언하겠는가마는 너무

지나쳐 중앙과 지방의 인심이 놀라 당황할 것 같아 이를 해명했을 뿐이다"라고 기록되어 있다.

오늘날의 시각에서 이를 제대로 이해하기는 어려우나 종래부터 조선의 조정이 일본에 대해 멸시하며 우월감을 갖고 있었던 데에서 비롯하지 않았나 짐작된다. 국가의 안위가 걸린 중차대한 문제였던 만큼 조정 차원에서 단지 논의에 그칠 것이 아니라 당연히 일본의 정황을 지속적으로 추적, 확인하는 노력이 후속되었어야 했지만 안타깝게도 조선 조정은 그런 책임감을 발휘하지 못했고 상황의 심각성에 착안하지 못했다.

그렇다면 당시의 실정이 어떠하였기에 조선은 그토록 일본에 무참히 짓밟혔던 것일까? 여러 평가가 있겠지만 필자가 이해한 바를 정리하자면 이렇다.

임진왜란이 발발하기 전 약 200여 년간 조선은 평화의 시대를 누렸다. 태조 이성계를 위시한 조선의 개국 공신들은 고려가 불교를 숭상한 폐해를 교훈 삼아 유교를 숭상했고, 문치 중심의 사회질서를 구축하였다. '명나라로부터 특별하게 대우받는 번국으로서의 조선'이라는 자존심을 바탕으로 일본 등 인접 국가들을 얕보거나 쉽게 생각하는 경향도 있었다. 시종일관 '사대'(事大)와 '존명'(尊明)에 입각하여 외부 세계의 변화를 바라보면 되었기 때문에 명나라에 대한 사대선린(事大善隣)에만 치중한 나머지 일본을 비롯한 다른 나라에 대해서는 관심과 경계가 미약했다. 대외적으로는 명나라를 상국(上國)으로 받드는 번국(藩國)의 위치로 인해 외교적으로 자유롭지 못했고, 국내적으로는 정치적 혼란까지 겹쳤다. 연산군의 폭정과 중종반정, 거듭된 사화와 훈척정치의 폐단, 선조 때부터 걷잡을 수 없이 확산·심화되어 간 조정 내 동서인 간의 정치적 갈등과 파쟁 등으로 인해 국내의 혼란이 끊이지 않았다. 국내의 정치적 혼란과 일본에 대한 자만은 조선 조정으로 하여금 일본의 변화를 예의 주시하지 못하게 했다.

같은 시기 일본은 각지에서 군웅이 할거하는 이른바 '전국시대(戰國時代)'를 보내고 있었다. 15세기 일본에서는 무력으로 대호족의 지위를 확보한 봉건 영주들이 전국을 통일하고자 각축했고, 그 100여 년의 갈등 끝에 마침내 1590년 히데요시가 전국을 통일했다. 오랜 세월에 걸친 내전 과정은 봉건 영주들로 하여금 많은 전투 지휘 경험을 축적하고 전술 능력을 함양할 수 있는 계기가 되었다. 이를 바탕으로 전국을 통일하여 최고 대신 급인 '다조다이진'(太政大臣)에 등극한 히데요시는 군사적 영도에 대한 자신감을 바탕으로 '영토 확장'의 야심을 품는 단계로까지 발전하였다. 일본이 사실상의 군사 국가로 변모한 것이다. 이는 인접국 조선이 당연히 주목해야 할 상황이었으나, 조선은 일본에 대해 문화적으로나 경제적으로나 시혜국의 위치에 있다는 자만에 빠져 이를 간과했다.

한편, 100여 년의 내전으로 인해 일본은 내부적으로 노동 인구가 감소하고 경제활동이 크게 위축되어 식량과 물자가 대단히 궁핍해진 상황에 직면하게 되었다. 노동인구의 감소 문제를 해결하기 위해 전란 기간 동안 왜군 지도부는 수많은 조선의 남녀 주민들을 체포·이송하여 갔는데 후술한 '피로인' 부분에서 살펴본다.

도서 국가인 일본으로서는 주변국으로부터 물자를 확보하는 것이 불가피했다. 중국(명나라)의 복건과 절강 등지, 조선의 영·호남 남해안이 '왜구가 발호' 하는 중심지역이었다. 물론 당시는 '대항해시대' 가 열리고 있었기 때문에 남지나해와 동지나해를 거쳐 중국에 접근하고 있던 포르투갈과 스페인 상인들도 있었고 은(銀)이 중요한 거래 수단으로 등장하였다.

그 시대 명나라의 강남과 일본 열도, 조선의 남해안 사이에는 매우 활발한 교역 루트가 형성되었고 무역을 통해 엄청난 부를 축적한 상인들이 출현하고 있었다. 주된 거래 품목은 명나라의 견직물과 생사, 일본과 신대륙으로부터 건너온 은이었다. 풍부한 은을 생산하여 교역에 나선 일본 상인들은 자연히 은을 뇌물로 하여 명과 조선 조정의 내부 정보를 빼내 가기도 했다. 일본의 상인들에 의해 파악된 인접국 정보가 히데요시 등 최고 지도부에 전달되는 것은 당연지사였다. 그러나 왜구의 발호와 침입으로 인해 골머리를 앓고 있던 조선 조정의 경우, 왜구가 부족한 물자와 식량을 구하기 위해 남부 해안지방에 무단으로 침입하여 식량이나 상품을 도적질해 가는 정도로만 여겼고 은을 거래 수단으로 인정하거나 조선의 내부 정세와 방비 상태를 염탐하는 '첩자' 의 역할도 할 것이라는 데에는 생각이 미치지 못했다.

임진왜란이 있기 전까지 일본, 소위 '왜국' 이 끼친 피해는 그다지 위협적이지 않았다. 일본 해적들은 주로 남해안 지방에 이따금 내습하여 물자나 식량을 지원받거나 약탈하여 종종 피해를 주곤 했는데, 조선은 이들을 '왜구' 로 지칭했다. 세종대왕 재위 초기에 있었던 이종무의 대마도 정벌(1419년, 세종1년) 이후에는 조ㆍ일 양국 간에 큰 군사적 갈등 없이 대체로 평온한 관계가 유지되었으므로 조선은 '왜군' 에 대해서는 크게 염려하지 않았다. 오히려 압록강과 두만강 북쪽의 여진족 방비에 주력하고 있었다. 더욱이 당시까지의 상황을 미루어 보면 일본은 식량과 물자 부족 등으로 조선에 협력하거나 지원을 받을 수밖에 없었고, 조선의 문물이나 조선을 경유한 중국의 문물을 전해 받아야 하는 형편이었다. 이 때문에 조정을 비롯한 당시 조선의 지식인들은 일본이 감히 조선을 대병력으로 침공할 수 있다는 가능성을 상상하지 못했다. 당연히 일본에 대한 군사적 방비도 허술할 수밖에 없었다.

물론 임진왜란 전부터 왜군의 침공 가능성을 염려하는 분위기는 감지되고 있었다. 그 일환으로 왜란이 발발하기 2년 전에는 조정에서 황윤길을 단장으로 한 통신사절단을 파견하여 일본의 정황을 직접 확인하기도 하였다. 조선 침입 의지를 염탐하기 위해 보낸 사절단이었던 만큼 일본 정치지도부의 동정과 군사적 분위기를 면밀히 살펴볼 수 있어야 했고 군사 전략의 식견을 가진 수행 요원은 중요한 역할을 담당할 수 있어야 했다. 그러나 사신들은 정치 외교적인 관점에만 치중했고 군사적 관찰을 기대하기에는 역부족이었다. 수행원으로 간 무관은 책임 있는 역할도, 발언도 기대할 수 없는 위상이어서 그저 시종이나 드는 지경이었다.

마땅히 전란을 극복하고 조정 신료와 장수들을 통솔해야 할 최고 통수권자인 선조의 대처는 참으로 한심하여 전란의 피해는 더욱 심각해졌다. 사신의 귀국 보고가 서로 상치되면 사안의 중대성에 비추어 조정으로서는 관계 신료는 말할 것도 없고 관찰사와 수군통제사 등 일선의 방비 책임자들을 불러 모아 견해를 청취하고 대비책을 숙의하는 등 재삼재사 확인하는 것이 상식이자 통수권자로서의 책무임에도 불구하고, 선조는 당파를 기반으로 한 조정 대신들의 공허한 논쟁에 떠밀려 제대로 된 지침을 내리지 못했다.

모름지기 '국가'는 전란을 방지하기 위해 어떤 형태로든 외교·군사적 첩보망을 운영하는 것이 당연지사이다. 정보 수집을 하러 갔던 사신단의 보고가 엇갈렸다면 조선 조정은 반드시 추가적인 정보 수집을 했어야 했다. 때마침 사신단을 따라 동행해 온 겐소 등 일본 사신들이 복귀하지 않고 체류하고 있었기 때문에 그들을 통해 히데요시의 야심과 조선 침공 준비상황을 얼마든지 추적할 수도 있었다. 그러나 조선의 지도자들은 궐내로 접근해 온 사실상 적군의 첩자나 다를 바 없는 일본의 사신단을 황윤길과 김성일에게만 맡겼을 뿐 조정 차원에서 경각심을 갖고 일본의 움직임을 다각적으로 탐문하는 노력을 다하지 않았다. 그런 실정에서 군사적 정보 판단을 위해 첩보망을 운영한다는 것은 상상도 할 수 없었다. 사신단을 보내기까지 하였음에도 불구하고 안일에 젖은 조선의 조정은 사신단 복귀 불과 1년 후 남해 바다를 건너오는 17만 왜군의 침입 앞에서 망연자실해야 했고, 과거시험으로 선발된 유식한 선비들로 구성된 조선의 조정은 부끄럽기 짝이 없는 기습전쟁까지 허용하고 말았다.

제2장

국방 책임자들보다 통신사의
잘못만 가르치는 역사

엇갈린 귀국 보고가 불러온 파국

돌이켜보면 조선통신사를 파견하고 그들의 귀국 보고를 받던 1591년(선조 24년) 즈음의 조선은 정치적으로 대단히 혼란스러운 국면에 있었다. 조정은 동·서 붕당으로 신료들 간의 반목이 점차 치열해지고 있었고, 그 와중에 외침의 기색이 짙어져 국가적으로는 대단히 위중한 상황이었다. 여기에 1589년 정여립 사건으로 알려진 기축옥사(己丑獄死)가 발생하여 서인들이 동인들을 박해하는 일이 벌어졌고, 동·서인 간의 대립은 더욱 치열해졌다.

이때 군주로서 조정의 중심을 잡아야 했을 선조는 신료들의 분위기에 편승하여 통치의 위기를 요령껏 피해 가기에 급급했다. 국가적 위기 상황을 제대로 파악하지 못한 채 당파 갈등의 연장선상에서 통신사를 선발하고 결과 보고를 받았던 선조는 왜적의 침입 가능성을 우려하면서도 정권을 잡고 있던 동인들의 주장에 손을 들어주었다. 게다가 애초부터 통신사들의 말을 들을 준비가 되어 있지 않았던 조정 신료들마저 침입하게 될 왜적의 규모가 가늠되지 않는다는 이유로 대비 명령을 내리지도, 방향을 제시하지도 못했다.

문제는 일본에 파견할 통신사를 꾸릴 때부터 시작되었다. '기축옥사'로 동인들이 대거 축출되는 정치적 소용돌이를 겪고 있던 조선 조정의 갈등 상황은 사신단의 구성에도 영향을 미쳤다. 1575년(선조 8년) 인순왕후 심씨의 사망 이후 대두된 복제 논쟁을 계기로 조정은 동·서 당파로 분열되어 있었는데, 이후 발생한 '세자건저'(世子建儲) 문제로 인해 정치적 대립은 더욱 첨예해졌다. 세자건저 문제는 좌의정 정철을 비롯한 서인들이 광해군을 세자로 추천하여 선조의 노여움을 산 일을 일컫는다. 이 사건으로 많은 서인들이 조정에서 축출되었고 동인들이 다시 권력을 잡게 되었다. 이런 일들로 조선 조정은 전란을 대비할 수 있는 2~3년의 골든타임을 놓쳐버렸고, 일본에 다녀온 통신사의 귀국 보고조차 제대로 점검하지 못했다.

사신 일행의 처신에 대해서도 생각해 볼 여지는 있다. 서인 측의 사신이었던 정사 황윤길은 전쟁을 일으키려는 히데요시가 자신들을 인질로 삼아 억류시킬지 모른다는 두려움을 느낀 나머지 가급적 빨리 일본을 떠나려고 하였다. 추측해 보면 황윤길은 몇 가지 측면에서 고민하였을 것이다. 먼저 신변 안전에 대한 두려움의 문제였고, 다른 하나는 부사 김성일이 답서를 수정해달라고 주장하는 일로 인한 부담감의 문제였으며, 나머지 하나는 히데요시의 당초 서신에 있었던 명을 치기 위해 조선에 요구한 '정명향도'(征明嚮導, 명을 치고자 하니 조선이

조선통신사

길을 안내하라)에 대한 복명 문제였다. 이 당시 대마도주 소 요시토시(宗義智)는 조선과의 관계를 고려하여 정명향도를 '가도입명'(假途入明, 명으로 가고자 하니 조선은 길을 빌려 달라)으로 수정하였는데 그 이유는 조선 침입 의지를 내비치는 표현이 마음에 걸렸기 때문이었다.

첫째로 정사 황윤길은 '조선통신사'라는 조선을 대표하는 위치에 있는 만큼 자신의 신변에 문제가 생겼을 경우에 대해 고민이 많았을 것이다. 후진한 왜국, 일본에 와서 변고를 당하게 되면 국가적인 수치일 터이고, 선조와 조정에도 심대한 외교적 고충을 안겨줄 수 있었기 때문이다. 김명준은 『임진왜란과 김성일』에서 통신사 황윤길이 과거의 사신들과 비슷한 경우를 당할지 모른다고 두려워했을 것으로 보았다. 신라 때 왕제를 구하러 일본에 사신으로 갔던 박제상은 억류되어 죽임을 당했고, 1375년 고려 우왕 1년에 통신사로 갔던 나흥유는 간첩으로 의심을 받아 일본에 억류되었다 풀려났다. 아마도 황윤길도 비슷한 경우를 당할지 모른다고 두려워했다는 것이다. 이해하고 공감할 수 있는 설명이다.

둘째로 황윤길은 부사 김성일에 대하여 편치 않게 생각했던 것 같다. 김성일은 조정안에서 실력과 경력을 갖춘 '잘나가는 인물'이었고, 어전에서도 발언권을 행사하던 신료였기 때문에 황윤길에게는 다소 부담스러운 동료였을 것으로 짐작된다. 더욱이 본국에 보내는 일본의 답서 문제에 있어서는 부사의 주장이 합당했기 때문에 대표 단장의 위치에서 강력하게 반론을 제기할 수도 없었다. 적어도 국가를 대표하는 사신단이자 '전란 대비' 라는 임무의 중차대함에 비추어 볼 때 일본의 동정을 파악하고 점검한 결과는 서로 머리를 맞대고 토론하여 견해차를 조정하고 의견을 정리할 수 있어야 했지만 유감스럽게도 황윤길과 김성일은 그런 자리를 갖지 못했다.

셋째로 일본의 조선 침입 가능성을 어떻게 보고할 것인지에 대한 문제가 있었을 것이다. 일본에 도착하여 만난 히데요시의 발언과 태도, 조선의 사신단과 동행하며 일본의 분위기를 전하는 겐소와 소 요시토시의 언급 등으로 미루어 볼 때 황윤길은 일본의 침입 가능성을 충분히 짐작할 수 있었다. 특히 명을 공격해야 하니 길을 안내하라는 답신은 명나라와 사대관계에 있는 조선으로서는 도저히 받아들일 수 없는 요구였기 때문에 일본의 침공은 시간문제일 뿐 머지않아 다가올 현실로 받아들이지 않을 수 없었다. 더욱이 부산포에 도착하여 느낀 전란을 우려하는 분위기는 황윤길로 하여금 '전란 발생 가능성' 을 보고하지 않을 수 없게 만들었을 것이다. 실제로 앞서 귀국한 역관—저자 김명준은 이 선래역관(先來譯官)을 『선조실록』(선조24년 1월 13일조) 기사에 비추어 통신사의 서장을 휴대하고 선조 23년(1590년) 12월 1일경 일본의 사포에서 통신사들보다 먼저 복귀한 일행 중 한 사람일 것으로 추정했다—이 일본이 침입할 것이라는 말을 전하자 경상도에 소문이 퍼져나갔고, 충청도와 전라도에도 빠르게 전파되어 전국의 유생들은 왜적의 침입 가능성을 인지하고 있었다고 한다. 당연히 백성들도 크게 걱정하고 있는 분위기였을 것이다. 막중한 책임을 지고 있던 사신단의 대표 황윤길로서는-귀국하면 어떻게 보고하겠다는 복안을 세웠다는 기록은 아직 찾지 못했지만-자신이 일본에 있으면서 느낀 점에 비추어 '병화가 있을 것'이라고 보고할 수밖에 없었던 것이고, 그렇게 하는 것이 옳다고 생각하였을 것으로 짐작된다.

한편, 필자가 보기에 부사 김성일은 그래도 담대하게 일본에 답서를 요구하고 답서의 문안을 수정하게 하는 등 나름대로는 사신의 역할에 충실하고자 노력한 신료였다. 그러나 그도 막상 부산포에 도착하니 전란을 걱정하는 분위기가 팽배해 있어 염려스러웠고, 자신마저 '전란이 우려된다'는 보고를 하게 되면 민심의 동요는 말할 것도 없다는 점에서 고심하지 않을 수 없었을 것이다. 어쩌면 그는 일본의 침입이 어제 오늘의 일이 아니며 조선도 나름대로 잘 방어하고 있었기 때문에 자신의 보고로 민심이 더욱 동요되고 정국이 혼란스러워져서는 안 된다고 생각했던 것 같다. 실제로 조선은 4대 사화를 이미 겪은 터였고, '정여립 모반사건'과 '세자건저' 파동으로 정치적 곤경이 계속되고 있었다. 그러므로 사절단의 보고로 민심이 더욱 악화하게 될 경우 민란과 같은 혼란한 사태가 발생할 수도 있는 상황이었다. 부사 김성일은 고민 끝에 선조와 조정에 '일본의 그런 움직임을 보지 못했다'고 보고하였던 것이다. 왜란이 발생하고 난 다음 재상 류성룡이나 도승지 이항복이 보고 경위를 확인했을 때 답변한 것으로 유추해 보면 그렇다.

어쨌거나 사절단의 부사라는 엄중한 책임을 지고서 사신 간의 의견을 통합하여 제대로 된 보고를 해야 하는 책무에도 불구하고 그렇게 하지 못한 데에는 비난을 면할 길이 없다. 조선의 신료라는 자존심과 우월감이 앞서 명나라를 공격하겠다는 히데요시의 공언을 허풍으로 가벼이 보았거나, '왜놈들'이라는 편견의 연장선에서 개인적 감정을 앞세워 침입의 위험성을 간과하였던 것은 아닌지 의문스럽기도 하다. 성품이 강직하고 분명한 소신을 발휘한 것까지는 좋았으나, 조선 조정을 대표하는 사신으로서 보다 '유연하고 열린 자세'를 갖고 정사 황윤길과 의논하고 입장을 통일하는 지혜를 발휘했어야 했는데 그러지 못했던 것 같아 아쉬움이 크다. 부사 김성일의 보고는 조정의 왜란 대비에 엄청난 혼선을 야기시켰다. 뿐만 아니라 막상 전란이 닥치게 되자 조정 신료 상호 간 면피와 책임 전가의 빌미가 되었고 우리 역사에는 '잘못된 보고'의 반면교사로 두고두고 오르내리게 되었다.

그러나 보고가 상반되어 혼선이 빚어졌다고만 탓할 수는 없는 일이다. 히데요시의 답서만 보아도 명나라를 침공하겠다는 표현이 분명히 있었다. 그리고 일전에 일본의 사신으로 왔던 겐소와 소 요시토시가 회례사(回禮使) 자격으로 조선통신사들이 돌아올 때 동행했는데, 조선 조정은 감독과 정세 파악 차원에서 황윤길과 김성일로 하여금 이들을 관리하도록 했다.

귀국 보고 후 한 달쯤 지난 시점에서 겐소와 소 요시토시는 '내년(임진년)에는 침공한다'는 말을 공공연히 했다. 국왕 선조와 조정 대신들은 접반사를 맡은 황윤길과 김성일 등으로부터 접촉 결과를 수시로 보고 받고 있었음에도 불구하고 제대로 판단을 내리지 못했다. 김성일의 보고와 발언만을 탓할 일이 아니었다는 것을 역사가 증명하고 있는 셈이다.

조정을 대표하여 회례사들을 접대한 선위사 오억령이 '왜적의 내년 조선 침입 정보와 관련한 언급'을 들었다며 장계하였으나 조정에서는 이를 심각하게 받아들이지 않았고, 오히려 해괴하게 여긴 나머지 오억령을 교체시키기까지 했다. 왜적의 침공을 우려하는 보고를 확인하지는 못할망정 그를 처벌하는 지경이었으니 당쟁으로 인한 국가적 폐해가 얼마나 심각하였으며, 선조가 얼마나 딱한 처신을 하던 군왕인지 가히 짐작할 만하다.

이와 관련하여 역사학자 이덕일은 "오억령은 교체되었지만 일본이 임진년에 침략하리라는 것이 조정은 물론 민간에도 널리 알려진 내용이었다. 그런데도 조정은 현실을 외면하고 '보고 싶은 것만 보고' '믿고 싶은 것만 믿었다.' '전쟁은 보고 싶지 않은 것'이었고 '믿고 싶지 않은 것'이었다. 이런 상황에서 전쟁은 시시각각 다가오고 있었다"라고 했다.

더욱이 조선의 조정 신료들은 체류하고 있는 일본 신료들의 거친 태도에 노하여 회답을 주지 않았다. 회례사들은 이에 불쾌해하며 일본으로 돌아갔는데, 그 후로 일본 측에서는 조선에 신료를 보내지 않았다. 이어 부산포의 왜관(倭館)에 항상 머물고 있던 사람들마저 본국으로 돌아가 텅 비게 되자 주민들이 이를 이상하게 여기게 되었다.

결론적으로 '전란의 위험 가능성'이라는 사안의 심각성에도 불구하고 조선의 조정이 그 정도 수준의 대처에 그친 것은 다음과 같은 점을 극복하지 못한 데서 기인했던 것으로 생각된다.

첫째는 동·서인으로 반목하던 조선 조정의 상황이다. 당시에는 동인 측이 조정을 주도하고 있었고, 이런 사정 때문에 서인인 정사 황윤길보다는 동인인 부사 김성일의 보고에 힘이 실렸다. 왜적을 방비해야 하는 조정은 이렇듯 정치적 힘겨루기에 급급하느라 자신들의 책임과 의무는 소홀히 했다.

둘째는 일본에 대한 정치·문화적 우월감이다. 조선은 전통적으로 일본을 얕잡아 보았는데, 이러한 자만심 때문에 전국시대를 거치며 강력한 군사력을 보유하게 된 일본의 변화를 눈여겨보지 못했다. 이제껏 경상도와 전라도 해안 지역을 약탈해 식량과 물자를 조달하는 수준이었던 일본이 대규모 전쟁을 일으킬 수 있다는 생각 역시 조선인들의 상상력 밖이었다.

셋째는 국가리더십의 한계이다. 조선은 개국 이래 200여 년간 평화가 계속되면서 문치 국가로 정착했다. 중국 명나라에 대해서는 조공 관계가 공고히 구축되어 군사적 위협이 없는 상태였고, 만주의 여진이나 남방의 왜구에게 맞서는 소규모 전투 정도가 조선이 감당해야 할 전부였다. 자연히 국가적 위기에 대한 경각심과 방비가 부족했고, 전쟁에 대한 대비가 소홀했다. 전란의 위기에 직면하고 있었음에도 군왕인 선조는 문·무 신료들의 의견을 들으려 하지 않았다. 조선군이 어떤 형편에 있는지를 국왕이 몸소 실태를 확인하는 것은 기대할 수조차 없었다.

조정의 회피와 변명

우리가 유의해야 할 것은 『선조실록』이나 『선조수정실록』, 심지어 류성룡의 『징비록』까지, 임진왜란 관련 기록들은 모두 전란의 참화를 겪은 백성의 입장에서 작성된 기록이 아니라는 점이다. 이 기록물들은 군왕과 조정 대신들의 입장에서 기술되었기 때문에 왜란을 허용한 자신들의 책임을 기피하거나 무마하려는 의도가 있었던 것은 아닐까라는 의구심을 떨쳐내기 어렵다. 그리고 제국주의에 앞장선 일본의 역사학자들이 '식민사관'에 입각하여 조선은 당파 싸움을 하느라 전란조차 예방하지 못했다는 식의 논리로 의도적으로 왜곡하였을 수도 있고, 일본의 식민지배를 합리화하기 위해 지나치게 의도적으로 조선의 단점을 부각시킨 결과일 수도 있다. 어쩌면 우리는 이러한 식민사관에 입각한 주장을 부지불식간에 무비판적으로 받아들이고 있는 것은 아닐까? 우리 스스로 많은 성찰이 필요하다는 생각이 들어 필자의 견해를 정리해 보았다.

먼저, 조선통신사가 귀국 보고로 혼란을 주어 전란 대비가 부실하게 되었는지 따져보자. 앞서 언급한 바와 같이 조선통신사와 함께 떠났다가 황윤길 일행이 복귀하기 한 달 전에 먼저 부산으로 돌아온 통역관이 '왜국이 침입할 것'이라는 말을 전하였다. 그리고 영호남과 충청 등 한양 이남 지방에서는 이 소문이 빠르게 전파되어 전국의 유생들은 대부분 인지하고 있었고, 백성들도 크게 걱정하던 상황이었다. 이렇듯 전란의 가능성에 온 나라의 관심이 집중되고 있던 상황에서 일본에 다녀온 통신사 일행이 1591년(선조 24년) 1월 28일 입국하자마자 "반드시 병화가 있을 것입니다"라고 서면으로 급히 선행 보고를 했다. 황윤길과 김성일의 서로 다른 귀국 보고를 한 것은 이러한 상황이 이미 전개된 이후였다.

『징비록』이나 『선조실록』의 기록에 있는 사실들이기 때문에 굳이 여기서 언급하는 것이 부자연스러울 수도 있다. 그러나 필자는 선조를 포함한 조정 대신들의 처신이 '참으로 한심했다'라고 지적하지 않을 수 없다. 앞서 언급했던 바와 같이 사신들의 귀국 보고가 상반되었다면 '전란'이라는 사안의 심각성에 비추어 수차례 상황을 확인하고 점검해야 했다. 유감스럽게도 조선의 조정은 어떤 후속 확인조치를 취하지 못했고 오히려 전란이 발생하자 신하들에게 책임을 추궁하려 했다.

조정의 상황을 감안한다 하더라도 정사의 위치에 있는 황윤길과 그를 보좌하는 허성의 보고보다도 부사인 김성일의 보고를 더 존중하였다는 것, 그리고 영호남과 충청 등 삼남의 유생들과 백성들이 왜란을 걱정하며 동요하는 와중에도 전란을 대비하지 못한 것에 대해서는 선조와 관료들을 도저히 이해할 수가 없다. 막상 이듬해 전란이 닥치자 제대로 방비하지 못한 데 대해 자신들의 책임을 면하고자 김성일을 '속죄양'으로 삼은 것은 이치에 맞지 않는 변명에 불과했다. 더욱이 선조 자신은 선위사 오억령에게서 전란의 위험을 다시금 전해 들었던 사실 등으로 미루어 볼 때, 김성일만을 탓하며 전쟁의 책임을 물은 것은 지도자답지 못한 처신으로 비난받아 마땅했다. 선조 스스로도 이러한 점을 알고 있었기에 김성일을 왜란 직전에 경상우도병마사로 임명하였다가 왜란이 일어나자 파직시켜 조정으로 압송한 후 곧장 초유사(招諭使: 조선 시대 국가가 전쟁을 당하게 되었을 때 혼란스러워 하는 백성들을 안정시키는 임무를 지닌 임시 관직)로 다시 발령하지 않았을까 짐작된다.

그러나 필자의 의심은 여기서 그치지 않는다. 설령 통신사의 엇갈린 귀국 보고로 인해 조정이 전쟁을 대비하는 데에 어려움이 있었다 하더라도, 왜란은 통신사의 귀국 후 1년이나 지난 뒤에 발생했다. 그 규모도 종래 침입해 왔던 몇 천 명 정도가 아닌 10만이 넘는 대규모의 군대가 들이닥쳤다. 하지만 이에 대해서 누군가 책임을 졌다는 기록은 없다. 생각해 보면 선조나 당시의 조정의 신료들, 심지어 실록(선조실록이든 선조수정실록이든)을 기술한 사관들마저도 전란에 대한 반성보다는 그저 부끄러움을 피하고 싶었던 것이 아닐까? 필자 개인적인 추측이지만 김성일의 귀국 보고를 부각시켜 질책한 것은 아마도 그러한 맥락에서 비롯된 일인 것 같아서 씁쓸할 뿐이다.

막상 왜란을 당한 조선의 대비는 너무도 부족하고 안일했다. 사신들이 돌아온 뒤로 소문이 꼬리에 꼬리를 물며 퍼져나가자 결국에는 성을 쌓고 군사를 동원했는데, 사실 이러한 조치부터가 안일한 것이었다. 갑작스럽게 소집되어 축성과 군사 훈련에 동원된 백성들의 원성도 이만저만이 아니었을 것이다. 이런 와중에 벌어졌던 전란이니 백성들의 원망과 한탄은 오죽하였을까. 10만이 넘는 왜군들은 조총이라는 신식 무기로 무장하고 있었으나 이들에 맞선 조선의 병력과 수단은 너무도 미미했다.

그리고 제국주의에 앞장선 일본의 역사학자들이 '식민사관'에 입각하여 조선의 당파 싸움을 부풀린 것을 우리가 부지불식간에 그대로 받아들이고 있는 건 아닌지 반문할 필요가 있다. 앞서 언급한 저자 김명준은 부사 김성일의 귀국 보고가 많은 부분 왜곡되어 있고, 그 배경에는 일제의 식민사관이 있다고 했다. 필자도 공감하는 점이 있어 그의 의견을 소개한다.

"『선조실록』이나 왕조의 공식 사료 어디에도 붕당 때문에 통신사들의 보고가 달라졌다는 말은 없다. 선조는 통신사들로부터 직접 보고를 받았고 붕당을 걱정하며 고심하던 선조는 김성일이 히데요시에게 속아서 황윤길과 다르게 보고한 것으로 생각하였지만 당시 도승지 - 오늘날의 대통령 비서실장 격 - 였던 이항복은 남쪽 지방의 민심이 먼저 동요하여 이를 진정시키려고 한 것이라고 자신이 김성일에게서 직접 들은 말을 보고하여 선조의 오해를 풀어 주었다. 『징비록』에서도 당파 때문에 지지하는 의견이 갈렸다는 말은 없다."

그리고 김성일과 관련하여 『선조실록』(제31권, 선조 25년, 1592년 10월 27일)에는 이렇게 기록하고 있다.

"… 다만 그의 인품이 고집이 세고 편협하여 수용하는 도량이 없었기 때문에 동서의 분당이 일어날 때에 한사코 공격하기를 힘썼고 잘 조화하여 조정을 안정시키지 못하였으므로 사람들이 부족하게 여겼다."

여러 기록에 비추어 볼 때 김성일은 일본에 대해 엄격했고 사신으로서의 소임에 충실했던 인물이었다. 그리고 그런 점에서 조선 지배를 정당화하던 일제의 역사학자들이 거부감을 갖는 사람이었을 것이다. 어쩌면 이런 맥락에서 그를 '허위보고를 한 사신'으로 다분히 의도적으로 부각하여 기술했을 가능성도 배제하기 어렵다.

안타까운 점은 우리 스스로도 통신사와 관련한 역사를 세심하게 성찰하기보다는 이미 사실로써 의심 없이 받아들인다는 것이다. 일제는 부사 김성일의 잘못된 귀국 보고가 임진왜란을 발생하게 했다는 식으로 조선 역사를 왜곡하였고, 그를 '허위보고'나 하는 형편없는 인물로 호도하였지만 사실 학봉 김성일(1538, 중종 33년~1593, 선조 26년)은 19살 때인 1556년부터 14년간 퇴계 이황으로부터 학문을 배운 수제자였다. 그는 퇴계의 계승자이자 조선의 성리학을 대표하는 인물로, 서른한 살에 과거(증광시)에 급제한 인재였고 1593년 진주의 진중에서 병환으로 순직할 때까지 21년을 나라에 봉사한 모범적인 관료이기도 했다. 중앙 조정에서 근무한 것 이외에도 나주 목사, 경상우도초유사, 경상우도병마절도사(경상우병사), 경상좌·우도 관찰사(감사) 등을 역임하며 전란을 몸소 감당한 최전선의 책임관이었고, 초유사로서 왜적이 휩쓸고 간 경상도를 수습하여 의병을 일으키고 관군을 지휘하여 큰 공을 세웠다.

그가 경상우도초유사에서 경상좌도 감사로 발령되었을 때는 그를 존경한 경상우도 지역 유지와 민초들이 계속 봉직하게 줄 것을 조정에 상소할 정도였다. 진주대첩의 대승에 이바지하는 등 뛰어난 공적을 세우던 그는 전선의 지휘소에서 병마로 순직했다. 그러니 학봉 김성일을 일제가 좋아할 리 없었던 것이다. 그런 분을 우리는 '사신으로서 막중한 위치에 있는 자가 사실을 왜곡 보고하여 왜놈들로부터 짓밟히는 전란을 당하게 한 무책임한 인물' 정도로 배우고 이해하고 있는 실정이다. 이런 사정을 헤아리게 되면 일제가 우리 역사를 왜곡한 식민사관의 영향이 얼마나 심각한 것인지 새삼 깨닫게 된다.

일본의 야심찬 전쟁 준비와 조선의 안일한 대응

일본은 16세기 중엽 조총과 화약이 전래된 이후 전투의 양상도 개인전에서 집단전으로 바뀌었다. 작전법에 있어서도 후방을 교란하는 전술을 배합하여 구사할 수 있을 정도로 발전하여 당시 일본은 조선이나 명나라가 얕잡아 보던 그런 나라가 아니었다.

히데요시는 해외 원정의 야심을 실현하기 위해 1586년 즈음부터 다이묘들에게 선박을 건조하게 하는 등 방대한 선박 건조 계획을 진행시켰다. 그 결과 임진왜란 개전 직전에는 1,000여 척의 병선을, 전쟁 말기에는 3,000여 척의 선단을 보유하게 되었다. 뿐만 아니라 개전 2년 전인 1590년부터는 각 다이묘들에게 병력 동원을 지시하여 33만여 명의 군사가 준비태세를 갖추었으며, 군량 역시 미리 비축하게끔 명령했다.[1]

그러나 조선은 이러한 일본의 움직임에 둔감했다. 물론 조선 조정이 아무런 방비책을 강구하지 않았던 것은 아니었다. 왜적이 침범해 올지 모른다는 소문이 날로 더해지자 임진왜란이 일어나기 전년인 1591년 2월(선조 24년)에는 충청·전라·경상의 하삼도 관찰사와 전라·경상도 해역을 경비하는 수군통제사를 새로이 임명하였고, 왜란이 일어나기 두 달 전인 2월에는 신립과 이일, 두 대장을 각기 경기·황해(해서), 충청·호남지방에 보내 방비 태세를 점검하도록 조치하기도 했다. 그러나 막상 이들의 점검은 궁시(弓矢)와 창도(槍刀)에 불과했고 이들은 자신의 위엄을 세우는 일에 더욱 관심을 보였다. 또한 순시를 받은 군읍에서는 모두 형식적으로 법을 피하려고만 했다.

이와 관련하여 역사학자 이덕일은 "두 대장은 천하태평이었다. 이

---

1) 국방부전사편찬위원회, 임진왜란사(1987.12월), p. 28

들의 사고가 정상이라면 일본에 간자(間者)라도 보내서 정보를 수집해야 했지만 그런 조치는 전혀 없었다"라고 한탄했다. 조정으로서는 일본의 침입을 걱정하는 소문이 점점 퍼져나감에 따라 나름대로는 대책을 강구했지만, 전란 발발 가능성과 예상되는 적군의 규모, 피해의 심각성 등을 파악하려는 체계적인 노력을 하지 못했다. 특히 침입의 규모에 대해서는 종전에 경상도 해안 일대를 노략질했던 삼포왜란(1510년, 중종 5년)이나 영암과 강진 일대를 침입했던 을묘왜변(1555년, 명종 10년)과 같이 국지전 수준에 그쳤던 침입 정도로만 예상하고 있었다. 물론 섬나라 일본으로부터 대군의 침입을 받은 적이 없던 조선으로서는 그럴 수밖에 없었을지도 모른다. 그러나 사신의 귀국 보고 후 1년여 시간 동안 전쟁에 대한 소문으로 온 나라가 뒤숭숭했음에도 불구하고, 일본의 침공 규모를 판단하기 위한 탐문 활동 등 국가 차원의 구체적인 노력이 미약하고 안일하여 조선은 더 큰 피해를 입게 되었다. 그런 점에서 조선의 조정은 '적을 알고 나를 알면 결코 위태롭지 않다(知彼知己 白戰不殆)'는 병법의 기본조차 착안하지 못하는 과오를 범한 위정자들이었다고 비난받아 마땅했다.

제3장

안타까움으로 점철된 전란 경과

임진왜란은 우리가 기억하고 있듯이 1592년 4월 13일(선조 25년)부터 1598년 11월(선조 31년)까지 7년여, 구체적으로는 6년 7개월여 기간 동안 일본의 침입에 의해 한수 이남의 경상·전라·충청의 3도와 평양까지 유린당한 대전란이었다.

7년 간 지속된 임진왜란은 특징에 따라 크게 세 시기로 구분된다. 첫 번째 시기는 개전 초(1592년 4월 13일)부터 왜군에 의한 평양성 함락(6월 14일)과 점령이 지속된 때(1593년 1월 9일)까지의 9개월 기간이다. 두 번째 시기는 왜군의 평양성 철수(앞의 1월 9일)로부터 정유재란이 일어나기 전까지 대부분의 왜군 주력이 일본 본토로 철수하고 일부 병력이 경상도 남해 연안 지역에 주둔해 있던 시기(1597년 7월)까지의 4년 6개월의 기간이다. 그리고 세 번째 시기는 정유재란의 발발로부터 도요토미 히데요시의 사망으로 왜군의 전격적인 철군(1598년 11월 19일)이 이루어진 1년 4개월의 시기를 말한다.

7년의 전란 기간 동안 왜군이 일방적인 우위를 점했던 기간은 첫 번째 시기였을 뿐이며, 두 번째 시기는 조·명 연합군 대 왜군 간의 지루한 공방전과 강화 교섭이 전개된 기간이고, 세 번째 시기는 왜군의 철군을 둘러싸고 조·명·일의 삼국이 팽팽한 신경전을 벌인 시기였다. 이 관점이 의미 있는 것은 왜군에 의한 조선의 문화재와 지식인·기술자들의 약탈이 주로 자행된 시기가 두 번째 시기 이후부터로 보이기 때문이다.

전란의 면면을 살펴보면 임진왜란은 충격적이고 수치스러웠던 전쟁이었다. 조선의 조정은 동·서 분열과 무능력으로 인해 일본의 침입을 대비해야 한다는 조정 내 많은 신료들의 우려와 건의에도 불구하고 전쟁 발발의 심각성을 간과하였다. 그 결과 전쟁 초기에는 육상에서 제대로 싸워 보지도 못한 채 20여일 만에 수도 한성이 왜군에 점령당했다. 군왕 선조는 4월 30일 비 내리는 새벽 미명에 100여 명도 채 안 되는 수행원을 대동하고 야반도주하듯 궁궐을 빠져나와 북행의 피난길에 나서야 했다.

일본의 히데요시가 기회 있을 때마다 조선을 거쳐 중국 대륙으로 진격해 가겠다는 야심을 밝히고 있었고 이러한 움직임은 여러 경로로 조선의 조정에 전해졌다. 따라서 이를 경계하며 군사적으로 대비해 나가도 모자랄 국가적 위기가 조선에 도래하고 있었다. 그럼에도 조선의 군왕 선조와 조정 신료들은 평화시대가 오랜 세월 지속되어 오면서 문약해진 데다 이전투구를 일삼는 당쟁으로 인해 외부의 군사 위협에 제대로 방비 태세를 갖추지 못하였다. 이런 상황에서 조총이라는 신무기로 무장하고 잘 훈련된 17만 왜군(제1선 병단)에게 기습을 허용함으로써 조선의 삼천리강토가 왜군에게 처참하게 짓밟히게 되었던 것이다.

심각성을 간과하여 자초한 전란

임진왜란이 발발하기 5년 전(1587년, 선조20년) 쓰시마 도주 소 요시토시(명의지, 平義智)는 히데요시로부터 조선 국왕의 일본 '입조'를 추진하라는 당시로서는 '터무니' 없는 명령을 받았다. 히데요시의 명령을 받은 쓰시마 도주는 그때까지만 하더라도 조선과의 무역을 주요 생계 수단으로 삼고 있던 상황이었기 때문에 조ㆍ일 관계를 고심한 끝에 이러한 정황을 은폐하고 대안으로 조선통신사의 파견을 추진하는 아이디어를 생각해 냈다.

조선 조정은 일본의 외교적 무례함에 반발하면서 사절파견 요구를 무시한다는 방침을 정하였다. 이로써 일본의 침입 가능성을 감지하기는 했으나 막상 엄청난 위난이 현실로 닥쳐올 수 있다는 심각성을 간과하였다. 당연히 군사적 대비태세도 내밀하게 준비하지 못했다. 물론 당시 조선 조정도 1587~88년(선조 20~21년) 일본의 야스히로(귤강광 橘康廣)에 이어 소 요시토시(명의지 平義智)를 사신으로 맞아 일본의 정황을 어느 정도는 파악하고 있었다.

우여곡절 끝에 조선 조정은 1590년 3월(선조 23년) 첨지 황윤길을 대표단장으로 한 사신단을 임명하여 오랫동안 사신 접대소(東平館)에 머물고 있던 소 요시토시 일행과 함께 파견하기에 이르렀다. 사신단은 이듬해 봄(1월 28일 부산 도착, 3월 한양 도착)에 돌아와 조정에 보고하는 절차를 진행하였다. 문제는 이들의 귀국 보고와 관련하여 우리가 너무도 잘 알고 있는 역사적 사실처럼 사신단의 대표와 부대표의 귀국 보고 가 엇갈렸다는 것이다.

먼저, 징비록에는 그냥 보아 넘기기 어려운 일화가 언급되어 있는데 현재에도 얼마든지 있을 수 있는 일이어서 소개한다. 조선통신사가 받아 온 일본의 국서에 "군사를 거느리고 명나라에 뛰어 들어가겠다"라는 언급과 관련하여 명나라 조정에 통보해야 할 것인지에 대해서도 많은 논의가 있었다는 기록이 있다.

일본의 의도를 알려 봤자 명(明)으로부터 조선이 일본과 사사로이 통했다는 의심과 책망을 받을 수 있으므로 알리지 말자는 입장과 이 사실을 숨기고 알리지 않는 것은 명나라에 대한 대의에도 어긋난다는 입장이 팽배하였다. 뿐만 아니라 일본이 실제로 명나라를 침범할 계획이 있다는 사실이 다른 곳을 통해 명 조정에 알려지게 될 경우 조선이 일본과 공모하였다고 의심받아 더 큰 문제가 야기될 수 있으므로 사신을 서둘러 보내는 것이 바람직하다는 입장이 대립했다.

조선 조정은 결국 명나라에 사신을 보내기로 하였고, 조선 사신의보고를 접한 명나라 조정도 만족해하며 의심을 풀게 되었다. 조선 조정의 이런 자세는 명나라 조정으로부터 신뢰를 받는 동기가 되었고훗날 명나라 군의 대조선 파병을 이끌어낸 외교적 발판이 되었다. 동맹국은 더 말할 것도 없지만 우방과의 사이에 안보 문제와 관련하여진정성 있는 정보 교환과 우의 증진은 예나 지금이나 변치 않는 국제적 관행이자 보편적 원리가 아닐 수 없다.

1591년 2월(선조 24년) 조선통신사들이 복귀할 즈음부터 왜적이 침범하리라는 소문이 날로 더하여지자 조선 조정은 일본의 동태를 걱정하여 국방 사무에 밝은 재신(才臣)들을 뽑아 하삼도(충청도, 전라도, 경상도)의 방비를 강화하는 조치를 취했다. 실무능력을 갖춘 문무 관료들을 하삼도에 전진 배치하였는데 40세 중반에서 50세 초반의 건장한 문관인 김수, 이광, 윤선각을 경상도, 전라도, 충청도의 관찰사(감사)에 임명하고 유사시에는 도순찰사를 겸직하여 군사작전을 지휘할 수 있는 전권을 부여하여 병기와 성곽을 정비하도록 하였다.

또한 비변사로 하여금 장수가 될 만한 인재를 천거하도록 하여 형조정랑 권율을 의주 목사로 임명하여 지상군을 보강하는 한편, 수군력을 다지기 위해 정읍 현감 이순신을 전라좌도 수군절도사로, 이억기를 전라우도 수군절도사로, 이듬해 초에는 원균을 경상우도 수군절도사로 임명하였다. 당시 좌의정 류성룡이 이순신과 더불어 장수로 천거한 사람이 권율이었는데, 이후 두 장수는 한산대첩과 행주대첩을 승리로 이끌었다. 특히 수군절도사 이순신의 경우, 선조 24년 2월, 선조의 '불차등용(不次登用)' 방침에 따라 류성룡의 천거로 정읍 현감(종6품)에서 7단계 상위직위인 전라좌수사(정3품)에 임명되는 파격적인 인사 조치였다. 전해지는 바에 의하면 류성룡은 한양의 건천동(현재의 충무로)에서 살던 유년 시절, 같은 동네에 살던 이순신의 둘째 형인 요신과 친구였던 관계로 자연스럽게 세 살 아래인 이순신과도 잘 알고 지냈던 사이이기도 했다. 자연히 그의 무재를 익히 알고 있었고, 전란이 닥쳐오자 천거한 것이다.

조선 조정은 왜군의 예상 침공 경로를 대상으로 성곽을 대대적으로 수축하고 무기와 군량을 확보하도록 조치하기도 했다. 경상도 관찰사 김수는 이례적으로 2년 연속 감사에 재직하면서 경상도가 주요 전쟁터가 될 것으로 예상하고 침공 루트를 연해 1, 2, 3방어선으로 설정하여 지역의 주요 거점을 중심으로 대대적인 축성 작업에 매진하였다. 제1 방어선은 울산-동래-창원, 제2 방어선은 영천-대구-합천, 제3 방어선은 안동-상주-성주였다. 그 결과 경상도 전역을 대상으로 대규모 축성 작업을 급박하게 추진한 데다 강제 동원으로 지역민들의 반감을 불러일으키는 부작용이 발생하였다. 물론 조선도 병농일치의 부병제라든지, 진관체제와 제승방략과 같은 국가 방위전략이 없었던 것은 아니다. 이에 대해서는 뒤에서 설명하였다.

국방부 전사편찬위원회의 『임진왜란사』에 의하면 개전 직전의 동원 왜군은 조선 출정 핵심 전력인 제1선 병단 9개 제대 158,700명, 대본영 대기 제대인 제2선 병단 8개 제대 102,960명, 해상작전 및 엄호부대 임무를 수행한 수군 4개 제대 9,200명, 대본영 직속 5개 부대 29,000명으로 구성되어 있었다. 동원계획에 포함되어 있었던 천황의 교토 수비대 3만 명까지 합치면 33만 명에 이르는 대군이었다.

조선 땅을 유린했던 제1선 병단은 9개 제대로 구성되어 있었는데 그중에 제1군 고니시 유기나가(小西行長)군 18,700명(규슈지방), 제2군 가토 기요마사(加藤淸正)군 22,800명(규슈지방), 제3군 구로다 나가마사(黑田長政)군 11,700명(규슈지방)이 조선 침입의 핵심 선봉 전력이었고 나머지 제4군 모리 요시나리(毛利吉成, 14,700명, 규슈지방), 제5군 후쿠시마 마사노리(福島正則, 25,000명, 시코쿠지방), 제6군 고바야카와 다타와케(小早川隆景, 15,700명, 규슈지방), 제7군 모리 데루투모(毛利輝元, 30,000명, 주코쿠 지방), 제8군 우키다 히데이에(宇喜多秀家, 10,000명, 주코쿠 지방), 제9군 하시바 히데조

(羽柴秀勝, 11,500명, 긴키 지방), 수군 토도(勝堂高虎, 9,200명, 고노에 지방) 등 6개 제대가 선봉 3개 제대를 후속하여 침입해 왔다. 제1선 병단과 수군 등 17만여 명이 1592년 3월 나고야를 출발하여 중간기지 쓰시마에 서 1개월간 전열을 정비한 다음 조선의 부산포로 접근했다.

조선은 100여 년간의 전국시대를 거치면서 막강한 군사 강국으로 발전한 일본에 대한 이해가 거의 없었다. 대한해협을 넘어 조총이라 는 신무기로 무장한 30여만 명의 병력과 식량, 군마를 거뜬히 실어 나를 수 있는 해상수송능력을 가졌던 일본의 군사력에 비해 조선은 활과 창, 칼 중심의 기병과 화포, 수레가 주된 전투 장비였다. 또한 병농일치제로 사실상 농민군에 불과한 군졸 6만 명 정도의 병력 수 준에 머물고 있었기 때문에 일본의 상대가 되지 않았다. 이러한 열세 는 임진왜란 초기 조선의 처참한 참패로 이어질 수밖에 없었다.

히데요시는 1591년 8월 전국의 다이묘들을 교토(京都)에 소집하여 조선 출병을 결의한 다음 그해 10월부터 이듬해인 1592년 2월까지 규슈의 나고야에 대륙침공 지휘본부인 대본영을 설치하여 출정체제 를 갖추었다. 이어서 그다음 단계로 2월 말 나고야에 집결한 제1선 병단에게는 조선에 출정, 상륙하는 즉시 빠른 속도로 한성을 향해 진 격하여 한강 이남 지역에서 조선군의 주력을 섬멸한 다음 조선의 전 국을 점령 확보하라는 작전명령을 하달하였다.

작전명령은 조선에 상륙하면 육군은 3개의 육상 경로로 진격하여 한성을 점령하도록 하고, 수군은 남해안을 거쳐 호남, 충청 지역 점 령을 지원하도록 한다는 것이 주된 개념이었다. 이에 따라 제1군 고 니시 군은 4월 13일 오후 5시 경 부산 가덕도에 출현하여 대기하다 4

월 14일과 15일 이틀에 걸쳐 부산진(첨사 정발)과 다대포(첨사 윤흥신), 동래성(부사 송상현)을 제압하고 밀양 방향으로 진격해 갔고, 가토 군이 4월 18일, 구로다 군이 4월 19일 부산진에 각각 상륙하면서 전쟁은 본격화되었다.

고니시 군은 중로를 택하여, 부산-대구-상주-조령-충주-여주-용인-한성-평안도 방면으로, 제2군인 가토 군은 동로를 택하여, 부산-울산-경주-군위-죽령-원주-여주-한성-원산-함경도 방면으로(그러나 가토는 고니시와의 경쟁심에서 군위에서부터는 진로를 변경하여 점촌-문경-조령-충주-죽산-용인-한성 방면의 중로로 진격해 감), 제3군인 구로다 군은 서로를 택하여, 김해-현풍-성주-추풍령-청주-한성-황해도 방면으로 진격하도록 하였다.

왜군이 부산포에 상륙한 지 20일 만인 5월 3일 한성을 점령하기까지 경부(京釜) 구간에서 조선군과 제대로 싸운 전투라고는 부산성과 동래성에서 있었던 상륙전과 순변사 이일 군(4월 25일)과의 상주 전투, 삼도순변사 신립 군(4월 28일)과의 충주 전투 정도였다. 왜군의 가공할 만한 무력과 속도전으로 인해 왜군을 막아선 조선 관군은 적수가 되지 못했다.

한성 점령 이후 왜군의 북상 속도는 다소 늦춰지긴 하였으나 개성진격(5월 27일)을 거쳐 41일 만인 6월 14일에는 제1군 고니시 군이 평양을 점령하였다. 제2군 가토 군은 개성에서 곡산을 거쳐 6월 17일 강원도와 함경도의 경계인 철령을 넘어 온 제4군 모리 군(14,000명)과 안변에서 합류하였다.

왜군의 주된 전투력이 기병이었다고는 하나 부산 상륙 후 60여 일 만에 평양과 함경도 일원까지 점령당한 셈이었으니 교통과 통신이 발달되지 못했던 그 시대 상황에 비추어 볼 때 당시 조선의 방비태세가 짐작되고도 남는다.

박재광은 임진왜란 관련 논문 『임진왜란기 일본군의 점령정책과 영향』에서 왜군이 전쟁 초반에 승리할 수 있었던 요인으로 오랜 세월에 걸친 왜군의 주도면밀한 준비와 강력한 전력에 비해, 조선 측의 정치·군사·사회적 취약성이 심각했기 때문에 상상하기조차 어려운 비극적인 패배가 초래되었다고 분석했다.

함경도 남단의 안변에 진입한 가토 기요마사가 이끄는 왜군은 그 후 1개월 만(7월)에 함경도 남부전역을 석권하였고, 마천령을 넘어 북도에 진입한 뒤 그로부터 1개월(8월)이 채 못 되어 북도까지 점령하였다. 특히 함경 남북도 지역에서는 조선 군사들이 궤멸되자 치안이 마비되는 지경이 되었다. 그 틈을 이용하여 조정에 반감을 가지고 있던 지방 토호 세력과 관노들이 반란을 일으켜 왜군과 내응하는 혼란한 상황마저 발생하였다. 함경도 명천의 사노(寺奴) 정말수, 회령의 토관진무 국경인, 경성 관노(官奴) 국세필 등이 반란을 일으켜 왜군과 내통하는가 하면 남병사 이영과 회령 부사 문몽원, 북병사 한극함과 같은 지역 책임 관리들을 포박하여 왜군에게 인도해 주는 일이 벌어졌다. 그리고 이들은 7월 23일(임진왜란 발발 3개월 10일)에는 급기야 회령에 피신해 있던 임해군과 순화군 두 왕자와 수행원을 포함하여 지역을 지키던 병마절도사와 부사를 사로잡아 왜군에 넘겨주었다.

왜군의 조선 점령이 예상보다 빠르게 진행되자 전국시대를 마감할 정도의 경험과 지혜를 가진 히데요시는 조선의 수도 한성의 점령 보고를 받는 즉시 발 빠르게 점령정책을 시행하는 조치를 단행했다. 7

명의 원로 장수들을 조선에 파견하여 조선 8도를 나누어 관할하도록 하는 한편 피난한 조선 국왕의 수색과 민중의 장악, 주민의 주거지 복귀와 난폭행동 금지, 군량 비축, 일본 국내에서와 같이 현물 납세를 받게 하는 등 군사 행정을 시행하도록 지시하였다. 당시 히데요시가 내린 점령지 분담 명령은 경상도 모리(毛利輝元), 전라도 고바야가와(小早川隆景), 충청도 후쿠시마(福島正則), 경기도 우키다(宇喜多秀家, 왜군 총대장), 강원도 모리(毛利吉成), 황해도 구로다(黑田長政), 평안도 고니시(小西行長), 함경도 가토(加藤清正)였다.

먼저 도망간 임금 선조

왜군의 평양 입성과 함경도 지역 점령이 전개되는 동안 군왕 선조는 도성을 떠나(4월 30일) 개성(5월 3일)-평양(5월 6일~6월 11일)-의주(6월 22일~이듬해 1월 18일)로 피신해 갔다. 심지어 영변에 도착해서는 요동으로 가서 명나라로 망명할 것을 작심하기도 하였다.

군왕의 북행 파천을 반대하는 일부 대신들과 경복궁 주변에 몰려든 백성들의 처절한 절규를 뒤로 한 채 동틀 무렵 어가행렬이 북행길에 오르자 조정에 반감을 가지고 있던 관노와 백성들 일부가 노비 문서가 보관되어 있던 장예원(掌隷院, 조선시대 정삼품아문으로 노비에 관한 등록문서와 소송사무를 관장했다. 태종 1년(1401년) 형조 도관이 설치되었고 세조 12년(1466년) 변정원으로, 다시 장예원으로 고쳐졌다.)을 방화하고 관청의 재물을 약탈하는 등 난동을 벌였다. 한성은 왜군이 도착하기도 전에 이미 혼돈 상태에 빠져 지킬 수 없는 상황이 되고 말았다.

4월 28일 신립의 탄금대 패전 소식을 보고받은 선조는 공포에 질린 나머지 파천하자는 말부터 꺼냈다. 한성을 고수하며 원군을 기다리자는 신료들의 간청이 선조의 귀에는 들어오지 않았던 것이다. 선조는 4월 30일 새벽 비가 내리는 속에 창덕궁을 떠나 벽제, 동파를 지나 5월 1일 저녁 개성에 도착했다. 궁중의 민심도 변해서 나인들이 뿔뿔이 흩어지고 경호를 담당하던 관원들조차도 달아나 선조를 수행하는 종친과 조정 대신은 100명도 채 되지 않았다. 대신들은 논란 끝에 여의치 않으면 명나라로 피신한다는 전제 하에 피난지는 의주로 결정했다. 이와 관련하여 류성룡은 "대가(大駕)가 압록강 너머로 한 걸음만 나가도 조선은 더 이상 우리 땅이 될 수 없습니다"라며 명나라로 피신하는 것만은 한사코 반대했다. 군왕 자체가 곧 국가요 만백성의 어버이로 인식되고 있던 시대였기 때문에 군왕의 영토 이탈은 그만큼 상징성이 컸기 때문이다. 그러나 선조는 "내부(명나라로 피신하는 것)하는 것이 본래 나의 뜻이다"라며 여차하면 명나라로 망명하고자 했다. 신하들의 반대에도 불구하고 선조는 강경했다. 심지어 대신에게 요동으로 도주할 테니 명나라에 국서를 보내라고 지시했다. 그러나 류성룡은 "이 사실이 백성들의 귀에 들어가면 곧 민심이 무너질 것"이라고 경고했다.

어가가 개성에 도착하자 서인 중심의 대신들 사이에서 한성을 버린 것은 실책이라는 분위기가 팽배하였다. 백성들에게 조롱당하며 도주할 게 아니라 도성에서 결사 항전했어야 했다는 것이 서인들의 주장이었다. 파천을 주도한 선조에 대해서는 면전에서 공격하지 못하고 파천에 동의한 영의정 이산해가 비판의 표적이 되었다. 심지어 때려죽이자는 말까지 나올 정도였으니 심상치 않은 분위기를 눈치챈 선조는 이산해를 파직하고 좌의정 류성룡을 영의정에 임명했다.

대신들의 분노는 이산해의 파직으로 수습되지 않았다. 류성룡도 그 책임을 피해 갈 수 없다는 동시 처벌론이 제기되었다. 선조는 김성일의 잘못된 보고로 왜란을 당하게 되었다면서 동인들에 대한 거부감이 있던 터에 기다렸다는 듯이 류성룡의 파직을 지시했다. 영의정에 임명된 지 하루 만의 파직이었다. 그리고 선조는 귀양 보낸 서인의 영수 격인 정철을 불러 영의정에 앉혔다. 피난 중에도 조선의 당쟁은 그치지 않았다. 이런 소란 속에 류성룡은 '무보직' 상태가 되었다가 한 달 후인 6월 초하루에야 평원부원군으로 서용되면서 명나라 사절을 맞는 접반사를 수행하게 되었다.

어가가 의주에 당도해 있을 즈음 청원사(請援使) 이덕형 등의 사신을 명나라에 보내어 원병을 요청했지만 명나라 조정에서는 조선이 왜군에 속절없이 무너지는데 대해 오히려 왜군을 인도하고 있는 것으로 의심하는 지경이었기 때문에 논란이 분분했다. 다행스럽게도 조선 사신 신점(申點)의 간곡한 요청과 명나라 조정의 병부상서 석성(石星)의 간언으로 구원병의 조선 파병이 결정되고 파병되는 군사를 위해 은 2만 냥까지 지급하도록 하는 배려도 받았다. 왜군이 평양에 진입해 와서는 수개월이 지나도록 성안에서 자취를 감춘 가운데, 순안·영유 등 평양의 지척에 있는 고을조차 침범하지 않는 바람에 민심이 차츰 안정을 되찾을 수 있게 되고 흩어져 있던 군사들도 수습할 수 있는 시간을 벌게 되었다. 때맞추어 기다리던 명나라의 구원병도 맞아들이게 되면서 조선은 차츰 태세를 가다듬을 수 있었다. 징비록은 이때의 사정과 관련하여 "나라의 안위를 회복하게 되었던 것은 참으로 하늘의 도움이며 사람의 힘으로 된 것은 아니었다"라고 전하고 있다.

그러나 류성룡은 징비록에서 명나라의 원군 파병과 고니시와 가토 등 최일선 왜군의 장수들이 더 이상의 북진이나 철저한 조선군 섬멸을 전개하지 않은 것에 대해 하늘이 도운 것이라고 할 만큼 다행스럽게 여겼으나 실상은 왜군의 전쟁지속능력이 한계에 부딪혔기 때문이라는 군사적 관점의 평가나 관련 기술은 직접적으로 하지는 못했다. 류성룡은 군사전략가의 관점보다는 도체찰사라는 재상의 위치에서 국가의 정치 경제적 수습의 현실 문제에 더 착안했기 때문에 구체적 언급을 삼갔는지는 모르겠다. 임진왜란 당시 대한해협을 건너는 왜군의 주된 해상수송 수단은 범선 정도였고, 육상에서는 조총으로 무장된 보병과 기병이 주력이었던 점에 비추어 볼 때 쓰시마-부산포-호남 간의 해상교통로 확보에 실패하고 조선 내에서의 군량미와 군마의 보급 보충이 제때 이루어지지 않아 전투를 더 이상 신속하게 전개하거나 확대하기가 어려웠기 때문에 조선을 넘어 중국이라는 대국을 침범하는 데 주저하지 않았을까 하는 것이 필자의 생각이다.

비록 지상전에서는 조선 관군이 왜군에 적수가 되지 못했지만 이순신의 뛰어난 전쟁지도력과 충실한 전투준비태세가 뒷받침된 조선 수군이-물론 경상좌·우수군이 지리멸렬하긴 했으나-왜군을 상대하여 연전연승으로 남해상의 해상교통로를 장악함으로써 왜군은 남해 수로를 이용한 호남으로의 육상 진출이 어렵게 되었다. 더불어 영남과 호남, 충청 등 전국 각처에서 분기한 의병들의 구국의 분발과 희생으로 인해 호남과 충청의 곡창이 보호됨으로써 왜군이 전쟁지속

능력을 상실하여 계획했던 전쟁을 수행할 수 없었다.

결과론적인 언급이긴 하지만 이순신의 조선 수군이 연전연승을 할 수 있었던 데에는 왜군의 한계도 있었다. 대한해협을 건너와 중국까지 공격할 전략이었음에도 불구하고 육상전력 수준에 비해 왜군의 수군전력 규모가 1만 명도 채 안 되는 소규모였고, 전국시대에 전개된 일본 내 전투가 대부분 지상전이었던 점을 감안해 보면 해상 전투 능력은 그렇게 대단한 정도는 못되었던 것으로 생각된다.

또한 징비록에는 선조의 피란과 관련하여 조정에서 임명한 순변사 이일의 상주 전투와 삼도순변사 신립의 충주 전투의 패전을 언급하면서 경상좌수사 박홍, 우수사 원균, 경상좌병사 이각, 우병사 조대곤 등 해당 지역의 관할 책임자들이 적군을 바라만 보고 한 번도 제대로 싸우려 들지 않고 피해 도망하기에 급급해 "적군은 북을 치면서 마음대로 행동하며 수백 리, 지키는 이 없는 땅을 짓밟으며 밤낮으로 북쪽을 향해 올라오는데 한 곳에서도 감히 대항하여 적군이 진격하는 기세를 늦추려는 사람이 없었다"라고 한탄하였다. 그리고 문경의 고모성 험지를 앞에 두고 왜군들이 두 번 세 번 탐지해 본 뒤 조선 군사가 없는 것을 알고는 노래를 부르고 춤추면서 지나갔으며, 그 후 명나라 이여송이 조령을 지나다 "이렇게 험준한 곳이 있는 데도 지킬 줄 몰랐던 신립은 꾀가 없는 사람이다"라고 탄식했다며 훗날의 경계가 되겠기에 상세히 기록해 둔다고 기술되어 있다.

예기치 않은 침입을 허용한 조선군 지휘부의 당혹스러운 입장을 일차 이해한다 하더라도 장수가 지휘 현장에 제대로 위치하지 않고 비겁하게 도망 다니기에 급급했다거나, 지형의 전략적 이점을 이용하지 못한 임전 자세는 후세인 오늘날의 우리들도 잊지 않아야 할 부끄러운 과거사이며 교훈이 아닐 수 없다.

분발하는 백성들과 순망치한(脣亡齒寒)의 명군 참전

왜군은 부산포에 상륙한 이후 평양 점령까지 승승장구하였고 고니시 군의 강화 제의로 조·일간(동지중추부사 이덕형과 대마도 겐소·소 요시토시) 강화회담이 대동강에서 열리기까지 하였으나(1592년 6월 9일) 조선 점령이 그들의 계획대로 전개되지는 않았다.

옥포(5월 6일)·사천(5월 29일)·당항포(6월 5일)·한산도(7월 8일) 해전 등 전라좌수사 이순신 군과의 남해상에서의 거듭된 해전 패배로 인해 호남으로의 진출이 어려워지면서 한성 이북 점령 주력군을 위한 식량 확보 계획이 심각하게 차질을 빚게 되었다. 그리고 의령 곽재우·고령 정인홍·합천 김면·담양 고경명·나주 김천일·광주 최경희·보성 임계영·옥천 조헌·승병장 서산대사 휴정·사명당 유정 등 전직 관료와 명망 있는 지역 유생·승병장들이 주축이 되어 구국을 위해 봉기한 의병(義兵)과 의병장들의 분전으로 인해 전라도로 침입하려던 당초 계획이 금산과 무주에서 발이 묶여 전라도 침입을 포기하는가 하면 평양 이북으로의 진격도 어렵게 되었다.

절대 절명의 위기에 빠진 조선은 그나마 전라도·충청도·황해도·평안도 연안 지역 일대를 보전할 수 있게 됨으로써 군량의 전선 보급과 조정의 명령 전달이 가능하였다. 그리고 명나라의 요동이 안전하여 명군의 육상 원정 통로가 확보되는 유리한 상황을 조성할 수 있었다. 반면, 왜군들은 전국 각지에서 조선 의병들의 공격 목표가

조·명연합군의
평양성 탈환

됨에 따라 보급로와 연락망이 차단되어 곤경에 빠지게 된 데다 명나라 군사의 대규모 참전과 동절기 혹한으로 인해 전쟁의 지속이 지극히 곤란한 지경에 직면하여 평양 이북으로 진격할 수 없었다.

명나라 군대의 참전은 왜군에 항복할 수밖에 없을 정도의 위기에 처한 조선에게는 엄청난 도움이자 국면 전환의 계기가 될 수 있었지만 앞서 언급한 바와 같이 명나라 조정이 처음부터 긍정적이었던 것은 아니었고 우여곡절이 많았다.

명나라 조정은 전쟁이 일어나기 전부터 복건성과 일본을 왕래하며 무역에 종사하던 상인들의 보고를 통해 일본이 조선을 치려 한다는 정보를 알고 있으면서도 조선에 알려주지 않았다. 그런가 하면 조선이 쉽게 왜군에게 무너지는 데 대해 의구심마저 품었다. 조선 국왕이 진짜인지를 확인하기 위해 돌아오는 조선 사신 일행 편에 화가를 동행시켜 선조의 모습을 그려오도록 조처까지 할 정도로 세심하게 대응했다.[2]

명나라 조정이 참전을 결정한 것은 결국 위기에 처한 조선을 구한

---

2) 한명기, 임진왜란과 명나라 군대(역사비평사, 2001.2월), p.379

다는 명분을 내세워 표면적으로는 조선의 원조 요청을 받아들이는 형식(항왜원조 抗倭援朝)을 취하기는 했으나 히데요시의 조선 침입이 명나라 정복을 목표로 하고 있는 만큼 어차피 왜군을 막아야 할 것이라면 본토를 전쟁터로 만들 것이 아니라 조선으로 나가서 싸우는 것이 안보상 유리하다는 내부 판단이 섰기 때문이었다. 입술(脣)의 위치에 있는 조선이 없어지면 이(齒)의 위치에 있는 명나라의 요동과 산동 반도가 위험해 질 수 있다는 '순망치한론'(脣亡齒寒論)에 기초한 결정이었다.

드디어 1592년 6월 15일 명나라 요동 유격 사유(史儒)가 이끄는 선발대 격의 1,000여 명 등 부총병(副總兵) 조승훈 군사 5,000여 명이 최초로 압록강을 건너 조선으로 왔다. 조승훈은 원래 여진족과 싸워 많은 공을 세운 요동의 용맹스러운 장수로 평양의 왜군 제압도 자신만만해 했다. 조선 조정도 군량미 확보 등 명나라 군대의 영접과 전투 지원을 위해 나름대로 노력과 성의를 다하려 애썼다. 그러나 조승훈 군대는 7월 17일 벌어진 왜군과의 평양성 전투에서 여름날의 큰비가 내리는 나쁜 기상 조건에다 조총에 맞설 만한 무기도 보유하지 않았고, 병력도 열세한 상황에서 무리하게 작전을 전개하는 바람에 패전을 당하였다. 조승훈은 유격 사유를 포함한 대부분의 장졸이 전사한 데다 추격을 염려한 나머지 패잔병을 이끌고 서둘러 요동으로 복귀해 버렸다.

한편, 명나라 조정은 전쟁의 조기 종식이 자기 측의 피해를 최대한 줄이면서 조선에 대한 구원 부담을 덜 수 있다는 판단 하에 재빠르게 왜군 측과의 강화협상도 병행하였다. 임진년 9월 명 조정은 심유경(沈

惟敬)을 유격장군이란 자격으로 파견하여 조승훈의 패전으로 기세가 오른 평양의 고니시와 강화교섭을 개시하도록 한 것이다. 패전으로 철수한 명군 주제에 강화협상을 한다는 것이 이해되지 않았지만 조선 조정의 신료들은 반신반의하는 가운데 협상 과정을 지켜볼 수밖에 없었다. 탐색전과 같은 단계의 강화협상이었지만 당시 명의 심유경과 일본의 고니시 간에 오고 간 강화협상 안에는 놀라운 내용이 들어 있었다. 고니시가 '대동강 이남의 조선 영토를 일본에 할양한다'는 것을 협상안으로 제시한 것이다. 고니시의 협상안은 조 · 명 연합군으로서는 어이없는 요구안이었기 때문에 내부적으로 큰 물의를 일으켰다. 설령 고니시 군사가 평양성을 점령하고 있는 상황에서 진행된 최초의 강화협상이라 하더라도 조선 조정으로서는 실로 놀라운 내용이 아닐 수 없었다. 이러한 사실을 나중에 알게 된 명나라 경략 송응창(병부우시랑 출신, 조선 전란 관장 책임관)과 이여송 제독도 받아들일 수 없는 강화 안이라며 비판적인 입장을 견지하여 더 이상 협상은 진전되지 않았으나 심유경은 애초부터 그렇게 명과 조선의 경계선을 넘나들면서 주제에 넘는 행동을 서슴지 않는 인물이었다.

이순신과 관군의 분전, 명나라의 대규모 원군 파병

평양과 함경도까지 왜군에 점령당했지만 경상 · 전라 · 충청 하삼도의 의병의 봉기와 저항, 전라좌도수군절도사 이순신을 중심으로 한 조선 수군의 분전은 확전을 막고 전세를 만회하는 데 결정적인 영향을 미쳤다. 선조가 평양에 피신했을 때는 옥포의 최초 승리에 이어 당포 · 당항포 승리로, 의주에 있을 때는 한산대첩의 승리로 연전연승한 수군의 개가는 조정과 백성들에게 이럴 데 없는 기쁨과 대적에 대한 자신감을 고양하는 데 크나큰 동기가 되었다.

왜군의 조총 앞에 쓰러져 간 호걸 영웅 신립, 동래성의 송상현, 금산에서 700의사와 승병장 영규 군과 함께 순국한 의병장 조헌 등 안타까움의 연속이었으나 거북선과 함께 출동하는 조선 수군, 경주성 탈환에 쓰인 이장손(李長孫, 조선시대 군기시(軍器寺)의 화포장, 선조 25년 임진왜란 때 폭발탄인 비격진천뢰를 발명 제조하여 경상좌병사 박진의 경주성 수복전에서 사용, 큰 전과를 거두었다.)의 비격진천뢰 등 조선군 특유의 비밀 병기는 왜적의 간담을 서늘하게 하기에 부족함이 없었다. 또한 10월 6일 전야부터 10일까지 6일간에 왜군과 치열한 전투가 벌어진 진주성 싸움은 진주목사이며 경상우병사인 김시민(1554. 8월(명종 9년) 충남 천안(목천)에서 선조 초기 공조좌랑, 북도병마평사, 양사(사헌부, 사간원) 원사를 역임한 김충갑의 6남 2녀 중 3남으로 태어나 25세 때인 1578년(선조 11년) 무과에 급제하였다. 본관은 안동, 이탕개의 난 평정 유공, 훈련원 판관, 사직, 군기시 판관을 거쳤다. 진주 판관(1591년) 재임 중 임진왜란이 발발하여 목사 이경이 병사하여 초유사 김성일의 명에 의해 진주 목사로 제수되었고, 통정대부로 승진되었

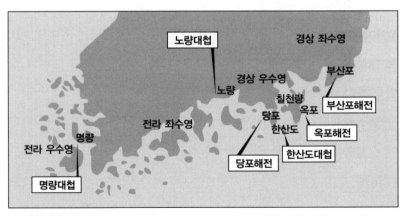

조일전쟁 해전도

다. 1차 진주성 전투에서 대첩을 거두었으나 적의 유탄에 맞아 부상을 입어 39세의 나이로 순절하였다.)을 중심으로 한 3,800여 명의 적은 병력이 3만여 왜적을 물리친 쾌거였다. 관군과 백성들이 합심하여 지켜낸 승리이자 왜군의 코를 납작하게 만든 진주성 대첩은 왜군이 조선에 상륙하여 육전에서 최초로 그리고 최대로 패한 전투였다. 이 전투로 인해 자존심을 크게 상하게 된 히데요시는 이듬해 한성에서 부산포와 울산의 서생포로 남하해 오던 왜군에게 설욕을 지시하여 1593년 6월 21일 전야부터 29일까지 10일간 2차 진주성 전투가 벌어지게 되었다.

명나라 조정은 요동 조승훈 군대의 평양 공격 실패 이후 체제를 정비하여 12월 군사지휘부를 갖춘 4만 8,000여 명의 대규모 군대를 조선 원군으로 파병하였다. 참전 병력은 북병이라 불리는 요동·광녕·선부 등지의 기마병과 남병이라 불리는 절강·광동 출신의 포병과 화기수들이 다수 포함되어 있었다. 남병들은 특히 대장군포·멸로포·호준포 등 왜군의 조총을 제압할 수 있는 다양한 종류의 화포로 무장하고 있었는데, 오랫동안 몽골군과 싸워 오는 과정에서 축적된 전투경험과 강력한 화포능력, 확립된 지휘체계가 그들의 강점이었다. 7월에 있었던 조승훈 군대의 평양 패전의 주된 요인 중 하나가 기마병만으로 조총을 가진 왜군을 상대했기 때문이라는 판단에 따라 포병과 화기수들로 구성된 남병을 보강 편성했던 것이다.

징비록은 당시 명나라 군대의 모습을 두고 "안주에 이르러 성 남쪽에 진영을 치니 깃발과 병기가 정돈되고 엄숙함이 마치 신병(神兵)과도 같았고" 현장 사령관 격인 이여송은 "풍채가 뛰어난 장부였다"라고 묘사할 만큼 조선 조정이 간절히 기다리고 있던 원군이었다.

물론 명군의 군량과 군마의 먹이에 대한 조선의 부담은 심대하였다. 명군 병사 48,585명의 하루 분 군량미는 720석(매일 1인당 1되 5홉 기준)에 2개월분 43,720석, 군마 26,700마리의 하루 분 먹이는 대두 801석에 2개월분 48,060석에 이르렀다. 조선 조정은 급한 대로 2개월분을 우선적으로 해결한 다음 이후 소요분을 확보해 간다는 계획을 세웠다.[3]

1593년(계사년, 선조 26년) 정월 초하루 명군은 심유경을 내세워 화친을 제의하는 것처럼 과장하여 왜군의 분견대를 유인한 다음 전원 포획하는 것을 시발로 일거에 평양성을 공격하였다. 명군의 대포와 화전(火箭)은 조총에 의존하는 왜군의 화력을 제압한 데 이어 성내의 군량 창고를 전소시켜 급식 능력을 제거하였다. 명군이 병력 또한 월등히 우세하였다. 이여송은 명군의 피해를 줄이기 위해 끝까지 치열한 전투를 벌이기보다는 왜군에게 퇴로를 열어 주는 방책을 구사하였다. 그리고 그의 작전은 적중했다. 고니시 군은 탈출하여 밤새워 얼어붙은 대동강을 건너 병력이 3분의 1로 줄어든 상태(6,000여 명 수준)에서 퇴각을 거듭하게 되었다. 개성을 거쳐 1월 17일에는 한성으로 후퇴해 갔다.

우방을 구원하기 위해 파병되는 외국 군대는 예나 지금이나 어느 정도의 군사 · 외교적 명분만 얻게 되면 가급적 전투를 기피하거나 희생을 최소화하는 방책을 구사하는 경향이 있는 것이 현실이다. 명군은 평양 탈환전에서부터 벌써 이러한 행태를 노골적으로 보여주고 있는 것으로 보아 이후 조선 군사지휘부가 얼마나 사정하며 도와달

---

3) 기타지마 만지(北島万次)의 도요토미 히데요시의 조선침략(김유성 이민웅 역, 경인문화사, 2008년 12월), p.125, 선조실록 31권, 선조 25년 10월 26일.

라고 했을지는 짐작되고도 남는다.

당시 평안도 체찰사 류성룡은 명나라 대군의 참전이 확실시 되자 이때를 전세 역전의 절호의 기회로 여겼다. 그 일환으로 왜군을 전략적으로 포위·섬멸하기 위해 사전에 황해도 방어사 이시언·김경로에게 평양의 왜적이 퇴각해 가는 길목에 복병하고 있다 요격하여 고니시·소 요시토시·겐소 등을 생포할 것을 비밀리에 지시하였다. 이시언은 임지로 갔으나 김경로는 싸우기를 기피하고 황해도 재령으로 도망하는 바람에 결정적인 기회를 놓쳤다.

서울에 남아 있는 왜적 장수 우키타(宇喜多秀嘉)는 어려서 군무를 제대로 주관하지 못하는 데다 가토는 함경도에 있는 상황이기 때문에 고니시 일당만 사로잡을 수 있다면 한성의 왜군은 저절로 무너지게 될 것으로 류성룡은 생각했다. 고니시만 사로잡으면 가토는 해상으로 도주하는 방법 외에는 별도리가 없기 때문에 퇴로를 차단하고 조·명 연합군이 포위 협공하여 가토를 섬멸할 수 있다는 복안이었다. 이 작전이 성공하면 명군은 부산진까지 북치며 진군하여 전쟁을 쉽게 끝낼 수 있고, 조선의 안녕이 회복될 수 있다고 판단한 것이다. 하지만 한 사람(황해도방어사 김경로)의 잘못으로 인해 모든 것이 수포로 돌아가게 되었다. 류성룡은 황해도는 자신의 관할 지역이 아닌 관계로 장계를 올려 김경로의 처형을 건의하였고, 조정에서는 이를 받아들여 처형을 결정하였다. 그러나 명나라 이여송은 전쟁 중 간부의 손실이 아깝다는 이유로 조선 조정의 요구에도 불구하고 백의종군 정도로 감경하는 선에서 종결하였다.

한성으로 퇴각해 간 왜군을 추격하여 파주까지 진격해 온 이여송의 명군은 1월 27일 한성 직북방 벽제관에서 매복하며 일전을 벼르고 있던 왜군을 가볍게 보다가 크게 패하는 일이 벌어졌다. 이여송도 겨우 살아남는 지경을 당하게 되자 그 충격으로 개성까지 물러갔다가 나중에는 함흥·안변에 있던 가토 군이 평양을 습격해 올지 모른다는 풍문을 이유로 본국 복귀로에 있는 평양을 지켜야 한다는 핑계를 대며 평양으로 돌아가 버렸다.

이즈음 명나라 구원군이 한성에 온다는 첩보를 접한 전라순찰사 권율이 수원의 독성산성에 진주하다 정예 병력을 이끌고 행주산성에 와서 명군과 협공하여 한성 탈환을 도모하고 있었다. 이 과정에서 1593년(선조 26년) 2월 12일 한양으로 집결해 온 왜군의 3만 병력이 행주산성을 공격하게 되어 대전투가 벌어졌다. 권율은 고작 3천여 명(일설에는 2,300여 또는 1만여 명이라고도 한다.)도 안 되는 적은 병력이었지만 조방장 조경으로 하여금 행주산성을 수축하고 목책을 설치하게 한 데 이어 창의사 김천일은 강화에서, 충청감사 허욱은 통진(김포)에서, 병마절도사 선거이는 금주(시흥)에서 지원토록 하는 등 민·관이 단합된 가운데 한강을 절벽으로 낀 지형적 특성과 왜적의 조총 유효사거리가 짧은 점(100여 미터 정도)[4]을 간파하여 산성 앞의 수변 등 지형의 이점을 활용하는 지혜를 발휘하였다.

행주산성의 지형적 특성을 고려하여 왜적과 이격된 상태가 된 가운데 접전하도록 함으로써 아군의 피해를 줄이도록 하는 한편 화차와 포, 발화탄과 비격진천뢰 등 신예 화포를 집중적으로 활용하여 7

---

4) 이내주, 한국의 전통무기와 전술변화(2), 임진왜란 이후(국방과 기술, 2004.12월호), p. 50

회에 걸친 왜군의 공격을 막아내는 승전을 거두었다. 조선 관군에 의한 대첩이었다. 행주대첩을 거두는데 결정적인 역할을 한 화차는 당시로서는 매우 위력적인 신형 병기였다. 전라도(장성 지방) 소모사 변이중이 전란 중 사재를 털어 발명한 무기로 수레 위에 총을 수십 개 장착하여 한 번에 50~200발까지 쏠 수 있었다. 권율은 "화차가 있어 행주대첩의 승리는 가능했다"라며 화차의 위력을 높이 평가했다. 하지만 2월 하순에는 고니시 군의 일방적인 평양 철수로 고립된 지경에 처해 있던 함경도의 가토 군이 조·명군의 어떠한 공격도 받지 않고 한성으로 복귀하는 것을 허용하고 말았다.

벽제관 전투에서 왜군에 패한 명군의 수뇌부는 이여송의 전의 상실로 인해 조선 조정의 강력한 반발에도 불구하고 강화를 본격적으로 생각하게 되었다. 조선 조정의 강화 논의 거절 이유는 왜군에 의해 선릉(성종의 묘), 정릉(중종의 묘), 강릉(명종의 묘), 태릉(중종 비 문정왕후의 묘) 등 선대의 왕릉이 도굴 파괴된 것과 임해군·순화군 두 왕자의 나포로 인해 불구대천의 원수로 여기고 있는 데 있었다.

때마침 3월 13일 명군의 계략이 성공하는 일이 있었다. 물론 조선 측에 의해서도 검토되고 있던 일이기도 했다. 명의 경략 송응창이 부총병 사대수에게 지시하여 비밀리에 용산에 있는 왜군의 군량 창고 23곳(일설에는 13곳)에 불화살을 쏘아 태워 없애는 데 성공한 것이다. 용산 창고는 본래 조세미 저장소였는데 한성 점령 후 왜군들이 군량으로 쓰고 있었다. 1만 4천여 석의 군량미가 저장되어 있던 상태였다. 용산에 있는 군량 창고를 소실시킨 명군의 작전은 왜군에게 엄청난 충격을 안겨 주었다.

조·명 연합군의 압박으로 군량 보급과 병력 보충에 심각한 어려움을 겪게 된 고니시 등 왜군 지휘부는 명군과의 전투 부담을 회피하면서도 차기 작전을 준비할 수 있는 시간을 벌기 위해서는 강화협상을 통해 돌파구를 모색하지 않을 수 없었다. 명군 측으로서도 바라던 바였기 때문에 고니시 측과 명나라의 심유경 간의 강화협상이 쉽게 진전될 수 있었다.

4월 18일경에는 명군의 묵인과 배려(?) 하에 왜군이 한성을 떠나 남쪽으로 물러났다. 왜군은 명나라 유격 심유경을 비롯하여 임해군과 순화군을 볼모로 앞세우고 풍악을 울리며 퇴각해 갔다.

권율 장군은 이들을 추격하기 위해 한강을 건너려 하였으나 확전을 기피하는 명군 측이 막아 못 가게 되었다. 이를 두고 권율 장군은 "마치 조선을 침략한 왜군에 대해 조선을 도와주러 온 명나라 군대의 호위를 받으며 물러간 꼴이 되었다"라고 한탄했다.

명나라 군대의 참전으로 상황이 불리해진 데다 본국으로부터의 병력 보충과 군량 조달에 한계를 느낀 왜군으로서는 강화협상을 명분으로 불가피하게 후퇴해 갔던 것이다. 그러나 왜군 지휘부는 본국으로는 철수하지 않고 서생포·동래·김해·웅천·거제 등지에 장기적으로 주둔할 수 있는 성곽을 쌓도록 하면서 기회를 엿보는 관망 자세를 유지했다. 당시 축성된 왜성은 서생포(가토), 임낭포(모리), 기장(구로다), 부산·동래·가덕도(모리), 죽도(나베시마), 웅천(고니시), 안골포(구키), 거제도(시마즈)였다.

4월 20일 한성이 수복되었다. 6월에는 강화협상의 성의 표시 차원에서 왜군 측이 억류하고 있던 임해군·순화군 두 왕자를 석방하기도 했다. 그러나 히데요시는 명과의 강화가 결렬될 경우를 대비하였다. 지난해 패전한 진주성을 공격하여 전라도와 경상도 양개 지역을 장악하고 장차 조선 점령 작전에 대비하도록 지시해 두고 있었다.

히데요시의 명령에 의해 지난해 10월의 진주성 패전을 설욕하고자 부산과 울산 등지의 해안에 진주하고 있던 가토·시마즈·고니시 군사 등 왜군 10만 병력이 6월 21일 대대적으로 조선 수성군 6,000∼7,000이 지키고 있던 진주성을 공격하기 시작하였다. 29일까지 10일 간에 걸쳐 치열한 전투가 벌어지게 된 것이다. 이 전투에서 창의사 김천일·경상우도병마사 최경회, 충청병마절도사 황진·의병장 고경명의 아들 고종후 등이 전사하였다. 성안에 있던 군사와 백성 6만여 명이 왜군에 죽임을 당했는가 하면 소·말·닭·강아지까지도 남기지 않을 만큼 왜군들은 패전의 분풀이를 마음껏 했다.

진주성 전투를 끝내고 왜군들은 촉석루에서 승전연회를 열었는데 병사 최경회의 후실이었던 논개가 왜장을 끌어안고 남강으로 떨어져 죽는 일도 이때에 일어나 오늘날까지 설화로 전해져 오고 있다. 논개는 비록 '관기' 신분의 민초였지만 나라를 위해 자신을 희생한 애국심과 충절의 자세는 후세인 우리들이 기억하고 본받을 필요가 있어 부언한다. 논개는 전라북도 장수군 출신으로 알려져 있고 그녀와 관련한 일화는 전란이 끝난 뒤 세자 광해군을 따라 현지 조사에 나섰던 유몽인에 의해 발굴되었다. 그러나 신분이 관기-경상우도병마절도사 최경회의 후실-였다는 이유로 1617년 홍문관에서 전란 중에 목숨을 바친 충신과 효자, 열녀 등을 조사, 수록하여 펴낸 『동국신속삼강행실도』에도 제외되었다. 다행히 임진왜란 후 300여 년이 경과하던 때인 1882년 고종 당시 유생 백낙관이 비록 '먼 지방의 천기' 정도로 낮추어 호칭하긴 했어도 국가의 위기를 염려하는 상소문에 그녀의 충절을 언급함으로써 조정과 백성들로 하여금 잊혀 가던 기억을 새로이 하게 되었다. 이후 1922년 장지연은 『일사유사』에서 "그녀는 기생이 아니라 몰락한 신안 주(朱)씨 집안의 후손으로 스무 살 나이 최경회의 부실로서 적의 장수를 껴안고 죽기 위해 기생으로 가장하여 연회에 참석한 뒤, 술 취한 왜장 게야무라 로쿠스케를 안고 남강에 투신하여 백성의 원한을 달랜 열녀였다"라고 칭송하면서 살신성인한 충절과 희생정신을 높이 평가하고 본받을 것을 권면했다.

후세인 우리들이 잊지 말아야 할 것은, 논개의 일화처럼 각 지방에는 임진왜란 당시 민초들이 왜적에 항거하며 전란을 극복해 낸 희생정신과 충정어린 일화들이 많이 전해지고 있었지만 식민지배를 거치는 동안 일제에 의해 의도적으로 왜곡되거나 불식되어 일부만이 겨우 전해지고 있다는 사실이다.

무너진 백성들의 삶, 그리고 조선을 분할하려한 명 · 일 간의 강화협상

징비록에는 왜군의 평양 퇴각으로부터 한성을 수복하게 되어 그해 10월 선조가 한성으로 돌아오기까지의 10개월여 기간 동안 명군 지휘부가 조선군 간부들에게 보인 매몰찬 행태와 전란을 당한 백성들의 참상에 대해 언급하고 있다. 예나 지금이나 참전한 우방군이 파병 현지에서 보이는 저급한 행태는 비슷하다. 전란을 당하면 백성들이 얼마나 비참한 상황을 당하게 되는지 잊지 말아야 하겠다는 생각에서 그 내용을 정리하였다.

명군으로서는 왜군과의 접전을 가급적 피하여 피해를 최소화하다 적당한 때 복귀해 가는 것이 무엇보다도 중요한 관심사였다. 그런 연유로 조·명 연합군이 퇴각해 가는 왜군을 추격하여 전투력을 와해시킬 것을 주장하는 체찰사 류성룡 등 조선 대표와 군 지휘관들이 명군 지휘부로서는 마냥 귀찮고 부담스러웠다. 그들의 심사는 군량을 제때 보급하지 않았다는 핑계로 조선 측 대표들을 발길질하는 식으로 표출되기도 하였다. 체찰사 류성룡과 호조판서 이성중 등 조선 조정 대표를 뜰아래 꿇어앉히고 큰 소리로 꾸짖으며 군법을 시행하려는 모멸찬 행동도 서슴지 않았다. 나랏일이 이 지경에 이른 데 대해 류성룡은 많은 눈물을 흘려야 했다고 술회하였다.

원군인 명군은 심지어 전투를 회피하고 시간을 벌기 위하여 병력을 개성이나 평양으로 일방적으로 되돌려 가버리기도 했다. 지난해 봄에 이어 두 번째 봄을 맞이하게 된 조선의 삼천리강산이 병화를 당해 쓸쓸하기 그지없는 상태가 되다 보니 춘궁기를 맞은 백성들의 굶주림은 이루 말할 수 없는 비참한 지경에 이르렀다. 류성룡은 장계를 올려 전라도에서 올라온 군량을 활용하여 굶주린 백성들을 먹이도록 했다.

명군의 지휘관 사대수(査大受, 부총병)는 류 체찰사에게 "파주역 가는 길가에서 어린 애기가 기어가서 죽은 엄마의 젖을 빨고 있는 것을 보고 불쌍히 여겨 이를 거두어 병영 안에서 돌보도록 했다. 왜적은 물러가지 않는데 백성들은 이런 지경에 있으니 장차 어떻게 하면 좋겠는가. 하늘도 근심하고 땅도 슬퍼할 것이다"라며 탄식했다고도 했다. 그리고 한성이 수복되어 성안으로 들어갔을 때 도성 안의 백성들이 겪고 있는 참상을 다음과 같이 술회했다.

"성안의 백성이 백 명 중 한 명도 제대로 살아 있는 사람이 없을 정도로 처량하였다. 그나마 살아남은 사람도 모두 굶주리고 병들어 얼굴빛이 귀신같았는가 하면 날씨가 더워 곳곳에 놓여 있는 죽은 사람과 말의 사체에서 풍기는 썩은 냄새가 성안을 진동하고 있었다. 종묘와 경복궁 등 세 대궐, 그리고 관청과 민가들이 모두 불타 없어진 폐허 상태가 되어 있었다.

비록 왜군이 남해안 일대로 퇴각해 갔다 하더라도 주군지 주변 각처에서 분탕질을 일삼고 있었는데도 조선의 군량 조달 등 지원능력이 고갈되었음을 핑계로 제독 이여송과 여러 장수들은 명나라 본국으로 돌아가 버렸다. 유정·오유충 등 몇몇 장수와 1만여 군사만이 성주·선산·거창·남원·전주 일대에 남아 있는 정도였다. 이럴 즈음 조선의 한성과 지방의 백성들은 춘궁기로 굶주리고 군량 운반하기에 지쳐 노인과 아이들이 도랑이나 산골짜기 등 도처에 쓰러져 있었다. 건장한 사람은 도적으로 변해 버렸는가 하면 역질까지 겹쳐(1593년 여름) 다 죽어 없어질 지경에 이르렀다."

한성에서 후퇴해 간 왜군이 경상도 해안에 주둔해 있는 동안 조선을 무시하고 철저히 배제한 상태에서 명과 일 측 사이에는 거의 4년간에 걸쳐 강화협상이 지루하게 진행되었다. 전쟁이 조선 땅에서 벌어졌고 수많은 조선인들의 인명과 재산, 문화재의 손실과 약탈이 자행되었음에도 불구하고 조선은 강화협상의 당사자로 나서지 못했고 인정조차 받지 못했다. 명나라에게 조선은 속국과 같은 동방의 번국에 지나지 않았고 본토를 공격해 오는 것을 차단하기 위한 전쟁이었기 때문에 조선의 입장을 존중해 주거나 상의할 필요조차 없었다. 일본으로서도 조선이 생각보다 무력하기 그지없고 평양을 접수할 만큼 진격해 간 데다 여차하면 한강 이남의 4도 정도는 자기들 땅으로 얼마든지 복속시킬 수 있는 유리한 입장이었기 때문에 굳이 조선을 인정할 이유가 없었다. 명과 일본이 당사자가 되어 강화협상을 타결 지으면 전쟁은 얼마든지 끝낼 수 있었던 것이다.

이런 전쟁이었기에 명과 일 양측 모두는 잇속 챙기기에 급급했고 불신과 허위가 난무한 절충 내지는 협상을 할 수밖에 없었다. 전란 참여국 승인을 받은 협상 대표자들의 외교적 협상이 아니라 명의 심유경과 일의 고니시 간의 야합과 임시변통 식의 협잡이었기 때문에 조·명의 조정에는 끝없는 불신만을 초래하였다. 이들은 심지어 히데요시의 가짜 항복문서를 만들어 명에 사절단까지 보내는 짓도 서슴지 않았다. 왜군의 철수는 기대난망해진 상태에서 조선의 피해만 한없이 깊어지게 되는 상황이 지속되었던 것이다.

1594년 12월 30일, 명나라 측은 명 황제가 히데요시를 일의 국왕으로 봉하는 임명장과 관복 및 금인을 전달하도록 하면서 조선 남해안 일대 성들에 포진해 있는 왜군은 철수할 것, 조공은 허락하지 않음, 조선과 우호조약을 맺고 명의 속국이 되며 다시는 조선을 침범하지 말 것 등을 제시하였다. 반면, 히데요시가 내세운 강화 조건은 대명 황제의 공주를 보내어 일본 천황의 왕비로 삼게 할 것, 양국 간 단절된 교역을 재개하여 관선과 상선이 왕래하도록 할 것, 양국 간에 우호 관계를 구축하고 전권대사가 서약서를 교환할 것, 조선의 한성과 이남 4도를 일본에 할양하고 조선 왕자와 대신 각 1명을 볼모로 보낼 것 등의 7개조를 내세웠다.

조·명 측으로서는 도저히 받아들일 수 없는 조건들이 제시되어 협상을 타결 지을 수 없었다. 더 큰 문제는 강화교섭을 맡은 심유경과 고니시 등이 짜고 히데요시와 명 황제가 제시한 강화 조건을 양측에 사실대로 보고하지 않고 위조, 은폐한 가운데 무리한 교섭이 진행되었던 점이다. 결국은 강화 교섭 자체가 파국을 맞아 정유재란으로 이어지고 말았다.

강화협상이 진행되는 과정에는 웃지 못할 해프닝도 있었다. 1596년 4월, 명나라 조정에서 공식 파견하는 책봉사 이종성(사절단 대표)이 한성을 거쳐 부산진의 왜군 군영에 대기하다 도망치는 기막힌 일이 벌어진 것이다. 1593년 12월, 당초 고니시가 명나라 조정에 파견한 나이토 조안이란 자가 '히데요시를 국왕으로 책봉해 주기만 하면 일본은 일절 다른 요구 없이 조선에서 철수할 것'이라고 다짐하자 명 조정은 이에 속은 나머지 1595년 1월, 일본에 파견할 책봉사를 선정하였는데 사절단 대표에 정사 이종성, 부사에 양방형이 임명되었다. 명 조정은 책봉사 일행에게 '왜군이 조선에서 완전히 철수한 것을 확인한 다음에 일본으로 출발하라'고 지시하여 왜군의 동태를 보면서 부산진의 왜영까지 이동(1595년 11월 도착)하는데 거의 10개월이 걸렸다. 왜군의 고니시 등이 책봉 사절단과 신경전을 벌이며 주력은 그대로 주둔시킨 채 찔끔찔끔 병력을 철수하는 술책을 벌인 탓이었다. 명 조정은 조선에 대해서도 통신사를 뽑아 명의 책봉사와 함께 파견해 줄 것을 강력히 요구하여 황신을 대표로 300여 명을 파견하기로 하였다. 이즈음 부산진에 도착하여 일본으로 가려던 이종성이 '히데요시가 명나라로부터 책봉 받을 의사가 전혀 없고 명나라 사신들이 오면 유인해 사로잡아 욕을 보이려 한다'는 것을 감지하고는 신변의 위협을 느낀 나머지 밤이 이슥해진 틈을 타서 평복으로 갈아입고 하인이며 인장 등을 팽개친 채 도망치는 사건이 벌어졌다. 종전 협상을 주도할 책봉사가 조정의 명령에 따르지 않고 탈출하는 일이 벌어진 것이다. 명나라 조정으로서는 당시 왜영에 들어가 있던 명나라 사절단의 수행원이 500명에 달하고 있던 터라 이 사건으로 인해 강화 결렬을 선언할 경우 모두 포로가 될 수도 있는 위험이 있어 고심 끝에 부사 양방형을 책봉사로 승진시켜 일본에 파견하게 되었다.[5]

마침내 1596년 9월(선조 29년) 오사카에서 심유경 등 조·명 교섭단을 접견하던 히데요시는 "내가 조선 왕자를 놓아 보냈으니 조선에서는 응당히 왕자를 보내 사례했어야 함에도 불구하고 직위가 낮은 사신을 보낸 것은 나를 업신여긴 것이다"라며 분노를 폭발하는 바람에 화의는 결렬되고 말았다.

화의 교섭이 파국을 맞게 되자 조·명 교섭단은 재촉당하다시피 복귀하는 굴욕적인 지경으로 내몰렸다. 히데요시가 1597년 1월부터 고니시·가토 등을 재출병시켜 전라도를 비롯한 충청도 등 조선 남부의 4개 도를 공략하도록 지시하기에 이르자 조선 조정에서는 서둘

5) 정종숙, 징비록 기억을 기억하라(북스타, 2015. 11월), pp. 243~249 / 송복, 류성룡 나라를 다시 만들 때가 되었나이다(가디언, 2014. 5월), pp.266~268

러 명나라에 사신을 보내 사태의 심각성을 알렸다. 명 조정은 병부상
서 석성과 심유경에 대해 전란 재발을 억제하지 못한 것을 단죄한 데
이어 다시 군대를 조선에 보냈다. 정유재란이 발발하게 된 것이다.

왜군의 재침입(정유재란)과 이순신의 하옥

왜군이 임진년에 이어 다시 조선을 침입해 온 정유재란의 1차 목
표는 곡창지역인 호남지방을 점령, 장악하고 충청도를 공격하여 한
강 이남의 조선 땅을 일본의 영지로 확보하는 데 있었다. 임진년 침
공 당시 호남·충청 지역을 완전히 장악하지 못했기 때문에 조선 점
령에 실패하게 되었다는 자체 평가에 입각한 작전계획이었다. 아울
러 1차 침공 당시 이순신이 지휘하는 조선 수군의 활약으로 호남 남
부지방으로 연결되는 남해상의 해상교통로가 차단당하는 바람에 군
량 확보와 병력 보충에 차질을 가져와 전쟁을 확대해 갈 수 없었다는
판단에 따라 통제사 이순신을 우선적으로 제거하는 모략을 병행하여
구사하였다.

왜군의 침공계획은 전군을 좌우 양개 군과 수군으로 구분한 다음,
우군(右軍) 6만여 명은 모리(毛利秀元) 지휘 하에 밀양·창녕·고령·합
천·거창·함양·장수·진안을 거쳐 전주로 진격해 가고, 좌군(左軍)
5만여 명은 우키다(宇喜多秀家)가 지휘하여 수군의 엄호 하에 김해·고
성·사천·하동 등 해상으로 이동해 가서 남원성을 점령한 다음 양
개 군이 합세하여 일거에 전라도와 충청도를 점령한다는 것이었다.[6]

조선 조정 내의 동서 당파분열을 역이용하여 조선의 삼도수군통제
사 이순신을 제거하기 위한 왜적의 속임수는 너무도 쉽게 적중하고

말았다. 이순신을 제거하기 위해 고니시는 쓰시마 출신으로 조선어를 유창하게 구사하는 요시라(要時羅, 가나메 도키스라, 이후 '요시라'로 호칭)[7]를 활용했다. 고니시의 술사 요시라는 부산포와 쓰시마를 오가는 장사꾼이 되어 조선 측에도 쉽게 드나들며 일종의 이중 첩자 역할을 하고 있었다. 고니시는 요시라를 시켜 자신과 늘 경쟁하며 불편한 관계에 있던 가토 군의 첩보를 경상우병사 김응서에게 흘리게 하였다. 가토 군이 '곧 본국에서 건너올 터인데 조선 수군은 해상전투를 잘하니 바다 한가운데서 기다리고 있다가 그를 습격하면 쉽게 제압할 수 있을 것'이라는 정보였다.

요시라가 김응서에게 이런 정보를 제공하면서 그 대가로 벼슬을 요구하자 김응서는 사실 확인은커녕 크나큰 공이나 세우게 된 듯이 조정에 곧이곧대로 보고하였다. 첩보 보고를 받은 선조와 조정은 흥분을 감추지 못한 채 첩자 요시라를 당상관인 정3품 절충장군에 책봉하고 은자 80냥까지 지급했다. 심지어 선조는 고니시를 '하늘이 보낸 사람'이라며 신뢰하는 웃지 못할 해프닝까지 벌어졌다. 김응서의 보고를 받은 조선 조정은 이 기회를 놓치기 아깝다며 통제사 이순신에게 나가 싸우도록 잇달아 재촉하였다.

왕명을 받은 통제사 이순신은 두 가지 측면에서 고심해야 했다. 이로 인해 징비록의 언급처럼 '조정의 출동 지시를 받고서도 주저하게 되었던 것' 같다. 한 가지는 비록 지휘계통의 직속상관인 도원수 권

---

6) 박재광, 임진왜란기 일본군의 점령정책과 영향(군사 44, 국방부 군사편찬연구소, 2001.12월), p. 260
7) 안영배, 잊혀진 전쟁 정유재란 (동아일보사, 2018. 1월), p. 41

율에게 전해 받은 선조의 명령이었지만 명령의 동기가 왜적의 수장인 고니시에게서 비롯되었다는 점에서 액면 그대로 신뢰하기 어렵다는 데 있었고, 또 한 가지는 왕명에 따라 무작정 출정하였을 때 웅포와 안골포, 가덕도, 부산포 일대에 배치되어 있는 왜군(육상군과 수군)으로부터 기습적인 포위 공격을 받게 되면 자칫 크게 패전할 수 있다는 염려 때문이었다. 이런 사정 때문에 통제사 이순신은 왕명으로 전달받은 출정 지시였지만 주저하지 않을 수 없었다. 이것이 선조와 조정이 '왕명 거부'로 이해하게 되는 빌미가 되었던 것이다.

필자는 왕명에도 불구하고 이순신이 선뜻 수용할 수 없었던 데에는 현장의 수군 최고사령관으로서 출정 결심에 많은 고민을 하지 않을 수 없었을 것이라는 데 착안하여 좀 더 보강 기술한다. 먼저, 출전명령의 출처와 관련한 통제사 이순신의 고심 부분이다. 문제는 왕명의 출처가 조선 군사의 자체적인 작전이나 정보 획득 노력에 의해 얻어진 첩보가 아니라 왜적이 제공한 것에 기인했다는 데 있었다. 다시 말해 왜군 고니시의 술사 요시라가 전한 가토 군사의 이동 소식은 액면 그대로 '사실인지' 아니면 '조선 군사를 유인하여 골탕 먹이려는 계략인지'가 불분명한 '첩보' 정도였지 '타당성'과 '가능성'에 대한 조정 나름대로의 분석이나 평가과정을 거친 '정보'는 아니었던 것이다. 더욱이 조선군에 의해 수집된 첩보가 아니고 어디까지나 적군인 왜군의 첩자 정도가 전해 준 전갈 수준이었기 때문에 최일선의 소부대도 아닌 대부대 급의 최고사령관인 통제사가 '속임수'일지도 모르는 이런 정도의 '첩보'를 정보로 신뢰한다는 것은 상식적으로 있을 수 없는 일이었다.

제대로 된 임금이요 조정이었다면 오늘날과 같이 교통과 통신이 발달된 시대도 아니었던 만큼 중대한 첩보는 최소한 일선을 책임진 현장 최고사령관에게 의견을 조회하여 판단해야 했다. 적어도 군사의 출동 여부에 대한 결심은 현장 사령관에게 일임해도 시원치 않을 사안이었다. 군왕과 조정이라고 해서 현장의 상황을 덮어둔 채, 확인되지 않은 첩보에 의거하여 대병력을 전선으로 이동시켜 전투하도록 지시할 수는 없는 법이다.

하지만 선조는 그렇게 단순했다. 특히 예조판서로 있던 윤근수는 '기회가 왔다'며 계속해서 임금을 부추기고 이순신에게도 전진할 것을 재촉하였다. 마치 통제사 이순신이 반발하고 거부할 것으로 미리 예견이나 한 것처럼 다그쳤다. 명령 불복종을 이유로 이순신을 전격 해임하고 자신들이 신임하는 절도사 원균으로 대체하기 위한 계략이 있었던 것이 아닌가 의심스러울 만큼의 재촉이었다.

또 한 가지는 출정에 따른 작전적 부담 문제였다. 당시 조선 수군은 왜적을 견내량의 좁은 해상 길목—견내량은 명량대첩을 거둔 명량 울돌목과 같이 육지와 섬 사이 간격이 매우 좁은 수역으로 밀물과 썰물이 교차할 때는 바닷물이 빙글빙글 돌며 소용돌이가 일어나면서 거세게 흐르는 특징이 있다—을 차단하여 호남과 서해로 진출하지 못하도록 방비하는 데 모든 노력을 집중하고 있던 터였기 때문에 조정의 전갈만을 믿고 군사를 부산포 앞바다로 출동시킨다는 것은 그리 간단한 일이 아니었다. 만에 하나 출정했다가 조선 수군이 패전하여 결정적으로 큰 피해를 입게 되는 날에는 왜군이 벼르고 있는 호남으로의 진출은 '식은 죽 먹기' 같이 용이해지고 왜군의 재침입 목적 달성을 도와주는 셈이기 때문이었다. 이순신의 한성 압송 이후 임명된 통제사 원균의 칠천량 패전으로 결국 그런 상황이 오고야 말았다.

선조가 출동 지시한 해역으로 가기 위해서는 거제도 견내량을 거쳐 칠천도와 가덕도, 다대포로 이어지는 해상 통로를 지나 부산포 앞바다로 이동해야 하는데 통과 수역인 창원의 웅포와 안골포, 가덕도에서부터 부산포, 서생포 등에 이르는 해안에는 2만여 명의 왜군이 요새와 같은 성을 쌓고 포진하고 있는 상황이었다. 이 지역은 말이 조선 땅이지 임진왜란 초기 이후에는 사실상 왜군의 소굴이나 다름없었기 때문에 통제사 이순신에게는 매우 부담스러운 작전 수역이었다. 이 해역의 주요 해안 지점에는 대부분 왜군이 선점하고 있었다. 따라서 조선 수군이 작전 이동 중에 함선을 정박할 만한 항구가 없었다. 지난 4~5년 간의 작전 활동을 통해 야간 기습이라도 당하게 되면 피할 곳이 없다는 것을 통제사 본인이 수차례 어려움을 겪으며 익히 경험하고 있었기 때문에 적정에 대한 정확한 상황 판단과 세심한 작전 준비가 필요했다.

더욱이 한산도 통제영으로부터 기습작전이 전개될 부산포의 오륙도 앞 해상까지 노를 저어 기동해 가야 하는 이동 거리, 즉 '작전 반경'이 만만치 않게 멀 뿐만 아니라 대규모 출동 군사를 위한 병참과 보급 유지 등 전투지원 소요가 많아 단기 결전 형태의 전투가 아닐 경우 전승을 보장하기 어렵다는 난점도 있었다. 이런 상황을 고려하면 통제사 이순신으로서는 고니시와 가토 사이가 좋지 않다는 것을 감안하더라도 자기편의 최고위 장수를 제거하도록 적군인 조선 측에 엄청난 정보를 사주하듯이 흘린다는 것 자체가 납득하기 어려운 첩보였을 것이다.

　이순신은 조정이 왜군의 간계에 속아 넘어가고 있다는 것을 알면서도 공개적으로 언급하지 않고, 적군의 간계를 의심하여 여러 날을 주시하며 부산포 해상으로 나아가지 않았다. 이때 요시라가 "가토 군이 이미 상륙해 버렸다. 조선은 어째서 요격하지 않았느냐?"라며 거짓으로 안타까운 척 애석해 하자 이 사실을 알게 된 조정에서는 기다렸다는 듯이 이순신을 지탄하고 국문하도록 조치함으로써 '하옥사태'가 벌어지게 되었다.

　물론 통제사 이순신이 처벌받게 된 또 한 가지 이유도 있었다. 정유재란 직전 병신년(1596년) 12월 12일의 '부산 왜영 방화사건'과 관련하여 이루어진 이순신의 장계가 허위 보고로 밝혀지게 되어 선조와 조정에 처벌의 빌미를 주게 된 일이다.[8] 이 사건은 조선에 잔류하던 왜군의 본거지인 부산포 왜영에서 1,000여 호나 되는 왜군의 가옥과 화약창고 2개, 군량미 2만 6,000여 섬, 병영의 기물과 왜선 20여 척이 불에 탄 대형 진중 화재 사건이다. 이순신은 부하들의 공로를 상부에 알리기 위해 정유년(1597년) 1월 1일에 장계를 올렸다. 장계의 요지는 '거제 현령 안위(安衛)를 비롯한 자신의 부하들이 밀모를 해서 야간에 왜군의 숙영지에 잠입해 있다가 마침 불어오는 서북풍에 불을 놓아 왜영을 불태웠다'는 것이었다. 그런데 이순신의 보고와는 전혀 다른 장계가 다음 날인 1월 2일 이조 좌랑 김신국(金藎國)에 의해 올려졌다. '이 작전은 이순신이 한 것이 아니라 도체찰사 이원익이

---

8) 노병천, 이순신(양서각, 2005. 11월), pp. 126~127 / 이민웅, 임진왜란 해전사(청어람미디어, 2004. 7월), p. 191

휘하 군관 정희현에게 명하여 도모한 쾌거였다'는 보고였다. 이순신의 장계는 '허위보고'였던 셈이었다. 이 사건에 대해서는 아직까지도 관계 전문가들 사이에서 견해가 분분하다. 분명한 것은 이순신이 자신의 공을 내세우기 위해 허위 장계를 올리도록 지시한 것이 아니라 부하들의 보고를 확인하지 못한 채 장계를 올리도록 한 데에서 기인한 일종의 '지휘 실수'였다. 이 실수는 이순신의 첫 번째 처벌 죄명인 '조정을 속이고 임금을 업신여긴 죄'라는 중죄에 해당했다.

1597년(정유년) 2월 4일, 사헌부에서 참소하여 이순신에게 붙여진 죄명은 '조정을 속이고 적을 치지 않았다(기망조정 종적불토, 欺罔朝廷 縱賊不討)'였다. 조정으로부터 이 같은 참소를 받은 선조는 비망기를 통해 이순신에게 어마어마한 죄목을 붙여 죄명을 내렸다. 조정을 속이고 임금을 업신여긴 '무군지죄(欺罔朝廷 無君之罪, 역적죄),' 적을 놓아주어 치지 않은 '부국지죄(縱賊不討 負國之罪, 국가반역죄),' 남의 공을 가로채고 남을 죄에 빠뜨린 '함인지죄(奪人之功 陷人之罪, 원균을 함정에 빠트린 죄),' 방자하고 기탄이 없는 '기탄지죄(無非縱恣 忌憚之罪, 방자한 죄)'였다. 막을 수 있는 적을 막지 않은 역적이자 국가반역자라는 뜻이었다.

왜군 적장 고니시가 중심이 된 왜군 지도부의 계략에 따라 어이없게도 조선 수군의 장졸들과 백성들이 지켜보는 앞에서 수군의 최고 사령관을 스스로 제거하는 일이 벌어지고 만 것이다. 이로써 왜군은 자기들이 사주한 간첩 요시라의 활동 덕분에 임진왜란 최대의 첩보전 승리를 맛보게 된 셈이었다.

고니시의 기만작전의 성공으로 왜군은 마침내 '손 안대고 코 풀듯' 조선 수군의 통제사 이순신의 보직 해임 처벌(백의종군)을 성사시킨 데 이어 거제도 북단의 칠천량 해전에서 후임 통제사 원균의 군사를 보기 좋게 전멸시키는 승전까지 거둘 수 있었다.

왜군은 칠천량의 승전으로 우리가 흔히 부르는 '한려수도 수로' – 통영으로부터 여수에 이르는 해상교통로–를 아무런 저항 없이 통과할 수 있었고 이어 전라도 남해안 수역으로 진출하여 순천과 전주를 점령하게 되었다. 왜적은 얼마나 통쾌했을 것이며 조선의 수군과 해안의 백성들은 얼마나 원망하며 한탄하였을까.

통제사 이순신이 염려했던 상황이 현실이 되고 만 것이다. 막상 우려했던 상황이 현실이 되어 눈앞에 전개되었는데도 패전의 직·간접적인 원인을 제공했던 선조는 군왕으로서 말 한마디 하지 않은, 무상하다 못해 비겁한 임금이었다. 원균을 통제사로 강력하게 천거했던 조정의 일부 신료들은 백성들 앞에 머리 들지 못할 패전을 초래하게 된 직접적·도의적 책임에도 불구하고 어떤 비난이나 처벌도 받지 않았으며 묵묵부답의 면피로 일관했다.

관련 기록에 따르면 김응서의 장계는 1월 19일에 올라왔고, 1월 21일 올라온 기장 현감 이정견의 장계는 이미 1월 13일에 가토가 200척의 배를 이끌고 다대포에 도착했다는 보고였다. 1월 22일에 있었던 전라병마절도사 원균은 '수백 명의 수군으로 가덕도에 머물며 위세를 떨치면 가토가 겁을 먹고 돌아갈 것'이라고 보고했다. 적어도 1주일이나 열흘 전에 이미 진입해 온 가토 군에 대해 관할 전선의 책임자가 아니었던 원균은–물론 제대로 알 수 있는 위치에도 있지 못했지만–재진입 사실을 알 수 없었다. 그런데도 조정에서는 관련 정황을 정확히 확인도 하지 않은 채 그저 '괘씸죄' 하나로 이순신을 처벌하도록 했던 것이다.

1597년 정월 초부터 일본으로 돌아갔던 왜군들이 속속 조선 영남의 해안 지역에 자신들이 수축해 놓은 왜성으로 들어가 전투를 준비하고 있었다. 그런 상황에서도 선조와 조정은 이순신을 한성으로 압송하여 온갖 모욕과 육체적 고통을 주며 결국 처형 명령까지 내렸다. 통제사 이순신을 가장 부담스러하며 작전적으로 어떻게 하면 그를 극복할 수 있을지 방도를 찾지 못하고 있던 왜군의 지휘부로서는 졸지에 너무도 쉽게 이순신을 제거한 것이다. 적군의 군주와 조정에 의해 스스로 자기들의 수군 최고 지휘체계를 붕괴시켜 가는 형국을 지켜보며 미소 지었을 고니시와 왜군의 지휘부 모습을 상상만 해 보아도 억장이 무너져 가슴이 터질 것만 같다. 아마도 필자만의 감정은 아닐 것이다.

아무리 정치이념과 현실에 대한 이해를 달리하게 되어 동·서로 나뉘게 되었다 하더라도 국가의 안위가 백척간두에 처해 있고 임진년 이후 지난 5년 동안 조선 전국이 왜적의 총칼과 말발굽에 짓밟혀 수백만의 백성들이 희생되고 기아에 허덕이는 비참한 상태에 놓여 있는 그런 절박한 상황에서 적의 계략과 모함에 의해 최전선을 책임지고 전공까지 있는 일선의 최고사령관을 어떻게 그토록 무참하게 죄인 취급할 수 있었던 것일까?

앞서 살펴본 것처럼 이순신 하옥사건은 군왕 선조와 윤두수(판중추부사)와 윤근수(해평부원군, 예조판서) 형제·김응남(좌의정)·김응서(경상우병사)·원균(윤두수·윤근수 형제와 친척 사이)과 같은 서인들이 사주하여 발생하였다.

한산도 통제영에서 소환되어 온 통제사 이순신을 취조·국문한 위관은 서인인 좌의정 윤근수였고 변호한 인사들은 정탁과 이원익, 이덕형 등이었다. 영의정의 위치에 있었던 류성룡은 "이순신을 천거한 장본인이었던 데다 본인이 나설 경우 동서 정파 간의 예민한 문제가 돌출될 수도 있는 상황이 염려되어 아무런 변호를 할 수 없었다"라며 나중에 징비록에서 술회했다.

돌이켜보건데 아무리 경쟁 관계에 있는 껄끄러운 존재라 하더라도 같이 적국을 치러가는 마당에 아군 동료 사령관의 약점을 적진에 비밀리에 알려 섬멸되도록 하는 것이 있을 수 있을까? 더욱이 전쟁 중의 첩보 보고에 대해서는 현장 사령관에게 알리고 대처 방향에 대해 그의 견해를 확인하는 것이 당연한 순서이자 최소한의 예우일 것이다. 하지만 고니시 등 왜군 지도부의 기만전술에 속아 넘어간 나머지 조선 조정과 조선군 간부 중의 일부 서인 세력은 전쟁 중임에도 아랑곳하지 않고 서로 합세하여 이순신을 모함하고 제거하기에 급급했으니 그 정도 수준으로 어떻게 왜적에 대처할 수 있었겠는가. 우리 장졸들의 사기와 기강은 어떻게 되었을지 '짐작되고도 남는다' 할 것이다. 그리고 군왕 선조마저 어떻게 그토록 이순신을 오해하고 매정하게 조치하게 되었던 것인지….

이순신이 통제사에서 해임되어 함거에 올랐던 때가 2월 26일이었고 3월 4일 저녁에 하옥되었다는 기록에 비추어 원균이 통제사로 부임한 것은 1597년(정유년) 2월 25일 전후로 추정된다.[9] 이순신의 조카

---

9) 이민웅, 앞의 책, p. 194 / 도현신, 원균과 이순신(비봉출판사, 2008.2월), p. 207

분(芬)이 작성한 「행록」(行錄)에 의하면 당시 통제사 이순신은 후임 원균 통제사에게 군량미 9,914석, 화약 4,000근, 각 함선에 탑재하고 남은 총통 300자루 등의 목록과 현품을 인계했다고 하였다. 그리고 이순신은 전선 250척 확보를 목표로 함선 건조를 계속하여 정유재란 당시 목표 숫자에는 미치지 못했지만 통제사 원균에게 인계할 당시에는 거북선 3척, 판옥선 134척과 협선 등 전함 180여척의 전함을 보유할 수 있었다고 하였다. 협선 등을 포함하면 200여 척의 전함을 인계하였고 임진왜란 발발 초기 전라좌수영의 함선이 85척이었던 데 비하면 단순히 함정의 척수 만으로도 3배 이상 증강된 전력이었다는 점에서 이순신이 함선 증선 등 전력 증강을 위해 많은 노력을 경주하였음을 숫자로도 확인할 수 있다. 인계된 수군 병력은 칠천량 해전에 참전한 조선 수군이 1만 3,000여 명이었음에 비추어 적어도 2만여 명은 되었을 것으로 추정된다.[10]

당시 이순신의 모친은 여수에 체류하고 있었는데 아들의 하옥을 걱정하여 선편으로 서해를 돌아 아산에 이를 즈음 운명하였다. 죄인이 된 이순신은 감옥에서 풀려나 백의종군 신세로 도원수 권율의 진영으로 가던 중 아산 본가에 들러 문상만 하고 장례는 조카와 아들에게 맡기고 종군지를 향해 이동해야 했다.

백의종군에 대해 저자 제장명은 『이순신 백의종군』에서 "조선시대 형벌의 종류에는 태형(笞刑, 가벼운 죄를 범했을 때 작은 형장으로 볼기를 치는 형벌), 장형(杖刑, 큰 형장으로 볼기를 치는 형벌), 도형(徒刑, 조금 중한 죄를 범했을 때 관청에 구

---

10) 백지원, 조일전쟁(진명, 2009. 8월), p.345 / 김덕수, 이순신의 진실(도서출판 플래닛미디어, 2016.3월), p.161

속해 두고 소금을 굽거나 철을 다루게 하는 형벌), 유형(流刑, 중한 죄를 범한 자에 대해 사형 대신 먼 곳으로 귀양 보내 왕명이 없는 한 죽을 때까지 고향에 귀향하지 못하도록 한 형벌), 사형(死刑, 중한 죄로 극형에 처하는 형벌) 등 5대 형벌이 있었는데 백의종군은 도형의 일종인 '충군(充軍)'과 동일한 개념으로 '죄를 지은 관리를 군역에 편입시키거나 죄를 지은 평민을 천역군에 편입시키는 형벌'로 주로 관직에 종사하는 자들에게 적용하였고 국가적 변란이 발생한 위기상황에서 많이 적용된 형벌이어서 임진왜란 시기에 가장 많은 사례가 확인되고 있다"라고 하였다. 그리고 저자 백지원은 "백의종군은 장수의 위치에서 일개 병사로 신분 격하되어 전장에 종군하는 것이 아니라, 일종의 보직해임에 해당하는 징벌이었다. 무관의 관리로서 관복을 입지 못하고 백의를 입도록 하여 지휘권을 행사할 수 없도록 했으나 녹봉은 평소 같이 나왔다"라고 했다.

그 후 7월 15일 있었던 칠천량 해전에서 수군통제사 원균이 지휘하는 조선 수군이 왜군에게 전멸되다시피 한 것은 이미 예견되고도 남는 일이었다. 그러나 불행 중 다행스러운 일은 판중추부사 정탁(鄭琢, 1526년(중종 21년)~1605(선조 38년), 퇴계 이황과 남명 조식 문하에서 수학하였다. 1558년(명종 13년) 식년 문과에 급제, 이조참판, 우찬성을 역임했고 임진왜란 당시 좌찬성으로 선조를 의주까지 호종했다. 선조 27년(1594년)에 우의정, 선조 33년(1600년)에 좌의정을 거쳐 호성공신 2등, 서원부원군에 봉해졌다.) 등 정직한 몇몇 대신들의 읍소와 주장에 마지못해 일전에 전공이 있었다는 이유를 들어 선조가 이순신의 극형은 면해 주었다는 것이다. 극형은 면했지만 백의종군시켜 도원수 권율의 휘하에서 대기 생활을 하는 수준 정도로 조치하고는 그들이 가장 신임했던 전라병마절도사 원균을 후임 통제사로 임명하는 것으로 마무리된 것이다. 특히 정탁의 읍소와 건의는 선조의 마음을 움직이는 데 큰 영향을 미쳤다. 정탁은 임진왜란을 당하자 우의정의 위치에서 이순신, 곽재우, 김덕령 등 명장을 천거하는 등 전란을 대처해 나가는 데 지대한 역할을 수행한 중신이었다. 이순신의 하옥 사태 때는 72세의 원로대신의 위치에서 극력으로 구명을 상소하고 선조를 설득하여 사형을 면하게 했다. 정탁의 상소문은 '신구차(伸救箚)'라는 이름으로 널리 알려져 있다. '신구'는 '죄가 없음을 사실대로 들어서 변명하여 구원하다'는 뜻이며 '차'는 간단한 상소문을 의미한다.

정탁의 상신은 선조의 엄명에 비추어 이순신의 죽음이 예상되자 영의정 류성룡이 자신과 같은 퇴계의 문인이자 남인으로서 협조를 부탁하여 이루어진 일이었다. 이와 관련하여 류성룡은 징비록에서 다음과 같이 한탄하였다.

"왜적이 임진년에 우리 국경을 침범한 이후로 오직 수군에게만 패전을 당한 데 대해 히데요시는 이것을 분하게 여겨 고니시에게 책임을 지워 조선 수군을 반드시 쳐부수라고 명령했다. 이에 고니시는 거짓으로 조선의 우병사 김응서에게 비밀정보를 제공하는 체하여 이순신이 죄를 얻게 하고 또 원균을 유인하여 방비 상태를 파악한 다음 섬멸한 것이다. 그들의 계책이 지극히 교묘하여 우리는 모두 그들의 기만책에 빠지고 말았으니 참으로 슬픈 일이다."

반면 통제사 이순신을 한산도 통제영에서 한성까지 갖은 수치와 모멸감을 당하도록 하면서 압송하여 처형하고자 했던 것과 그 후 있었던 칠천량 해전에서의 패배와 관련하여 필자는 아직까지 선조 스스로 후회하며 유감을 표명했거나 당시 이를 치열하게 주도했던 조정 대신들과 군사 책임자들 어느 누구도 반성하거나 문책을 받았다는 기록을 보지 못하고 있다. 칠천량 해전은 조선 수군이 왜군에 패한 유일한 해전이자 간접적으로는 왜군의 기만 전략에 속아 초래된 패전이기도 하여 4장에서 별도로 정리하였다.

칠천량 패전과 코 베기 속에 거둔 눈물의 명량대첩

칠천량 해전의 패배로 조선의 수군이 무참하게 와해되자 왜군은 아무런 저항도 받지 않은 채 남해 수로를 통해 순천과 남원으로 진격해 갈 수 있었다. 가토 군 등 영남의 서쪽 방면으로 진격해 가던 왜군도 진주성을 거쳐 기세 넘치게 남원과 전주로 이동해 갔다. 도원수 권율 이하 조선 장병들은 적병을 피해 다니다시피 하거나 산성에 들어가 숨기 바빴다.

이런 상황에서 조선의 의병과 백성들이 처절하게 항거하였는데 의병장 곽재우 군은 죽기를 각오하고 창녕의 화왕산성을 지켜내 왜군들은 우회하여 피해 가야만 했다. 함양 안의의 황석산성에서는 안음 현감 곽준과 전 함양 군수 조종도가 군민과 합심하여 치열한 전투를 벌이다가 순절하였다. 부산포와 칠천량을 장악한 왜군들이 전라도 점령을 위해 전주로 진격해 가기 위해서는 함양에서 장수·진안을 거쳐 반드시 영호남 교통의 요충지인 육십령을 지나야 했는데 황석산성(행정상으로는 경남 함양군 서하면과 안의면의 중간 지점)은 이 길목을 지키는 곳에 있기 때문에 그만큼 전투는 치열했다. 남원성 전투에서도 왜적의 조총과 화공작전으로 인해 비록 함락은 당했지만 4일간에 걸친 치열한 공방전 끝에 전라병마사 이복남 등 지휘관들이 전원 사투하며 치열하게 저항하기도 하였다.

남원과 전주를 잃는 것은 사실상 호남지방 전부이자 그나마 보전되어 오던 조선의 생명줄과 같았던 곡창을 잃는다는 점에서 국가 존망에 직결된 문제였다. 실제로 남원성 함락 이후 전라·충청도의 백성들은 혼란에 빠져 각처로 흩어지며 피난하였고, 열읍의 수령들이 달아난 행정 부재 상태가 되어 전라도에서 충청도로 이어지는 수백 리 길은 무인지경이 되고 말았다.

남원·전주 일원을 장악한 왜군은 8월 20일경 지휘관들이 전주에 모여 차후의 행동 방향에 대한 작전회의를 갖고 전라도 전역을 분할 점령하도록 하였다. 이에 따라 침략군의 지배하에 들지 않은 데가 없게 됨으로써 히데요시가 지시한 재침의 1차적인 목표가 달성된 셈이었다. 그러나 우리가 잊지 말아야 할 것은 조상들의 희생 참상도 이때 일어났다는 것이다. 우리들이 잘 알고 있는 것처럼 바로 왜군들에 의해 자행된 '조선인 코 베기와 살육' 만행이다.

이와 관련하여 징비록에는 "왜적이 삼도를 짓밟아 지나는 곳마다 모든 집을 불사르고 백성을 죽였으며, 잡히는 대로 빠짐없이 코를 베어 위엄을 보였기 때문에 왜군들이 직산에 이르자 서울 사람들은 모두 도망쳐 버렸다"라고 전하고 있다. 이는 히데요시가 정유재란을 지시할 당시 "왜군은 조선인의 목을 베지 말고 사병 한 명당 코 한 되(升) 씩을 베어서 소금으로 절여 보내라"라고 지시하고 "조선인의 잘린 코와 귀를 세어 장수들의 전공을 평가하겠다"라고 언급한 데 따른

교토 코무덤

실행 차원이기도 했다.

왜군 간부들은 앞다투어 코 베기에 혈안이 되어 산 자와 죽은 자, 남녀노소를 가리지 않고 닥치는 대로 코를 베었기 때문에 왜란이 끝난 후에도 조선에는 한동안 귀와 코가 없이 사는 자가 허다했다고 한다. 당시 우리 부모들이 아이들에게 은밀히 "이비(耳鼻)야 왔다. 숨어라"라고 했다는 경고가 오늘날까지도 위험한 상황에서 주의를 줄 때 쓰이고 있는 '에비야'의 어원이 아닐까 추정되고 있다. 이런 식으로 베어 모아진 코가 20만여 개나 되며 이를 모아 묻은 무덤이 현재 일본의 교토 시내에 현존하고 있다.[11]

그러나 그즈음(9월 초) 명군이 한성 고수를 결의하고 전열을 가다듬는 가운데 조·명 연합군이 직산에서 왜군을 격퇴하고 바다에서는 명량해전에서 크게 이겼다. 임진왜란의 3대 대첩 중의 하나로 평가받고 있는 명량해전은 정유년 9월 16일 '울돌목'으로도 불리는 진도와 해남 사이의 좁은 물길에서 벌어진 해전이었다. 우리가 잘 알고 있듯이 왜군의 서남해 진출을 제어하는 데 결정적인 전기가 되었던 명량해전은 통제사 이순신의 뛰어남과 탁월한 리더십을 입증한 승전이자 쾌거였다.

이순신이 8월 3일 조정으로부터 삼도수군통제사 재임명을 통보받

---

11) 박재광, 임진왜란기 일본군의 점령정책과 영향, p. 278 ; 김문길, 임진왜란은 문화전쟁이다(도서출판 혜안, 1995. 3월), pp. 63~64

아 통제사에 복귀한 뒤 거의 전멸한 것과 다를 바 없는 조선 수군을 지휘하여 불과 1개월이 조금 지난 시점에 대첩을 거둘 수 있었다는 점은 예사롭지 않다. 이순신은 경상우수사 배설이 칠천량 해전에서 도피하며 이동해 온 판옥선 12척과 전라우수사 김억추가 인솔해 온 판옥선 1척 등 고작 13척의 판옥선(전투함)과 초탐선 32척으로 130여 척의 전투함으로 무장한 왜군과 격돌하여 13척의 조선 수군 판옥선을 온전히 보존하면서 왜선 31척을 분멸 수장시키고 남해상으로 철퇴시켰다.

임무에 복귀한 지 한 달 남짓한 기간 동안 노심초사하며 흐트러진 전열을 가다듬어 이끌어낸 이순신의 승전은 놀라운 일이 아닐 수 없다. 명량해전 승전의 원동력은 전투함으로서 판옥선의 우수성(전투원과 격군이 분리되어 노출됨이 없이 판옥 안에서 노역에만 전념할 수 있는 구조를 지닌 점과 총통의 대형 화포 무장), 임진왜란 이후 경험으로 다져진 다양한 수군 전술 구사와 왜군의 전법 간파, 의병 참전 등 지역 군민들의 호응이 승전의 요체였다.

이순신의 조선 수군이 명량해전에서 승리하여 왜적의 남해수로 이용을 통제하게 되자 왜군의 기세가 꺾였다. 왜군은 9월 중순 이후 전라도와 경상도 남해안으로 후퇴, 남하하여 또다시 북상의 기회를 노리는 장기적인 점령전략으로 변경하였다. 내륙지방에 전략적 거점이 되는 교두보 확보에 실패한 데다 본국으로부터 병참 보급을 용이하게 받기 위해서는 본국과 가까운 연해 지역이 필요했기 때문이다. 순천의 왜교성에 고니시가 이끄는 주력 대군이 주둔한 것도 그로 하여금 호남 확보의 중임을 수행하도록 했기 때문이었다.

징비록에서 필자가 인상 깊게 본 이순신의 모습 중 하나는 백의종군 이후의 임무 수행 자세이다. 먼저 군인으로서의 의연한 자세를 견지한 점이다. 보직 해임도 모자라 압송과 투옥의 모멸감을 준 조정에 대해 불평하거나 원망하지 않고 묵묵히 종군했다. 칠천량 해전의 참패로 거의 전멸되었던 수군을 수습하고 복원하기 위해 통제사 복직 명령을 수명 하자마자 곧장 임지에 내려와 현장 상황을 살피며 임전태세를 갖추기 위해 지휘관으로서 최선을 다했다.

　이순신의 이러한 자세와 인품은 그 지역에서 피난 생활을 하고 있던 백성들로 하여금 믿고 따르며 협조를 아끼지 않게 했을 뿐 아니라 군사들을 분발하게 하고 사기충천한 가운데 전투에 임하게 하는 동기가 되었을 것이다. 아울러 참모들과 지역 주민들의 의견을 수렴한 끝에 해로통행첩을 발행하여 적군과 아군의 구별과 이동을 용이하게 통제하는 한편 통행세를 받아 군량과 전함 건조 등 경비를 조달할 수 있는 조치도 강구하였다. 이 조치는 거의 황폐화된 조선 수군이 비교적 짧은 기간 안에 수군력을 보강해 낼 수 있었던 매우 지혜로운 방책이었다.

　이순신의 또 다른 일면은 명나라 수군장 진린(陳璘) 제독에 보여준 유연한 처신이다. 이순신은 조정의 지시에 순응하지 않을 만큼 고집스러운 리더십의 보유자였음에도 불구하고 이듬해 2월 조선 수군을 원군 온 명나라 수군장 진린 제독에 대해서만큼은 스스로 자세를 낮추고 깍듯하게 예우하고 접대하였다. 이순신의 처세에 목에 힘이 잔뜩 들어 있던 진린 제독은 마음을 열어 공동작전을 원활하게 전개해 나갔다.

그해(1597년) 12월 23일 명나라 장수 양호와 마귀 등이 울산 도산성의 왜군을 포위하고 총공격하여 가토의 왜군이 거의 항복 직전까지 갔으나 부산포의 왜군이 응원 온 데다 추위로 철수하는 바람에 승리하지 못하고 많은 병력과 장비의 손실만 감수해야 했다. 이듬해 1598년 8월 히데요시의 사망으로 철군하게 된 왜군에 대해 명군 지휘부는 9월에 이르러 울산(마귀), 사천(동일원), 순천(유정)에서, 수로는 진린이 맡도록 하여 대대적인 공격작전을 전개하였으나 어느 곳에서도 제대로 된 승전을 거두지 못하고 있었다.

11월에 접어들어 왜군의 본국 철수가 현실화되고 있던 상황에서 호남 주둔의 주력군이던 순천의 고니시 군에 대해 지상에서는 명나라의 유정 군이, 해상에서는 진린과 이순신의 조명 연합군이 남해 노량에서 협공하며 전투를 벌였다. 11월 19일 새벽 통제사 이순신은 노량에서 전사하는 순간까지 나라를 걱정하여 다음과 같은 유지를 남겼다. "지금 싸움이 한창 급하니 내가 죽었단 말을 내지 마라." 참으로 이순신다운 지시이자 의연한 자세였고 후배인 우리들이 기억하고 본받아야 할 모습이다.

이후 고니시 · 가토 등 왜군들은 부산으로 집결한 후 3개 진영으로 나누어 철수해 감에 따라 정유재란도 종료하게 되었다. 이순신의 전사 소식을 접한 조 · 명 군사들은 마치 어버이의 죽음을 통곡하듯 비통해 했다. 그리고 이순신의 영구가 지나가는 곳마다 백성들이 곳곳에서 제전을 차리고 상여를 붙잡아 가지 못하게 하는 등 눈물을 흘리지 않는 이가 없었다고 징비록은 전한다.

전란이 남긴 피해와 상처

전란의 규모와 피해를 살펴보면 조선의 고난을 짐작할 수 있다. 7년의 전쟁 중 조·명·일 세 나라가 동원한 병력은 조선군이 18만 8천여 명, 명나라군이 22만여 명, 왜군이 47만여 명으로, 도합 약 90만 명의 병력이 한반도에서 싸웠다. 실제로 전쟁에 투입된 병력(관군)의 손실을 따지면, 국방부 전사편찬위원회의 『임진왜란사』는 조선군은 97,600여 명의 병력투입에 70,000여 명의 손실이 있었고(72%), 명나라군은 191,000여 명의 병력투입에 83,700여 명의 손실(44%)이, 왜군은 339,100여 명의 병력투입에 116,800여 명의 손실(35%)이 있었다고 기술하고 있다. 병력투입에 수반하여 이 전쟁에 동원된 군량미와 군마, 전비 등 인적 물적 자원의 소모는 3국 모두 종합적인 기록이 남아 있지 않아 정확한 규모는 밝혀진 것이 없으나 상당한 규모였다는 것은 가히 짐작되고도 남는다.

잊지 말아야 할 것은 무엇보다도 왜군의 침입으로 인한 조선의 피해가 너무도 참혹했다는 역사적 사실이다. 당시 조선의 행정구역상 8도 328개의 관읍 중에서 왜군에게 유린되거나 강점되어 피해를 입은 관읍이 181개 지역(약 55.2%)에 이르렀다. 경상, 전라, 충청의 삼남 지방은 말할 것도 없고, 북부의 함경, 평안, 황해 3도를 비롯한 조선의 국토가 왜군의 말발굽과 조총 아래 짓밟혔다. 특히 경상도와 경기도의 피해가 막심해서, 경상도는 67개 관읍(官邑) 중 48개 관읍(71.6%)이, 경기도는 37개 관읍 중 35개 관읍(94.6%)이 고통을 당했다.[12] 그리고

---

12) 국방부전사편찬위원회, 위 책, p. 268~269

왜군이 장기간 주둔했던 경상도 동남해안의 서생포 · 부산 · 웅천 · 고성 · 사천과 호남의 순천 등은 사실상 일본 땅이나 다름없게 평정되어, 이 지역의 주민 수는 급격히 줄었고 농경지는 황폐화되었다. 왜란 직전 150여만 결이었던 전국의 농지 면적이 전란 후에는 30여만 결로 격감되었으니 전후 조선 백성의 식량난이 얼마나 심각했을지 짐작할 수 있다. 또한 이 전란으로 인해 당시 1천만 명을 상회했던 조선 인구는 전쟁을 겪으면서 670여만 명으로 급감했고,[13] 조선의 선진 공예품과 수천 년 동안 보전된 진귀한 보물, 귀중한 문화재는 약탈되거나 도굴당했다.

정확한 숫자는 알 수 없으나 추정되기로는 적게는 2~3만, 많게는 10만여 명의 조선 백성들이 일본으로 끌려가 착취당하거나 노예 생활을 해야 했고, 일부는 중국 · 동남아 · 인도 · 유럽에까지 팔려나가기도 했다.[14] 그들 중에는 수많은 지식인과 도예공 등 뛰어난 인재들이 포함되어 있었는데, 이들은 강제 포섭, 납치되어 일본의 문화와 기술을 발전시키는 데 활용되었다. 농지의 황폐화와 전재민(戰災民)의 발생으로 조선의 국가재정은 파탄에 이르러, 인조 대(1623~1649)까지도 전후 복구가 지속될 만큼 전란 회복에는 장구한 시일이 소요되었다.

---

13) 김성우, 『전쟁과 번영-17세기 조선을 바라보는 또다른 관점』(역사비평 2014년 여름호, 통권 107호, 2014.5월), p. 153과 장학근, 조선 평화를 짝사랑하다(플래닛미디어, 2008), p. 212
14) 민덕기, 「임진왜란기 납치된 조선인의 일본잔류 배경과 그들의 정체성 인식」, 한국사연구회, 한국사연구 제140호, 2008.3월, p. 36 / 정두희 · 이경순, 서강대학교한국학센터 기획, 임진왜란 동아시아 삼국전쟁, 휴머니스트, pp.88-89

제4장

조선 수군 최대의 패전, 칠천량 해전

조선 수군이 유일하게 왜군에 패한 해전

칠천량 해전은 후임 통제사 원균이 칠천량 수역에서 왜군과 대적하여 작전을 지휘하다 전투다운 전투조차 해 보지 못한 채 왜군에 크게 패한 해전이다. 칠천량의 패전으로 인해 조선 수군의 주력이 궤멸되고 최고사령관인 원균마저 왜군에게 죽임(전사)을 당함으로써 오늘날까지도 우리들에게 가장 비극적이고도 안타까운 해전으로 기억되고 있다. 칠천량 해전 당시 이순신은 삼도수군통제사에서 보직 해임되고 한성으로 소환되어 갖은 고초를 당한 뒤 도원수 권율 휘하에서 백의종군의 처벌을 받고 있던 중이었다.

정치가 국가적 권위와 신념(지휘 철학 또는 이데올로기)으로 전쟁을 지휘할 수는 있겠지만 전장의 전투 지휘는 전선을 책임지고 있는 군사지휘관의 고유 영역이자 사명이다. 왜냐하면 전투의 승패는 군사지휘관의 책임이며 정치가 책임질 수 없기 때문이다. 선조를 포함한 조선 조정은 이에 대한 이해가 부족했다. 그 결과 군사지휘관의 고유 영역을 쉽게 월권하여 패전을 초래하였다. 칠천량 해전은 5년 전 임진년 4월, 엄청난 전란을 당해 피신과 파천을 거듭하던 선조와 조선 조정이 아집이라도 부리듯 편집(偏執)한 사고와 불신에 빠져 허위 정보에 속고 있는지 분간도 못한 채 군을 지휘하다 초래한 패전이다. 필자는 이 해전의 교훈을 되새겨 앞으로는 그런 일이 재발되지 않도록 해야 한다는 뜻에서 조금 더 세부적으로 관련 경위를 정리해 보았다.

많은 이들이 알고 있듯이 칠천량 해전은 임진왜란 당시 조선 수군이 일본 수군에게 유일하게 당한 참담하고도 부끄러운 패전이었다. 그러나 이순신의 조선 수군이 임진왜란 기간 동안 기록한 23전 23승이라는 위업에 가려져 오늘날 우리들에게는 개략적으로 전해지는 전투이다. 왜군으로서는 왜장 고니시가 첩자 요시라를 활용한 기만과 모략 전술로 조선의 조정을 속여 그들의 전쟁 목표 달성에 큰 걸림돌이었던 통제사 이순신 제거에 성공한 데 이어 같은 수법을 적용하여 후임 통제사 원균이 지휘하는 조선 수군마저 섬멸한 일대 승전이자 쾌거였다.

이 해전은 1597년 6월 14일, 왜장 고니시가 첩자 요시라를 경상우병사 김응서에게 보내 '왜군(가토 군사 2진)의 전선이 아무 날에 더 올 것이니 조선 수군이 해당 수역으로 나가게 되면 그들을 맞받아칠 수 있을 것'이라는 거짓 정보를 흘려 속이기를 시도하면서 시발되었다. 김응서의 보고를 받은 조선의 조정에서 내린 왜군의 이동 첩보에 대해 도원수 권율이 그 말을 가장 깊이 믿었으며, 일전에 이순신이 주저하고 부산포로 나가 싸우지 않았다가 죄를 얻었기 때문에 도원수는 날마다 통제사 원균에게 나가 싸우도록 독촉했다. 왜장 고니시의 모략이 또 한번 적중하였던 것이다.

한산도 통제영에서 부산포로 가는 길목에 있는 안골포와 가덕진 일대의 왜군을 그대로 둔 채 조선 수군이 부산포로 이동해 가는 것은 위험했다. 기습이라도 당하면 허리를 잘리는 취약점을 안게 되므로 통제사 원균도 육상에서 먼저 왜군을 소탕해 줄 것을 적극 주장하였다. 그러나 자신이 일전에 "이순신은 적군을 보고도 진격하지 않는다"라며 이순신을 모함하는 공격에 가담했고, 이로 인해 이순신 대신 그 책임을 물려받게 되었으니 이제 와서 자신의 모순을 핑계 삼을 여지가 없었다. 원균은 병력과 전선을 거느리고 출동할 수밖에 없었다.

마침내 6월 18일, 통제사 원균이 체찰사 이원익과 도원수 권율의 독전에 떠밀려 함선 100여 척을 앞세워 가덕도 해상으로 출정하면서부터 칠천량 해전은 사실상 시작되었고, 7월 16일 원균이 고성 땅 춘원포에서 왜군에게 살해되어 전사하기까지 거의 한 달간 지속되었다. 저자 이민웅은 『임진왜란 해전사』에서 당시 체찰부사 한효순이 '한산도의 전선은 134척, 격군은 13,200명' 이라고 조정에 보고하였다는 기록에 근거하여 격군에는 사수가 포함(노군과 사수는 2:1, 노군은 5명이 1팀)되어 있었기 때문에 함선 1척당 100명 미만의 군사가 승선하고 있었던 것으로 추정하고 척당 군사는 적어도 120∼130명이 필요했었다는 점에 비추어 보면 사실상 격군(노군)이 많이 부족했고 결과적으로 함선의 이동 속도는 매우 느렸을 것으로 평가했다.

당시 조선 수군은 통제사(원균)와 경상우수사(배설) 등 중심적인 역할을 수행해야 하는 지휘부가 전투가 임박한 상황에서 교체되어 진영의 분위기가 매우 어수선한 상태였고, 강화교섭이 진행된 지난 4~5년 동안 전염병 등으로 전투 경험이 많은 병력이 격감하게 된 상황에 처해 있었다. 거기에다 새로 선발된 다수의 신병들은 대부분 연해 지역의 농어민이어서 훈련을 제대로 받지 못했고 경험도 일천한 '급조된 전투력' 이었던 데 비해, 일본의 수군은 임진왜란 초기 조선 수군에 연패를 당하던 그런 군대가 아니었다. 지난 5년간의 해전 경험을 통해 조선 수군의 전법을 연구, 파악하여 전술 전법이 많이 향상되고 함선의 수와 규모도 종전보다 크게 증강되어 있었다. 왜군의 지도부도 모략과 기만으로 힘 안들이고 조선의 수군통제사를 교체시킬 만큼 조선의 정치 군사적 상황을 간파하며 조선 조정을 요리할 수 있는 지휘부로 변모했다.

　히데요시는 조선 수군에 연패해 타격을 입게 되자 직할령 지역에서 선원 징발을 강화하여 직할 수군의 규모를 확대하고 연안지역 다이묘들을 추가로 수군에 소속시켜 병력을 증원시켰다. 전투력의 핵심인 함선 증강을 위해 개전 이후부터 전국에 걸쳐 주요 다이묘들에게 선박 건조를 할당하고 전투선과 운송선을 지속적으로 건조하도록 했다. 함선의 크기도 개전 초 건조된 소형 군선(關船, 세끼부네) 위주에서 대형 군선(安宅船, 아타케부네) 위주로 건조하여 약점을 많이 보완하였다. 전법에 있어서도 조선 수군의 전법을 역이용할 수 있도록 '야간 기습작전' 을 할 것과 지상군과 수군이 협동하여 작전하는 '포위협격전술' 로 전투하도록 하였다. 부산포 본진을 중심으로 안골포(창원시)에서 서생포(울산시)에 이르는 해안지역에 많은 감시병을 배치하고 신속 긴

밀하게 연락하도록 하여 조선 수군의 움직임을 속속들이 포착하고 감시할 수 있는 대응 태세도 갖추었다.

보급과 경계가 제공되는 해안 기지에 대기하며 조선 수군의 동태를 지켜보다가 적절한 때에 유인한 다음 야간을 틈타 기습적으로 포위 접전하여 섬멸하는 전법을 구사할 수 있게 된 것이다.

전투 지휘보다 도원수 호출에 시달린 원균

부산포 일대에 포진해 있는 일본의 수군 세력을 격퇴하라는 조정의 지시를 받은 통제사 원균은 마침내 6월 19일(1597년 정유년) 안골포와 가덕도 등지로 나아가 왜군과 소규모 전투를 벌였다. 그러나 안골포에서 왜군의 군선 2척을 나포하고 가덕도에서 추격 끝에 군선 여러 척을 포획하는 정도에 그쳐 별다른 성과를 내지 못했다. 왜군들의 전투 기피와 원균 자신의 전투 의지 부족으로 부산포 앞바다까지 진격하지 못한 채 보성 군수 안홍국 등 아군의 지휘관과 병력만 잃고 중도에 한산도 본영으로 복귀하고 말았다. 이 소식을 접한 권율 도원수는 사천으로 원균을 호출하여 크게 꾸짖고는 재출전을 명령했다.

부산포 왜군을 제압하기 위한 조선 수군의 두 번째 출격은 7월 4~5일경으로 추정된다. 통제사 원균이 이끈 전선(함선)은 판옥선 134척에 협선 134척 등 도합 268척이나 되는 대함대였고 대낮에 이동하였다.

일설에는 이 출동 당시에는 원균 통제사가 참여하지 않았다고 하나 출동한 전선의 규모와 7월 7일 부산포의 절영도 외양까지 진격해 갔고 밝은 대낮에 이동해 간 점, 징비록에서 원균 통제사가 군사를 독려하여 절영도 앞바다로 나아갔고 왜군이 전투를 회피하여 가덕도 북안을 거쳐 7월 9일 새벽 칠천량 외줄포로 돌아왔다는 기록 등에 비추어 필자는 원균이 처음에는 본대와 함께 출전하지 못했을 수는 있지만 곧 뒤따라 출동하여 절영도 앞바다에서는 전투를 직접 지휘한 것으로 보는 것이 타당하다고 생각한다.

조선 수군은 칠천도와 옥포를 거쳐, 다대포에 이르렀을 때 왜적선과 조우하였으나 그들이 도망해 버리는 바람에 전선 8척을 포획, 소각하는 데 그치고 7월 7일 저녁 절영도 외양에 도착하였다. 한산도에서 종일 노를 저어 절영도에 이르렀기 때문에 병력들은 몹시 지치고 풍랑에 시달려 함선을 제대로 운행하기조차 쉽지 않은 상태가 되었다. 거기에다 대낮에 이동해 조선 수군의 동향은 왜군의 감시병들에게 포착당한 상황이기도 했다. 적어도 함선단의 출동은 야간 기동을 해서라도 기도비닉(企圖庇匿, 훈련이나 야간 이동을 적에게 들키지 않고 숨기면서 이동하는 것을 말하는 군사용어)이 잘 유지되어야 한다는 것이 군사작전의 기초나 다름없는 상식적인 조치이다. 어느 전문가가 지적했듯이 소위 '작전 보안'은 낙제감이었다.

감시망의 보고를 받은 왜군의 지휘부는 조선 수군의 부산포 공략 시도를 쉽게 간파할 수 있었고, 결전에 대비하기 위해 안골포·웅포·가덕도 등에 분산 배치되어 있던 함선들을 부산포로 집결하도록 했다. 결국 조선 수군은 수백 척[15]-일설에는 1천 척이라고도 하였다.-이나 되는 대규모 왜적선이 절영도 부근에 진을 치고 있는 상황

---

15) 노병천은 1,000여 척이라고 했다. : 노병천, 앞의 책, p. 141/이원희, 정유재란기 칠천량 해전의 패인 분석(육군 군사연구 제139집, 2015. 5월

에 직면하게 되었던 것이다. 접전 상황이 되자 일본 수군은 조선 수군의 함선도 대규모였기 때문에 신중 모드로 전환하여 전면전을 회피하면서 조선의 판옥선보다 상대적으로 속도가 빠른 이점을 이용하여 '치고 빠지는 식의 힘 빼기 작전'을 구사했다.

조선 수군 역시 왜군의 함대가 예상보다 대규모였기 때문에 더 이상 접전하지 않고 일단 물러날 수밖에 없었다. 설상가상으로 밤이 깊어지면서 심한 풍랑이 일어 조선 함선들이 표류하는 사태가 벌어진데다 왜군의 공격으로 20여 척이 격침되는 큰 피해를 당했다. 간신히 작전을 수습한 통제사 원균은 7월 7일 밤 이동을 개시하여 귀항지인 거제도 칠천량의 외줄포에 7월 9일 새벽 무렵 도착하였다.

곤장 맞는 통제사

이때 부산포 왜적 격퇴 작전을 독려하던 도원수 권율이 고성(곤양)에 있다가 통제사 함대가 아무런 전과를 올리지 못한 채 거제도 외줄포로 복귀해 있다는 보고를 받자 당장에 격문을 보내어 원균을 고성으로 불러들였다. 권율은 원균이 아무런 전과도 올리지 못했다며 곤장을 치고는(7월 11일로 추정)[16] 지체없이 나아가 싸우라고 독촉하였다. 오늘날의 시각에서는 좀처럼 이해하기 어려운 일이 벌어진 것이다. 물론 전투 중에 있는 휘하의 수군통제사를 장벌(杖罰)한 것은 권율이 아무리 도원수의 위치에 있다 해도 단순히 감정에 휘둘린 화풀이 차원의 행동은 아니었다. '도체찰사와 도원수가 군무를 총괄하되 수

---

16) 조경남, 난중잡록 3 정유년(1597년) 7월 11일(이민웅, 앞의 책, 부록, p. 329)/ 이재호 역, 앞의 책, p. 293

군의 절제 권한을 법대로 시행하라'는 조정의 지시와 함께 '원균을 출전시키라'는 군왕 선조의 엄명이 있었기 때문에 가능했다. 그러나 결코 바람직한 처사가 아니었기 때문에 차후 조정으로부터 비판을 받기도 했다. 명량대첩이 있은 후 사헌부에서 권율에 대해 "경솔한 생각과 부질없는 행동으로 원균을 엄장(嚴杖)으로 독촉하여 수군이 패망하게 되었다"라고 탄핵한 기록은 이런 사정을 잘 전하고 있다.

이 문제에 대해 필자의 견해를 덧붙이자면, 권율이 도원수로서 평소 통제사 원균의 직무수행 태도와 전투에 임하는 자세에 대해—아직까지 이와 관련한 근거 있는 기록을 보지는 못하고 있지만—가졌던 많은 불신과 불만의 연장선에서 표출된 다소 감정적인 처사의 일단이었다는 점도 부인하기 어렵다. 왜냐하면 원균은 통제사 부임 초기 부산포 왜적 격퇴 문제로 자신이 통제사로 임명되었음에도 불구하고 부산포 출전을 앞두고 적극적인 수명 자세를 보이기보다는 육지에도 병력을 배치하여 수군과 협동 작전을 전개할 것을 고집하며 미적거리는 바람에 출전이 지연되었던 적이 있었다. 이 출전 때에도 조직적이고 체계 있게 작전을 준비한 출전이라기보다는 다분히 자신의 기분과 고집에 의해 독단적이고 즉흥적으로 작전을 수행하는 바람에 아무런 전과도 올리지 못한 채 아군의 함선과 병력을 잃고 복귀하였다. 당연히 권율은 해전을 책임지는 도원수로서 대단히 불만스럽고 언짢았을 것으로 짐작할 수 있다. 상대적으로 백의종군 중에 있던 이순신에 대해서는 합천 초계의 도원수부 부근에 체재하도록 한 것이라든지 칠천량 패전 이후 다급해진 상황에서 도원수가 이순신을 직접 찾아가 향후 대책을 논의하고 그 자리에서 현장 파악과 수습의 임무를 부여한 점 등을 미루어 보면 두 통제사에 대한 도원수 권율의 신뢰와 인식 정도를 얼마든지 이해할 수 있다.

원균은 도원수에게 자존심 상하는 처사를 당하고 칠천량의 외줄포에 정박 중인 함선으로 돌아와 웅포와 안골포 등 왜군의 함선들이 곧장 들이닥칠 수 있는 지점에 포진해 있음에도 불구하고 휘하 군사를 방치한 채 화를 삼키느라 며칠을 술에 취해 드러눕고 말았다. 왜적이 조선 수군을 공격할 결정적인 시기를 포착하기 위해 동태를 예의 주시하는 중차대한 시기에 '통제사의 침체'로 휘하의 장수들은 작전계획을 수립하거나 척후선 운용과 경계병 배치 등과 같은 일상적인 작전 조치마저 논의할 수 없는 지경에 놓이게 되었다.

류성룡은 징비록에서 "원균은 물러 나와 거제 칠천도에 도착했는데 권율이 고성에 있다가 원균이 아무런 전과를 올리지 못했다며 격서를 보내 원균을 불러와서 곤장을 치고 다시 나가 싸우라고 독촉했다. 원균은 군중으로 돌아오자 더욱 화가 나서 술을 마시고 취해 누웠는데 여러 장수들이 원균을 보고 군사 일을 논의하고자 했으나 만날 수 없었다"라고 했다.

부산포 앞바다로 출전하는 조선 수군

부산포로 재출격하라는 엄명을 받은 통제사 원균의 조선 수군이 7월 14일 새벽 칠천도를 출발하면서(세 번째 출전) 칠천량 해전의 결전은 시작되었다. 부산포 앞바다에 도착한 조선 수군이 왜군의 전선과 교전을 시도하였으나 왜군들은 전투를 기피하면서 배회하며 김 빼기 작전을 시도해 원균 함대를 지치게 했다. 여기에다 풍랑으로 일부 전선이 표류하는 사태마저 발생하게 되자 원균은 이렇다 할 시위 공격 작전도 전개해 보지도 못한 채 흩어졌던 함선들을 겨우 수습하고 회항하여 같은 날 오후 늦은 시간에 가덕도에 도착했다. 풍랑에 시달린 데다 새벽부터 칠천도를 떠나 부산포 앞바다에서 전투 작전을 하고 오후 늦게 가덕도에 돌아왔으니 한여름의 남해 바다에서 장졸들이 종일 겪어야 했던 배고픔과 갈증이 어느 정도였을지는 가히 상상되고도 남는다. 갈증을 호소하는 부하들의 고충을 해소하기 위해 배려한 통제사의 조치가 결과적으로 부하들을 사지로 몰아넣은 비극적인 상황이 이때 벌어지고 말았다. 가덕도에 잠복해 있던 왜군들이 기다렸다는 듯이 뛰쳐나와 조선 군사를 덮치는 바람에 장수와 군졸을 400여 명이나 잃게 되는 사태가 벌어지고 만 것이다.

이 피습과 관련하여 징비록에는 "원균은 간신히 남은 배를 수습하여 가덕도로 돌아왔고 군사들은 갈증이 심해져 서로 다투어 함선에서 내려 물을 마셨는데 왜병들이 섬 속에서 잠복해 있다 뛰쳐나와 덮치는 바람에 우리 장수와 군사 400여 명을 잃어버리게 되었다"라고 한탄했다.

조선 수군이 형편없는 피해를 당한 뒤 가덕도를 탈출하다시피 떠나와 거제도의 북단 영등포로 이동해 갔으나 이곳에도 왜적들이 매복해 있다 벌떼 같이 달라붙는 바람에 식수를 구하기는커녕 휴식도 제대로 취하지 못하고 이리저리 피하다 7월 15일 밤이 되어서야 겨우 칠천도와 거제도 사이의 칠천량으로 이동해 올 수 있었다. 칠천량 (현 거제시 하청면에 속한 도서, 2000.1.1.부터 연륙교 연결)은 거제도와 칠천도 사이의 바다로 임진왜란 초기부터 우리 함대가 종종 정박하며 풍랑을 피하는 곳이었다.

조선 수군이 이렇게 우왕좌왕하며 헤매는 동안 왜군은 일부 전선을 전방 부산포 앞바다에 보내 시위성 기동으로 조선 수군을 유인하여 지치게 하는 한편, 본대 격인 1천여 척의 주력 함선들에 대해서는 7월 15일 오전 중으로 칠천도를 마주 보는 안골포와 웅포 등지로 이동을 완료하고 결정적인 공격 시기를 대기하도록 조치하고 있었다. 왜군이 포진하는 전진 기지 웅포와 조선 수군의 칠천도의 외줄포와의 거리는 21km 정도여서 왜군 함선이 3시간 이내로 접근해 올 수 있는 매우 근접한 거리였다.

칠천량의 졸전, 통제사의 전사

드디어 7월 15일 전야에 왜군은 5~6척의 정예 척후 전선을 보내 외줄포의 조선 전선 4척을 불태우고 달아나는 전초전 격의 유인 작전을 시도했다. 한밤의 기습을 받은 조선 수군이 황급히 교전 태세를 갖추고 왜군의 공격에 대비하였다. 7월 16일 새벽이 되자 왜군은 외줄포에 정박한 조선 수군을 서너 겹으로 포위하여 공격해 왔다. 이틀 동안 악천후 속에 부산포 외양을 오가는 작전으로 극도의 피로와 기갈에 지친 조선 수군은 전투의 기본인 경계 작전마저 제대로 하지 않아 왜적이 포위하는 사실조차 모르고 있다가 습격을 당하는 지경이 되고 말았다.

앞에서 일본 수군의 변화에 대해 언급하면서 소개했던 것처럼 왜군은 그동안 준비한 포위협격전술과 등선백병전을 구사하며 조선 수군을 공략했다. 16일 새벽에 시작된 전투는 그날 아침 칠천량 남단

칠천량 해전도

칠천량해전(1597.7.15~16)

부근에서 탈출을 시도하는 조선 함대와 이를 차단하려는 왜적선 간에 쫓고 쫓기는 양상으로 전개되었다.

　포위망에 묶인 조선 수군은 한 선단은 진해 쪽으로 다른 선단은 거제도 해안을 따라 서남쪽 한산섬 통제영으로 나누어져 이탈을 시도했다. 왜군은 탈출을 예견하여 견내량마저 사전에 차단 봉쇄하고 있었다. 견내량은 수군 작전에 긴요한 목이 되는 수로였다. 이순신은 이를 전략적으로 이용하여 한산대첩을 거둘 수 있었는데 이제 왜적들이 자기 것으로 소화하여 미연에 차단하고 있었다.

　조선 수군은 한산도로 이동하려고 하였으나 진로가 차단되자 적진포(현 통영시 광도면 적덕동)로 방향을 돌렸다. 하지만 이곳도 왜군이 상륙하여 대기하고 있었기 때문에 그 북방에 위치한 고성땅 춘원포(현 통영시 광도면 예승리)로 후퇴해 갈 수 밖에 없었다. 결국 조선 수군의 주력은 춘원포까지 후퇴하였으나 그곳에 매복해 있던 왜군에 의해 전멸하였다. 통제사 원균도 끝까지 독전하지 못하고 육지에 올라 왜군에게 살해되는 비참한 최후를 맞고 말았다. 이처럼 참담한 상황을 당하자 초

지일관 충직하게 나라를 지키고자 애써 왔던 전라우수사 이억기마저 원통한 나머지 스스로 바다에 뛰어들어 자결하였다. 당시 이억기는 37세의 출중한 인재였다.

선전관(宣傳官) 김식이 당시 전투 상황을 숨어서 지켜보다 올린 장계에 의하면 원균은 칼을 짚고 소나무 밑에 앉아 움직이지 않았다고 했다. 아이러니한 것은 삼도 수군을 전멸시킨 왜군(시마즈 군)을 이순신이 노량해전에서 모조리 섬멸했다는 점이다. 결국 이순신이 원균의 복수를 해 주었다.

징비록은 당시 상황을 이렇게 전하고 있다.

"밤중에 왜군의 전선들이 와서 습격하자 원균의 군사는 크게 무너졌다. 원균은 도망쳐 바닷가에 이른 뒤 배를 버리고 언덕에 올라 달아나려 했으나 몸이 살찌고 거동이 둔하여 소나무 아래에 앉았는데 측근 사람들은 모두가 흩어져 버리고 없었다. 어떤 이는 원균이 이곳에서 적에게 살해되었다고 하고, 또 어떤 이는 달아났다고도 하는데 확실한 것은 알 수가 없다. 이억기는 배 위에서 물에 뛰어들어 죽었다. 배설은 그 전부터 원균이 반드시 패전할 거라고 생각해 여러 번 간했으며… 배설은 가만히 자기가 거느린 배들과 은밀히 약속하고 엄중히 경계하면서 싸움에 대비하고 있다가 적병이 내습하는 것을 보자 항구를 벗어나 먼저 달아났기 때문에 그가 거느린 군사는 홀로 보전되었다."

참고로 조선 군사 400여 명이 식수를 구하기 위해 가덕도에 상륙했다가 잠복하고 있던 왜군에게 희생된 시점과 관련하여서는 논란이 있다. 다수의 학자들은 칠천량 해전의 결전격이었던 7월 14일 부산포 앞바다로 출전하였다가 칠천량 외줄포로 복귀하던 도중 같은 날 오후 늦은 때에 가덕도에서 습격을 당했다고 설명한다. 그러나 징비록에서는 원균이 절영도로 공격나갔다가 돌아와 칠천도에 정박했을 때 도원수 권율이 호출하여 곤장을 치기 전(7월 11일경)에 발생했다고 기술하고 있어 7월 14일 오후 늦은 시간에 그런 일이 있었다고 보는 것과는 대조를 보인다.

필자는 작전의 진행 흐름면에서 보면 전자가 후자보다 합리적인 해석으로 보인다. 왜냐하면 7월 4~5일경 출전하여 9일 새벽 칠천량의 외줄포로 복귀한 절영도 격퇴전은 최종 전투격이었던 7월 14~16일 사이의 전투에 비해 작전의 치열성과 작전 경과 측면에서 비교적 완만하게 진행되었다고 볼 수 있다. 그런 시점에 왜군이 벌써 이동해 와서 가덕도나 영등포 등 주요 지점에 매복 배치를 완료하고 있었다고 보기에는 다소 무리가 있기 때문이다. 반면 7월 14일 새벽부터 칠천도에서 출진하여 부산포 앞바다에서 종일토록 작전을 수행하고 오후 늦게 겨우 회군하여 가덕도로 돌아온 상황이 장졸들의 절박한 기갈을 초래한 원인이 될 수 있다는 점은 쉽게 이해될 수 있는 부분이다. 이어서 바로 대결전으로 치달았다는 점에서 왜군의 작전 상황의 연계성이 매우 높아 보인다. 그리고 이에 대한 기록을 남긴 영의정 류성룡은 당시 한성에 있었던 관계로 전투 현장을 목격하지 못한 데다 후일 안동으로 내려가서 징비록을 집필할 당시에는 시간이 많이 경과한 뒤여서 약간의 혼선이 있을 수도 있기 때문이다.

결론적으로 칠천량 해전은 이처럼 조선 측이나 왜군 측이나 수군 작전에 있어 사활을 건 결전이었다. 이 해전에 왜의 수군은 600여

척—일설에는 1천여 척—의 전선이, 조선 수군은 거북선 3척 등 134척의 전함과 13,000여 명의 수군이 참전하여 이 중 1만여 명의 수군이 전사하고 전함은 불에 타 격침당했다. 칠천량 해전의 패배로 조선의 삼도 수군은 전멸했고 수군 최고사령관인 통제사 원균, 전라우수사 이억기, 충청수사 최호, 조방장 배홍립 등 핵심 지휘관들이 모두 전사했다. 그리고 경상우수사 배설은 통제사 원균에게 퇴각을 건의했으나 받아들여지지 않자 휘하 전함 12척을 이끌고 칠천량에서 무단으로 이탈하여 도망하였다. 배설은 이후 심한 전쟁 공포증으로 정상적인 업무 수행이 어려워졌고 그해 9월 2일 새벽 군진을 이탈해 성주에 있는 자신의 집에 숨어 지내다가 정유재란이 끝난 이듬해인 1599년(선조 32년) 봄 권율에게 체포되어 참형을 당했다.

문제는 칠천량 해전이 단순히 왜적에 의해 통제사 원균이 이끄는 수군이 전멸당한 정도의 패전으로 끝나는 전투가 아닌 데 있었다. 승리한 왜군에게 있어 이 해전은 그들의 계략과 속임수에 속절없이 속아 넘어간 조선 조정과 몇몇 조선군의 지휘관들 덕분에 그들이 가장 부담스러웠던 통제사 이순신을 손쉽게 제거한 연장선상에서 힘 안들이고 조선 수군을 섬멸할 수 있었던 전투였다. 그리고 칠천량 해전에서 승리함으로써 이후부터 왜군들은 부산포로부터 여수에 이르는 조선의 남해안 해상 수로(부산포에서 여수에 이르는 남해상의 해상교통로로서 '한려수도'로 불린다)를 장악할 수 있었다. 따라서 칠천량 해전은 히데요시가 재침입의 목표로 삼았던 영·호남과 충청 등 한강 이남의 4도도 어렵지 않게 점령할 수 있겠다는 자신감을 왜군에게 한층 고무시켜 준 상징적인 전투였다.

칠천량 패전의 원인과 평가

저자 이민웅은 『임진왜란 해전사』에서 칠천량 해전의 참패 원인을 다음과 같이 크게 세 가지를 들었다.

첫째, 수군의 군령권, 즉 작전권이 통제사가 아닌 체찰사와 도원수에게 속해 있었다는 점이다. 이것은 결국 해전을 모르는 문신들에게 수군을 지휘할 권한이 있었음을 의미한다. 선조 역시 이 점에 대해 도원수가 지나치게 출전을 독려했다고 지적하였지만 그 자신이야말로 조정의 결정대로 체찰사와 도원수에게 수군의 명령권을 부여한 책임을 면할 수 없다.

두 번째 원인은 '도망'을 들 수 있다. 칠천량 해전 당시 조선 수군이 전투에 임해 싸워보지도 않고 도망함으로써 패전을 자초했다는 것인데 이는 정유재란 당시 육전(=지상전)에서도 크게 다르지 않았던 점이다. 임진왜란 초기 상황에 못지않게 이 전투에서도 병사들뿐만 아니라 각 지방의 수령들까지 도망하기 급급한 자들이 많았을 만큼 도망, 즉 '전장 이탈'은 심각한 문제였다. 수군의 도망으로 함대 전체의 통솔이 불가능해졌고 전선을 버리고 주변의 섬들과 해안에 가서는 매복해 있던 왜군에게 살육당하고 말았다. 해전에서 도망자가 많이 발생한 것은 강화교섭기 동안 전투 경험이 많던 병력들이 전염병 등으로 격감한 데다 새로 뽑은 병력은 전투 경험이 없었고 여기에다 해전 훈련을 할 시간이 부족한 상황에서 급조된 함대였기 때문이었다.

세 번째 원인은 이를 막지 못한 원균의 지휘 책임, 즉 통솔력 부족을 지적할 수 있다. 습격을 당한 이후 해전에서 함대를 통솔하지 못한 점, 함대 세력을 온존시킬 대책을 마련하지 못한 점, 지친 장병들이라지만 경계를 제대로 하지 않는데도 이를 방치한 점 등에 대해서는 그의 지휘 책임을 묻지 않을 수 없다.

필자는 이민웅의 평가에 추가하여 살펴볼 점이 더 있다고 본다. 무엇보다도 결정적인 패전의 책임은 군왕 선조에게 있었다. 선조는 전쟁이 한창인 난국에서도 사사로운 감정과 편견으로 석연치 않게 조선 수군의 작전을 책임지고 있는 통제사를 교체하는 것도 모자라 부하들의 존경을 받던 전임 통제사를 부하들이 뻔히 지켜보는 데도 아랑곳하지 않고 압송 처단하여 휘하 수군의 명예와 사기를 짓밟았다. 조선이 왕조 국가이고 전쟁 중이라지만 정치와 통치 시스템은 작동되고 있던 나라였는데도 군왕인 선조의 판단과 처신은 너무도 기대 밖이어서 이런 평가를 하지 않을 수 없다. 적어도 정유년 1월 초부터 히데요시가 4~5년간에 걸친 명·일 간의 강화협상을 뒤엎고 조선을 점령하고자 병력을 증파하기 시작하여 전쟁이 본격화하고 있다는 것을 알고 있었음에도 불구하고 사사로운 감정으로 해전의 현장 책임자이자 최고사령관인 통제사를 해임한 데다 모멸감까지 주는 처벌을 서슴지 않은 것이다. 이로써 휘하 장수와 병졸의 사기는 꺾였고 단결과 헌신을 기대하기 어려운 국면을 만들었다.

또한 군량과 식수마저 제대로 보급하지 못하는 실정에서 신임 통제사의 즉흥적이고 진중하지 못한 지휘통솔은 그 어떤 단합된 작전활동도 담보할 수 없었다. 물을 구하기 위해 가덕도와 거제도 북단의 영등포 등지에 상륙하였을 때에도 왜군이 이전부터 웅천과 안골포, 가덕도 등에 포진해 있었고 정면 공격을 기피하는 상황이었다. 사전에 매복에 의한 습격에 대비하여 정찰병이나 탐색 활동을 하는 경계

요원을 운영하여 안전성을 확인하는 것은 기본이고 상식적인 활동이 었음에도 불구하고 이런 조치를 소홀히 하여 아까운 장졸들만 희생시키는 일이 벌어졌다. 이 정도였으니 어떻게 승전을 기대할 수 있었 겠는가! 도망하는 장졸, 경계병도 제대로 세우지 못하는 수군의 모습은 군왕 선조와 신임 통제사가 함께 자초한 결과였다.

해전은 지상전과 달리 해상에서 함선과 함포를 운용하는 특수성이 있기 때문에 팀웍이 잘 발휘될 수 있어야 승전할 수 있다. 이를 위해서는 지상 전투보다도 더 많은 팀훈련이 필요하다. 지휘 통제를 숙달시키는 데에도 많은 시간과 노력이 소요되기 때문에 통제사로 부임하여 장졸들과 의사소통하며 교육 훈련을 열심히 했어야 하나 원균은 그 점에 철저하지 못했다. 그는 군림과 지시 일변도의 리더십을 견지하며, 세세하고 조직적인 점검이나 지도가 수반되는 지휘 감독을 하지 못했던 것으로 평가된다.

도원수 권율에 대해서도 필자는 유감을 표명하지 않을 수 없다. 적어도 전·후임 통제사가 공히 수군이 부산포로 진격하여 승전하기 위해서는 해안에 진을 치고 있는 왜적에 대해 육상에서도 병행 공격하여 전력과 주의력을 분산시켜 조선 수군을 협공하지 못하도록 해야 한다고 강력히 주장하고 있었음에도 불구하고 건의를 수렴한 어떤 지휘 조치도 과단성 있게 실행하지 못했다. 도원수는 호통하고 요구만 했지 스스로 대책을 강구하고 후방 차원의 전투 지원 조치를 적극적으로 강구했다는 기록은 어디에서도 찾아 볼 수 없다. 『원균과 이순신』을 쓴 저자 이은식은 『선조실록』 선조 30년(1597년) 11월 1일자의 기록을 인용하면서, 칠천량 해전의 패전에 대해 통제사 원균에게만 책임이 있는 것이 아니고 도원수 권율의 책임이 더 크다며 논죄해야 한다는 사헌부의 탄핵 상소가 있었고 당시 선조나 조정 신료들도 이에 대해 긍정하면서도 전쟁 상황에 있음을 이유로 시행을 보류하였다고 했다.

참고로 이 부분의 실록 기록을 덧붙인다.

"도원수 권율은 이미 군을 통제하라는 사명을 맡았으니 마땅히 밤낮으로 적을 칠 생각을 하고 있어야 함에도 오래도록 적과 대치하고 있으면서 한 번도 대책을 세워서 대응하는 일이 없었고 더욱이 지난번 수군의 싸움에서는 비록 조정의 명령이 있었다 하더라도 도원수된 자로서 병력을 헤아리고 시기를 살펴서 능히 적을 당하기 어려운 형편이면 조정에 장계를 올려 그와 같이 후회되는 일이 없도록 함이 마땅하거늘 그러한 계책도 내리지 못하고 경솔하고 망령된 생각으로 원균에게 곤장 형을 가하여 출전을 독촉하는 바람에 마침내 6년 동안이나 경영하여 겨우 확보한 수군을 여지없이 패하게 하였습니다.

또한 그 많은 산성을 하나도 지키지 못하여 적으로 하여금 호남(湖南)으로 들어오게 하여 군사와 백성들이 무너지고 흩어져서 남원이 함락되고 전라도의 전부가 적의 수중에 떨어지고 호서(湖西)의 각 읍도 또한 짓밟힌바 되어 적의 칼날이 지나는 곳에 백골이 들판에 가득하여 지난 임진년의 참상보다도 더욱 심하였고 왜적들이 경기 지방에 박도함에 도성이 거의 함락하게 되었으니 이는 나라를 망하게 한 원수입니다. (중략)…청하옵건대 다시 조경에게 명하시어 잡아와서 국문하시고 법에 의하여 죄를 정하게 하소서."

통제사를 불러들여 장벌을 행사했다는 것은 당시에는 인정되는 일이었고 임금과 조정의 지시에 근거한 지휘권의 행사였다고 하겠지만 사헌부의 탄핵 상소문에서도 지적하고 있는 것처럼 달리 생각하면 치졸한 지휘 조치였다. 통제사는 조선 수군의 최고 수장으로서 국가적 책무를 수행하는 권위와 명예가 있고 장졸들의 사표이자 거울이 되는 위치에 있는 만큼 최고사령관인 도원수가 아무리 불쾌하고 언짢은 탓에 감정을 삭이기 어려웠다 할지라도 전장의 총책임자로서 분별력 있는 모습으로 의연하게 엄히 책임을 추궁했어야 했다. 도원수가 감정을 앞세우니 휘하의 지휘관들과 소통, 명령, 단합, 충성을 기대하기는 어려웠을 것이다. 말단 장졸들이 이를 어떻게 받아들였으며 원균의 권위와 군령은 어떻게 설 수 있었겠는가. 더욱이 전임 통제사가 석연치 않은 이유로 교체되는 참담한 상황을 목격하고 있던 차에 이런 모습까지 보게 되었으니…. 칠천량의 패전은 바로 이런 데서 비롯되었을 것으로 짐작할 수 있다.

한 가지 덧붙이고 싶은 점은 왜군 지휘부와 조선 조정의 행태에 관한 부분이다. 오늘날에도 일본 내부에는 목적 달성을 위해서는 수단과 방법을 가리지 않는 유사한 행태들이 진행되고 있을지도 모르니 그들의 속성이라 여기고 일본을 대함에 있어 참고할 필요가 있다. 일본은 적국과 전쟁을 하는 최고 지휘관급의 '고니시'가 목적 달성을 위해 동료인 '가토'의 정보를 적에게 흘려서 갖은 수단과 방법을 동원하여 제거를 사주하는 모습까지 보였다.

왜군은 승리를 위해 최고위 장수의 명예를 흠집 내는가 하면 부대 이동 계획과 같은 일급 군사비밀 정보를 적측(조선 측)에 흘려 믿게 할 만큼 유인술과 속임수를 잘 활용하는 군대였다. 손자병법을 인용하지 않더라도 전장에서 첩보에 대해서는 '기만과 유인'이라는 함정이 도사리고 있어 '확인 후 판단'이 상식이다. 필자는 조선 조정과 군사 지휘부가 이러한 과정 없이 왜군의 정보를 전적으로 신뢰하고 '요시라'라는 왜군 첩자에게 관직까지 주면서 대우할 정도로 철저하게 속아 패전하게 된 것이 너무도 원망스럽다.

칠천량의 패전으로 조선 수군이 궤멸당하자 명나라 측은 왜군이 중국 본토로 침입해 올 가능성이 더욱 높아졌다고 보고 병력의 추가 파병에 더하여 '수군 파병'을 결정하였다. 이에 따라 1만여 명만 남기고 본국으로 철수해 갔던 명나라 군이 다시 증강되고[17] 남원까지 내려와 주둔하게 되었다. 당시(1597년 5월, 선조 30년) 명 조정은 요동 포정사 양호를 조선 군무경리로, 마귀를 대장으로, 부총병 양원·유정·동일원 등을 지휘관으로 하여 3만 3,000여 군사를 재파병하였고 이때 양원은 군사 3천을 대동하여 남원에 주둔했다. 그리고 지휘부 직위를 임진왜란 파병 시 시랑급(차관급)에서 상서급(장관급)으로 격상하고 직책 수도 늘려 파병하였다. 7월에는 조선 수군의 활약에 착안하여 전쟁의 조기 종결을 위해서는 수군 작전이 매우 중요하다는 점을 고려하고 제독 진린이 지휘하는 수군도 조선으로 보냈다.

왜군은 7월 중순 칠천량 해전의 승리로부터 9월 중순 가토·구로다 군이 경기도 직산 전투에서 조·명 연합군에 패해 경상도와 전라도 남해안 지역으로 남하해 주둔하기까지 약 2개월여 기간 동안 가

---

17) 이재호 역, 위 책, p. 290, 312 / 송복, 류성룡 나라를 다시 만들 때가 되었나이다, 가디언 2014. 5월, p. 296

뿐하게 전라도와 충청도 전역을 휩쓸었다. 이러한 왜군의 승리는 선조가 다시 북으로의 피신을 생각하는 지경까지 이르렀다.

다행히 선조의 재파천은 실행되지 않았다. 당시 권율이 선조를 아뢰는 자리에서 환심이라도 얻을 양으로 "당초에 임금께서 서울로 빨리 돌아오신 것은 적절한 일이 아니었습니다. 마땅히 서방에 머물러 계시면서 적군의 형세가 어떠한지 살피셨어야 할 일이었습니다"라고 언급하자 대간에서 그의 불충에 대해 간언했다.

·

제5장

전란의 리더들

　전쟁의 역사를 보면 뛰어난 정치 군사지도자들은 나라와 백성을 구했고, 지도층 내부의 갈등과 분열은 패전의 불씨가 되었다. 임진왜란 7년을 겪어 내는 동안 조선에는 선조와 영의정 겸 도체찰사 류성룡, 권율, 이순신, 원균, 이원익, 김시민, 곽재우, 김천일, 고경명과 같은 뛰어난 의병장 등 많은 지도자가 있었다. 필자는 전란에 임하는 정치적 영도력과 군사적 지휘의 관점에서 선조와 류성룡, 이순신, 원균을 정리해 보았다. 류성룡이 선조에게 천거한 인물로서 행주대첩의 대승을 이끌었고 도원수의 막중한 역할 수행과 많은 공적으로 선무 일등 공신에 책록된 권율은 많은 기록과 가르침이 계승되고 있어 여기서는 독립된 기술을 하지 않고 선조실록의 기록으로 평가를 대신하고자 한다.

권율

"도원수 권율의 졸기(선조수정실록 33권, 1599년 7월 1일, 선조 32년), 전 도원수 권율(權慄)이 졸하였다. 율은 임진년 변란을 당하여 몸을 던져 싸움터에 달려가 전투 때마다 견고한 성을 함락시켰다. 그 이치(梨峙)의 승리와 행주(幸州)의 대첩(大捷)은 비록 옛날 명장(名將)이라 하더라도 어찌 그보다 더하겠는가. 국가가 중흥(中興)의 업을 이룬 것은 실로 이에 힘입은 것이니, 위대하다고 할 수 있다."

전쟁은 상대적일 뿐만 아니라 장수의 우수한 자질과 모범적인 리더십은 전쟁을 승리로 이끄는 결정적인 요인이 된다. 그런 관점에서 이 장의 후반부에는 일본의 정치·군사 지도자들에 대해서도 살펴볼 필요가 있는 부분들을 중심으로 기술하였다.

국왕 선조를 어떻게 보아야 할까?

왕조체제는 군왕의 전략적 사고와 처신이 국사에 결정적인 영향을 미치는 체제이다. 이러한 조선의 통치체제에서 군왕인 선조가 어떤 인물이었는지 대해 알아보면 임진왜란 대처 과정에서 조선 조정이 왜 그렇게 밖에 할 수 없었는지를 이해하는 데 도움이 될 것이다.

『선조, 조선의 난세를 넘다』를 쓴 저자 이한우는 이순신에 대해 기술한 글에서 선조와 이순신과의 관계에 대해 '역사의 악연'으로, 원균과 선조의 관계에 대해서는 '맹목적인 애정'의 관계로 표현했다.

선조는 적자 출신의 임금이 아니었기 때문에 조종조의 성현과 제도를 중요시하지 않을 수 없었다. 국가 사회에 대해서도 과단성 있는 개혁보다는 점진적인 변화를 지향하는 자세를 견지하여 당시의 서인들이 추구하던 이념 지향에 심정적으로 공감하는 입장을 선호했다. 상대적으로 혁신과 변화를 추구하는 동인들에 대해 선조는 공개적으로 거부하지는 않았지만 매우 부담스러워 했고 종종 못마땅하게 여기는 태도를 보이기도 했다. 그런 연유 때문이었는지 이순신에 대해서도 왜적의 침입을 염려하여 발탁했음에도 불구하고 류성룡 등 동인의 천거를 받아 전라좌도 수군절도사 겸 삼도수군통제사로 임명한 것이 썩 내키지 않았던 것 같다. 그렇지 않고서야 모범적인 업무 자세와 영웅적인 승전을 거듭하는 삼도수군통제사에 대해 지나치리만큼 인색하거나 냉정하게 평가할 이유가 없었기 때문이다.

반면, 이순신에 필적할 만한 전공이 없었던 원균에 대해서 늘 호의적이고 수용적인 태도를 견지한 배경에는 원균이 윤두서와 윤근서 두 형제 대신과 서인들의 천거를 받은 인물인 데다 그들과 정서적으로도 친했기 때문이 아니었던가 생각된다. 사실 선조와 이순신은 직접 얼굴을 맞댄 적이 없었다. 전란으로 인해 국가의 존망이 경각에 달린 상황에서 충청 경상 전라의 삼도수군통제사라는 막중한 직위에 임명하였음에도 불구하고 선조와 이순신이 한 번도 대면한 적이 없다는 것을 확인하고 필자는 새삼 놀라지 않을 수 없었다. 군왕도 어쩌면 한 사람의 인간이기 때문에 부족함도 있고 애증에 의한 처신 등 인간적인 한계를 지닐 수밖에 없을 것이다. 그러나 국가가 전란을 당해 존망지로(存亡之路)에 처해 있었던 만큼 보다 적극적이고 과단성 있는 리더십을 발휘할 수 있어야 했다는 점에서 선조는 너무도 소심했다. 마냥 기다리며 요령껏 동서 양측 신료들의 입장에서 줄타기하듯 기회주의자적인 처신으로 일관한 것이 아쉬운 부분이 아닐 수 없다.

조선 최초 후궁의 자손으로 왕이 된 선조

선조

조선의 제14대 왕 선조(이균, 李鈞)는 제 11대 중종의 서손(庶孫)으로, 명종 7년 (1552년) 중종의 후궁 창빈 안씨의 아들 덕흥군의 셋째 아들로 태어났고, '하성군'이라 불리며 자랐다. 명종이 후사 없이 사망하자 사가에서 성장해 온 명종의 방계 혈족 중에서 특별히 선택되었다.

즉위 당시 16세(1568년)였고, 1592년(선조 25년, 40세)에 임진왜란을 당하였다. 1608년 2월 56세로 승하하기까지 41년간을 재위한 국왕이었다. 하성군이 특별한 선택을 받아 왕이 된 데에는 청렴하고 강직하여 조정 신료들은 물론 일반 백성들로부터도 존경을 받고 있던 당시 영의정 이준경의 역할이 지대했다.

선조가 즉위하기 전까지만 하더라도 조선 왕조는 연산군, 중종, 인종, 명종이 공교롭게도 모두 군왕의 외아들 출신들이었지만 왕후의 몸에서 나지 않은 군왕은 없었다. 후궁(창빈 안씨, 중종의 후궁이며 선조의 할머니, 선조 출생 3년 전 사망, 묘소는 경기도 장흥 안장 1년 후 지금의 동작동 서울현충원으로 이장)의 자손으로 처음으로 왕위에 오른 선조는 어릴 적 나름대로는 자질이 뛰어나고 품행이 올곧아 왕실 자손들 중에서 주목의 대상이 되기도 했다.

당시에는 전통적으로 조선 왕실 종친들의 학문 연마는 금기시 되어 왔다. 그 이유는 자칫 권력투쟁에 휘말릴 수 있기 때문이었다. 자연히 종친 중에서 쓸 만한 인재를 고르기가 쉽지 않았던 상황이었다. 명종이 재위 21년 8월 종친들이 대부분 무식하여 중죄를 범하는 것을 통탄하며, "사부가 될 만한 자를 십분 가려 뽑아서 종친들에게도 학문과 예의의 방도를 별도로 가르치도록 하라. 풍산 도정 이종린(李宗麟, 선조의 사촌형), 하원군 이정(李鋥, 선조의 큰형), 하릉군 이인(李鏻, 선조의 작은형), 하성군 이균(李鈞, 훗날 선조)을 가르치는 것이 가하다"라며 수많은 종친 중에 네 명을 특별히 지명했다.

명종이 종친들로 하여금 배우도록 지시할 때 선조가 포함되어 있었다는 사실은, 선조가 이미 명종의 총애를 받을 만큼 범상치 않은 자질을 겸비하고 있었음을 증명하는 일종의 확인이었다.

조선 왕조의 대내외 사정

그렇다면 당시 조선 왕조의 대내외 사정은 어떠했을까? 앞서 언급한 바와 같이 1392년 창건 이후 임진왜란이 일어나기 전까지 조선은 주로 두만강 건너 여진족의 침입이나 남해안의 왜구 침입과 같은 국지적 수준의 전투만 경험하였다. 임진왜란과 같은 전면전 형태의 침입은 한 번도 겪어 보지 않았다.

조선 왕조는 내부적으로 계유정난(1453년, 단종 1년)이나 연산군 당시의 무오(1498년, 연산군 4년)·갑자(1504년, 연산군 10년)사화와 이후의 기묘(1519년, 중종 14년)·을사(1545년, 명종1년)사화, 그리고 명종 20년까지 수렴청정하며 무소불위의 권력을 휘두른 모후 문정왕후 윤씨와 동생 윤원형에 의한 외척의 발호와 같은 정치적 난정은 있었다. 하지만 왕조체제는 비교적 무난하게 유지되어 오던 터였다. 사림세력들이 점차 국정의 주도세력으로 등장하고 있기는 했으나 개국 공신 후예들이 주축이었던 훈구세력들이 지배적인 영향력을 행사하던 시대가 지속되고 있었다.

조선은 제7대 세조 이후부터 왕위세습이 불안정하고 군왕들의 영도력이 부족하여 점차 왕권이 약화되었다. 문제는 이런 상황에서 훈구와 사림세력 간의 경쟁과 불신이 당쟁으로 비화하여 국가적 불행이 시작되고 있던 정치 사정에 있었다. 여기에다 선조 자신은 조선왕조 최초로 정비(正妃) 소생의 적자 출신이 아닌 후궁 출신의 왕이라는 약점이 있어 강력한 리더십 발휘를 기대하기 어려웠고 왜란 직전에 발생했던 '정여립 모반사건'과 '세자건저' 문제 등으로 곤경을 겪었다. 이런 상황에서 선조는 임진왜란이라는 대전란의 국가적 위기를 당하게 되어 속수무책이 되고 말았다.

스승 복이 많았던 선조

선조는 조선 국왕 27명 중에서 스승 복이 가장 많았던 군주이기도 했다. 이황·기대승·이이 등 성리학의 최고봉들이 그에게 학문적 소양을 가르쳤다. 선조가 왕위에 오른 뒤 최초로 행한 인사발령이 퇴계 이황을 예조판서 겸 경연과 춘추관을 관장하는 동지사로 임명한 것이다. 동지사로 임명된 스승인 퇴계에게 선조는 『소학』과 『대학』을 배웠다. 나아가 퇴계가 올린 『성학십도』를 병풍으로 만들어 늘 경계의 말씀으로 삼겠다는 의지도 보였다.

기대승으로부터는 『군자·소인론』를 배웠고, 이이는 『맹자』와 『대학」을 경연하면서 임금의 학문하는 방법과 정치하는 도리를 문답체로 정리한 『동호문답』을 지어 올렸다.

정지연은 이황의 추천으로 선조 개인의 사부가 되었다. 사부가 된 정지연은 선조에게 학문 지도-명종 21년 종친들에게 학문을 가르치라는 분부 때부터 선조 16년(1583년) 때까지 가르침-를 하였고, 우의정에 제수되었다. 선조의 학구열은 임진왜란 중에도 『주역』 경연을 하게 하거나 "학문은 실생활에 적용되어야 한다"라며 사서오경(四書五經)과 경서훈해(經書訓解)의 국역 언해를 지시할 정도로 높았다고 한다.

사림들은 학문에 열심인 선조를 바라보며 성군에 대한 기대감으로 제대로 가르치고자 심혈을 기울였다. 당시 조선은 명종 시대 외척의 발호와 몇 차례의 사화를 겪으면서 많이 위축되어 있던 상황이었다. 이런 상황에서 드러난 선조의 자질은 나라에 서광이 비치는 높은 기대감으로 받아들여졌다.

열여섯이라는 어린 나이, 더욱이 궐내에서 성장하지 못했음에도 불구하고 선조는 언행이 법도에 어긋남이 없었다. 또한 즉위 초기 한 번도 거르지 않고 매일 경연에 나와 변론을 하거나 질문을 하는 등 열심인 선조를 본 신진 사림들의 기대는 컸다. 선조는 공부에 임하는 자세가 매우 꼼꼼하였기 때문에 학식이 얕은 자들은 입시하기를 꺼려하였다고 한다. "상의 모습을 뵈니 참으로 영특한 군주이다"라고 영의정 박순이 평했다는 기록으로 볼 때 매우 세심한 기질과 선비적인 성품의 소유자였던 것 같다.

그러나 아쉽게도 즉위 초기 선조를 가르쳤던 스승들은 일찍 선조 곁을 떠나버렸다. 이황은 선조 3년(1570년)에, 기대승과 영의정 이준경은 선조 5년(1572년)에, 이이는 선조 17년(1584년)에 세상을 떠난 것이다. 이런 스승들이 선조를 곁에서 좀 더 가르치고 지속적으로 보좌할 수 있었더라면 재임 중 약점으로 지적되었던 '협량과 자신감의 결여'를 어느 정도는 보완할 수 있었을 것이다. 그러나 선조의 복은 거기까지였다.

선조는 적극적으로 처신하거나 수용적인 스타일은 아니었다. 『선조, 조선의 난세를 넘다』의 저자 이한우는 선조가 이황의 제왕학 강의에 깊은 흥미를 가졌던 것 같지는 않고 대충 듣는 척만 한다고 신하들로부터 지적을 받기도 했는데 이황은 선조가 자신을 극진히 예우했다 하더라도 정성을 다해 허심탄회하게 자신의 말을 받아들이지 않고 겉치레로 데면데면 대하다 보니 낙향했는지도 모른다고 하였다. 그리고 "지금 신이 누차 입시하여 전하를 뵈니 신하들의 말에 조금도 응수하여 대답하지 않으십니다"라고 한 이이의 언급과 사간원 김성일이 경연에 참석하여 "전하께서는 신하가 옳게 간하는 말을 거부하시는 폐단이 있으시니 실로 염려됩니다"라고 하자 선조가 낯빛이 변하여 자리에서 일어섰다 앉았는데 류성룡이 나서서 "임금을 사랑하는 취지에서 한 것"이라고 해명해 별 탈 없이 넘어 갔다는 사례를 들고 있다.

이러한 일화 등을 미루어 볼 때 선조는 군주로서의 권위에 투철하지 못하고, 자기의 생각과 방향을 의지력 있게 관철하는 스타일은 못되었던 것 같다.

저자 이한우는 선조에 대해 "머리가 뛰어나고 의심이 많은 사람이었다. 협량과 자신감이 결여된 처신을 하게 된 것은 어린 나이에 정통성 없는 즉위가 가져온 당연한 결과인 동시에 선조의 타고난 성품이 더하여져 두고두고 신하들에 대한 선조의 불신, 선조에 대한 신하들의 불신으로 나타나는 악순환의 고리를 만들게 되었던 것이다. 천품은 높으나 그릇은 작은 임금이었다"라고 평가했다.

선조의 즉위 경위와 성품에 대해 관련 자료와 학자들의 평가와 견해를 참고로 정리를 한 이유는 앞서 언급한 선조의 처신에 대한 의구심을 파악하는 데 시사하는 바가 있을 것으로 보았기 때문이다.

선조는 재위 41년 되던 해 2월 1일 어의(御醫) 허준의 치료 노력에도 불구하고 영면에 들어갔다. 인목왕후는 옥쇄를 광해군에게 넘겼고, 광해군은 다음날 오늘날의 덕수궁 위치에 있던 정릉동 행궁에서 보위에 오르게 되었다. 왜란의 난리 통에 왕세자가 된 지 16년 만이었고 나이는 34세였다.

광해군이 왕위에 올라 처음하게 된 국사는 묘호를 변경하는 것이었다. 당초 묘호는 선종(宣宗), 능호는 목릉(穆陵)으로 정해졌으나 대신들이 종(宗)이 아니라 조(祖)라고 일컫는 것이 온당하다며 광해군에게 변경 승인을 건의하여 결정되었다. 대신들은 "대행 대왕께서는 나라를 빛내고 난(亂)을 다스린 전고에 없는 큰 공렬이 있으니 진실로 조(祖)라고 칭하는 것이 마땅하다"는 건의를 했다. 작고한 선왕을 예우하고 공경하는 차원에서 제시된 건의였다. 예로부터 제왕이 공을 세운 경우에는 '조'라 칭하고, 덕(德)이 높은 경우에는 종(宗)이라고 일컬어 왔는데 선조는 '조'로 일컬어야 되는 임금이었다는 것이다. 이러한 결정으로 오늘날 우리는 그 임금을 선종이 아니라 선조로 부르게 되었다.

이와 같은 결정에 대해 필자는 개인적으로는 몇 가지 의문점을 가지고 있다. 선조는 '덕'은 있었던 것 같으나 때로는 영민하다 못해 너무 영악하게 보였다. 동·서 신료들의 눈치에 영합하거나 곤란한 지경에서는 적당히 피해 가는 처신을 한 것이 선조실록을 비롯한 여러 기록에서 발견할 수 있기 때문이다. 그 점에서 '조'라고 부르기에는 마뜩잖다는 생각을 지울 수가 없다.

선조는 고집은 조금 있었던 것 같으나 주견이 뚜렷하지 못해 매양 결정을 내리는 데 확신이 없었고, 사람을 쓰는 데 의심이 많았다. 강력한 의지력과 결단력이 요구되는 전란이었지만 의심의 눈으로 신료들을 바라보거나 그들의 주장에 끌려다니기 일쑤였고, 방어 수단으로 면피 작전인 선위 파동을 일삼았다. 국난을 극복하기 위해서는 무엇보다도 국가적 관점에서 강력한 리더십으로 대담하고 일관되게 조정의 신료와 백성, 명군의 지휘부를 통솔했어야 마땅했다. 하지만 신료들의 눈치나 주의 주장에 휘둘리며 적당히 피하거나 의기투합하여 채면을 유지해 간 일종의 면피 작전에 능한 군주였다는 선입견을 지울 수가 없다.

전란을 당한 상황에서 군주는 경황없어 하는 백성을 위무하고 강인한 자세로 군사를 통할해야 하는 책무가 막중한 데에도 불구하고 습관성처럼 아홉 차례에 걸쳐 선위(임금 이양) 파동을 일으키며 약한 모습을 공공연히 보였다. 임진·정유 두 왜란을 겪은 후 선조 31년 중반 이후부터는 선위 파동이 더 이상 없었다는 점으로 미루어 전란 과정에서 겪어야 하는 군주로서의 리더십 약화를 선위 파동으로 정면 돌파하려는 계산이 있었다는 의견이 지배적이다. 일각에서 선조의 계산적인 처신 가능성을 지적하기도 하는데 필자도 어느 정도 수긍이 간다.

나라와 백성을 위해 전란의 수습에 혼신을 다한 류성룡

　류성룡은 임진왜란 7년 동안 군왕 선조를 보좌하며 영의정으로, 도체찰사로 조선과 백성을 구하고 전란을 극복하기 위해 온갖 노력과 정성을 기울였다. 후에는 친필 회고록으로 후손들로 하여금 당시를 기억하고 역사를 배우게 하여 국가 발전과 국방을 다짐하게 한다는 점에서 존경받아 마땅한 선각자였다.

　연세대학교 교수를 지낸 송복은 『류성룡, 나라를 다시 만들 때가 되었나이다』에서 "임진왜란은 현재 남북이 분단되어 있는 한반도 분할의 원류"라고 연계시켜 설명하면서 조선 땅에서 벌어진 전란이었지만 명과 일본 간의 강화회담에서 일본 측이 '히데요시의 강화 7개조'를 협상안으로 제시한 것을 근거로 일본과 명 사이의 '조선 분할 전쟁'이었다고 평가했다. 그러면서 일본으로서는 최소한 조선의 한강 이남 4도를 점령하는 '조선할지'(朝鮮割地) 전쟁이었고 명으로서는 일본의 침략을 한강 이남에서 방어하여 조선의 북쪽 4도를 지켜냄으로써 요동 방어의 울타리를 확보해 내는 전쟁(번리지전 藩籬之戰)이었다고 임진왜란을 정리했다. 또한, 송복 교수는 임진왜란이 있기 9~10년 전에 있었던 '진실로 나라가 나라가 아닙니다'라는 율곡의 상소문(구폐책 救弊策)과 '이러고도 오늘날 우리가 있는 것은 필시 하늘이 도운 것입니다'라는 류성룡의 징비록 속의 구절들을 인용하며 당시 조선의 국가적 상황과 부패가 얼마나 심각한 지경에서 임진왜란을 당하게 되었는지를 설명했다.

　송복 교수의 주장대로 조선은 '이순신의 외로운 싸움'과 '류성룡의 분골쇄신' 덕분에 나라의 명맥을 이어갈 수 있었다. 영의정이라는

류성룡   징비록

국가 최고지도자의 직위에서 평시도 아닌 전시를 당해 국사를 수행
하고 전쟁을 겪어 낸 류성룡이 친필로 자신의 직무 수행 소회를 기록
하여 후세가 교훈으로 삼도록 한 『징비록』은 전선에서 적과 싸우면
서도 임금과 백성의 안위를 걱정하며 잠 못 이룬 이순신의 『난중일
기』와 궤를 같이하기에 송복 교수의 평가에 십분 공감하게 된다.

　류성룡은 1542년(중종 37년) 경상도의 안동부 풍산현(의성)의 외가에
서 황해도 관찰사 류중영의 둘째 아들로 태어났다. 4살 때부터 글을
읽을 줄 알았을 정도로 총명했으며 6세에 『대학』을, 8세에 『맹자』를
터득할 만큼 명석했다고 한다. 21세 때 부친의 권유로 당시 조선 사
회를 움직이는 이념과 문화, 학문의 산실이었던 도산서당에 들어가
퇴계 이황의 문하에서 수학하였다. 퇴계도 "이 젊은이는 하늘이 낳
은 사람"이라며 장차 대성할 인물임을 예언할 만큼 높이 평가했다.
일본에 통신사로 갔던 김성일과는 퇴계 문하에서 동문수학하였다.
23세 때(1564년, 명종 20년)에 생원회시 과거시험에서 1등으로 합격하
고, 24세 때 성균관에 들어가 1년 만인 이듬해(25세, 명종 21년, 1566년)

별시 문과에 급제하여 승정원 승문원(권지부정자)이 된 이후 성균관 전적, 병조좌랑, 대사간, 도승지 특진(41세, 1582년), 경상도 관찰사(42세), 예조판서(43세), 형조판서 겸 홍문관 대제학(47세), 병조판서 및 이조판서(48세), 우의정(49세, 1590년 5월, 이조판서 겸임), 좌의정(1591년 2월, 50세, 7월에는 정읍 현감 이순신을 전라도 좌수사로, 형조정랑 권율을 의주 목사로 추천, 임진왜란에 즈음하여 특명으로 병조 판서 겸임), 영의정(51세, 1592년 5월, 조정이 개성으로 피난 중 임명, 당일 파직), 평원부원군으로 서용(동년 6월, 관직 복귀, 명군 지원업무), 평안도 도체찰사(1592.12월), 충청·경상·전라 3도 도체찰사(52세, 1593.3월), 영의정 재임명(1593. 10월, 훈련도감 도제조 겸무), 경기·황해·평안·함경 4도 도체찰사(54세, 1595.10월, 영의정 겸무)의 임무를 수행하였으며 정유재란이 있던 1597년 1월, 이순신이 파면되자 천거의 책임을 지고 10여 차례에 걸쳐 사직을 상소하였으나 윤허되지 않았다. 전란 중임에도 불구하고 당쟁이 끊이지 않던 차에 반대파였던 정인홍·이이첨 등 북인들의 탄핵으로 1598년 11월 19일 영의정에서 파직(공교롭게도 이순신이 전사한 날)되고 그해 12월 6일 모든 관작마저 삭탈당하는 수모를 겪기도 했다. 향리인 안동 하회로 돌아와서는(1599년, 57세) 징비록을 저술하는 데 전념하였다.

　류성룡은 탄핵을 받아 파직되고 삭탈관직을 당할 만큼 엄청난 실정을 범한 자였음에도 불구하고 1600년(선조 33년)에는 직첩을 되돌려 받았고 뒤이어 청백리에 뽑혔다(1602년)는 점에서 정치적으로 얼마나 무리한 처분과 모함을 당했는지 역사는 증명하고 있다. 얼마 되지 않아 호성공신으로 서훈되기도 하였으나(1604년, 62세) 스스로 거부했고 1607년 5월, 66세를 일기로 향리 농환재 초당에서 별세할 때까지 초야에 묻혀 살았다. 조선시대 최고의 엘리트 코스를 밟은 관료로서 전란을 당한 조국과 백성을 지켜내기 위해 자신의 모든 능력과 성심을 다 바친 영상이었고 후대가 길이 본받을 선비였다.

모든 관직을 삭탈 당한 류성룡은 1599년 고향인 안동 하회로 낙향하여 5년여 기간 동안 다시는 전란이 있어서는 안 되겠다는 일념에서 몸소 전쟁을 겪으며 대처했던 바를 회고하며 집필하여 1604년 징비록(懲毖錄)을 완성하였다. 징비록은 현재 이순신의 『난중일기』(국보 제76호)와 함께 임진 · 정유 전란의 주요한 사료로 인정되어 국보 제132호로 지정되어 있다.

류성룡이 징비록의 서문에서 『시경』의 '여기징이비후환'(予其懲而毖後患) '지난 일을 경계하여 뒷날의 근심이 없도록 조심하게 한다'는 표현을 인용하여 저술의 제목으로 삼았음을 밝히고 있는 것처럼 이 글은 '수많은 인명을 앗아가고 비옥한 강토를 피폐하게 만든 참혹했던 전화를 회고하면서 다시는 이와 같은 전란을 당하지 않도록 지난 날 조정의 여러 실책을 반성하고 앞날을 대비'하기 위한 기록이다.

징비록은 일반 평민, 즉 보통 사람들의 글이 아닌 국가의 최고지도자급이 국가적 시각에서 전란을 당해 촌각을 다투던 상황을 회상하며 자신의 생각과 고민, 국가와 백성에 대한 충정과 애국심으로 경험과 생각을 반성, 정리하는 모범을 보여주었을 뿐만 아니라 현대를 사는 우리들이 읽고 깨달을 수 있는 친필 기록이라는 점에서 큰 의의가 있다. 오늘날의 우리 국가지도자들이 어떻게 나라와 백성을 다스리고 지켜가야 할 것인지를 자성하고 본받게 해주는 유훈이자 리더십의 지침서로서 부족함이 없는 유작이다.

『징비록』은 류성룡 서거한 후 유족들에 의해 보관되어 오다 1647년(인조 25년) 16권 7책으로 간행되면서 비로소 세간에서 널리 읽혀지게 되었다. 경상감사로 부임한(조선왕조실록 1647년 9월 8일) 외손자 조수익(趙壽益, 1596~1674)이 이미 정리되어 있던 원고를 책으로 간행하였고 그 뒤 꾸준히 증보되었다. 조선 조정은 임진왜란의 전모가 담겨 있고 영의정과 도체찰사를 지낸 최고위 인사가 직접 쓴 기록물이었기 때문에 일본 유출 금지 서적으로 지정하여 엄격히 관리 통제하였다. 그러나 문물 수집과 기술 모방에 뛰어난 일본인들이 가만히 있을 리가 없었다. 이러한 사실들이 그들의 귀에 전해지게 되자 이 책을 입수하기 위해 혈안이 되었고, 일본에 유출되자마자 대대적으로 복사되어 일본의 지식인들이 반드시 읽어야 할 책으로 유통되었다.

그 뒤 1711년(숙종 37년) 일본의 6대 쇼군 도쿠가와 이에노부(재위 1709~1712년)의 취임을 축하하기 위해 통신사로 갔던 조태억이 이를 목격하고 숙종(재위 1674~1720년)이 일본 유출을 엄금했지만 실효성이 없었다. 적대관계에 있었던 조선의 정치체제와 군사제도, 붕당으로 갈라져 대립하는 모습에서부터 명나라와 일본의 내부 전략 상황에 이르기까지 중요한 내용들이 담겨 있는 데다 영의정이라는 조선의 최고지도급 고위 인사가 직접 작성한 문건이었으니 얼마나 긴히 읽히고 활용하고자 했을까를 생각해 보면 한참이나 후대인 우리들도 놀라지 않을 수 없고 안타까운 심정과 분노를 금할 길 없다.

류성룡은 임진왜란 중 만 5년을 전시 수상인 영의정과 경기·황해·평안·함경도의 군사와 행정을 관리 감찰하는 4도 도체찰사로서 정무와 군무를 겸직하며 전쟁을 치러냈다. 류성룡으로서는 참으로 힘든 역경이었고 구국의 일념과 충성심이 없었다면 버티어 내기 어려웠던 시간이었을 것으로 짐작되고도 남는다. 그의 책무의 핵심은 조선에 원군 온 명나라 군대에 대한 군량의 공급, 조선의 자강을 위한 양병과 백성의 동원, 명과 왜 간의 강화협상 관리 등이었다.

먼저 그의 군량 조달책임에 관한 내용을 살펴볼 것이다. 필자는 이 부분이 매우 중요하기 때문에 별도의 장으로 구분하여 좀 더 상세히 정리하였다. 전쟁을 하는 나라에서 군량과 같은 군수 문제가 해결되지 않거나 뒷받침되지 않으면 전쟁지속력은 기대할 수 없고 전쟁지속력이 뒷받침되지 않는 측의 패전은 불문가지이다. 조선의 식량은 먼저 명군의 군량이 되고 그 다음 조선군의 군량이 된다. 그리고 마지막 남는 식량이 굶어 죽어가는 우리 백성의 식량이 되었다. 수송인력과 수송수단이 절대적으로 부족하여 만주에 대기시켜 놓은 명 측의 식량을 조선 측이 의주를 거쳐 명군에 제때 수송하기 어려운 것이 문제였다.

식량 못지않게 군마를 위한 말먹이 문제 또한 심각하기 이를 데 없었다. 지방의 유지들이 호국 차원에서 자발적으로 식량을 제공하기도 했지만 조선 자체 보유 식량을 조선군에 보급하는 데는 또 얼마나 힘들었을지 상상하기 어렵다. 명군에 보급하고 남은 식량 가운데 태반은 비에 젖고 쥐가 먹거나 벌레가 먹어 썩거나 상한 것이 조선 군대와 백성들에게 돌아왔다. 거기에 더해 왜군들이 그냥 주둔만 해 있었을 리 없었다. 점령지 정책에 따라 쌀은 물론 팥과 조, 기장까지 샅샅이 거둬 가자 총에 맞아 죽는 사람보다 굶어 죽는 사람이 더 많았다. 이런 실정에서 어느 조정 신료도 못해 내는 군량 조달 책무를 선조는 류성룡에게 맡길 수밖에 없었다.

영의정에 복귀한 류성룡은 굶주린 백성들을 구제하는 것이 급선무였다. 우선 전쟁 피해가 상대적으로 덜한 강원도와 호남·호서지역에서 곡식 종자를 모아 경기도로 옮기고 황해도·평안도의 소를 모아 나눠주게 했다. 관서와 군대 주둔지에는 둔전을 장려하는 한편 소금생산도 장려해 곡식과 교환할 수 있게 하고 소금 굽는 백성들에게는 다른 부역을 면제하여 소금 생산에 전념하게 했다. 그 결과 소금 생산량이 갑절로 증대되었다. 작미법(作米法, 전후 광해군 때 시범실시 후 숙종 때 대동법으로 발전하여 전국적으로 시행)을 강력히 시행하여 물품 공물과 사람 공물을 쌀로 통일하여 내도록 하고 가호 단위에서 토지의 면적과 생산량을 기준으로 부과하도록 했다.

다음은 류성룡이 애쓴 조선의 자강을 위한 노력을 살펴볼 것이다. 전쟁을 당한 조정으로서는 양병과 백성의 동원 문제를 조속한 기간 안에 해결하는 것이 급선무였다. 명군이 벽제관 전투에서 패해 평양으로 후퇴해 간 뒤로는 더 이상 왜군을 몰아내기 위한 전투에 임할 의지를 보이지 않자 3도 도체찰사인 류성룡으로서는 난감하기 이를 데 없었다. 제대로 된 군사력이 없이는 나라를 유지할 수 없다는 시급하고도 절박한 상황에 처하면서 착안된 것이 훈련도감과 속오군제의 채택이었다. 즉, 중앙의 한성 도성 수비와 지방 진관의 수비체제를 구축하고 군사를 체계적으로 양성하여 배치하는 방안이었다. 명군의 내원으로 평양을 탈환하고 왜군들이 남쪽으로 이동해 가는 과정에서 류성룡은 3도 도체찰사와 명군 지휘부에 대한 접반사를 겸임하면서 명군과 왜군의 우수성과 강점을 확인할 수 있었다.

류성룡의 장계 건의를 받은 선조의 지시로 1594년(선조 27년) 4월 봄에 훈련도감이 설치된 데 이어 이듬해 지방의 속오군이 조직되었다. 훈련도감은 1593년 여름 류성룡이 건의하여 창설된 기구로 선조는 처음에는 좌의정 윤두수로 하여금 주관하도록 했다가 그해 9월 한성으로 복귀하는 도중 도체찰사인 류성룡이 도제조(都提調)가 되어 도감일 전체를 주관하도록 지시하였다. 정병 양성을 목표로 유생부터 노비, 승려까지 누구나 지원할 수 있게 했고 당시의 전투 상황을 감안하여 포수(총병)·살수(창검병)·사수(궁병) 등 3수로 나누어 훈련시켰다.

급여를 주고 노비신분을 면제해 주는 면천 조건으로 군사를 모집하자 노비들이 대거 입대했다. 자연히 노비를 재산처럼 거느리고 있던 양반들이 훈련장에 있는 노비를 잡으러 오는 해프닝이 벌어졌는가 하면 따지며 데리고 가는 일이 다반사로 일어났다. 그리고 전공을 세우면 신분에 관계없이 관직을 제수하는 조치가 시행되었다. 양민은 적의 수급을 하나, 서얼은 둘, 노비와 천민은 셋을 베어 오면 과거에 급제한 것으로 인정하고 합격증을 발급해 주도록 했다. 면천에 이어 관직까지 받을 수 있게 되자 노비들이 적극적으로 전투에 나섰다고 한다. 또한 왜군에서 조선으로 투항해 온 '항왜'들을 훈련도감에 배치, 활용하여 조총의 제작 기술과 사격술, 검술 등 전투 방법을 전수받도록 한 결과, 전란이 시작된 지 2년 만인 1594년 봄쯤에 가서는 조선 자체 능력으로 조총을 제작할 수 있게 되었고 1만여 명이 넘는 항왜(降倭)들로 인해 왜군은 충격을 받고 골머리를 앓게 되었다.

자강 노력의 또 한 축인 지방군 재건의 해법으로 병력의 충원과 형평성 제고를 위해 속오군(束伍軍)이 편성 운용되었다. 임진왜란 전까지 중종 36년(1541년)에 시행된 '군적수포제'(軍籍收布制)로 인해 양반들은 군역에서 면제되고 농민들만 부담해 오던 기막힌 군역제도를 혁파하여 양반도 병역을 지도록 하고 노비도 포함시키도록 했다. 신분제 사회에서 양반과 노비를 한 부대에 편성한다는 것 자체가 혁명적인 조치였고 양반들의 반발은 거세었지만 강력히 시행되었다. 우리가 드라마를 통해 알게 된 산성 축조에 신기원을 이룬 '신충원'도 류성룡이 발탁한 천민 출신이었다. 이러한 개혁적 조치들은 당시 양반 사대부들에게는 엄청난 도전이었다. 그들의 권익이 침해당한다는 거부감으로 인해 영의정 류성룡은 자연히 공격 대상이 되었고 임진왜란의 종전에 가서는 양반 사대부들이 선조와 공모하여 그를 실각시키는 명분이 되었다. 급기야 류성룡이 영의정에서 탄핵되어 낙향하자 그가 채택하였던 각종 개혁조치들은 모조리 무효화되고 말았다.

임진왜란 이후 200여 년이 지난 즈음 조선의 중흥을 위해 혼신의 노력을 기울였던 개혁 군주 정조는 류성룡의 문집인 『서애집』과 그가 전란에 대처하는 동안 이여송을 비롯한 명나라 장수들과 주고받았던 서간문을 읽고 나서 「류성룡 서화첩」을 내렸다. 정조는 서화첩 서문에서 류성룡에 대해 '살아서는 명나라 사람들의 마음을 움직여 국가의 위기를 극복했고, 죽어서도 국가에 이로운 일을 한 것'으로 높이 평가하고 국가 경영에 요구되는 많은 지혜를 얻었다. 대표적인 사례로 정조는 징비록을 참조하여 수도 서울인 한성을 경비하고 유사시에 대비하기 위하여 장용영(壯勇營)을 설치하여 1만 명의 군대를 양성해 주둔하도록 했다. 그리고 수원 화성을 건설할 때에도 류성룡이 강조했던 군사 전술적 고려를 반영하여 성을 축조하고 유사시에 방비할 수 있도록 직접 감독하였다.

다음은 정조의 서화첩 서문 일부이다.

"내가 고 상신(相臣) 류성룡에게 감회를 일으키는 것은 특별한 이유가 있다. 요즈음의 풍기는 나날이 얇아지고 인재는 갈수록 등급이 낮아져 나가거나 물러나는 움직임이 모두 쓸데없는 형식에 얽매여 있다. 그런데 세상을 다스리는 큰 법칙, 전례와 음악, 병사(兵事)와 농정에 관한 일들을 가슴 속에 잔뜩 쌓아두고 있다가 상자를 거꾸로 기울인 듯 쏟아내었으니, 고 상신 같은 이는 어떤 사람이었던가? 일찍이 그의 유집(遺集)을 가져다 보고 이를 뽑아서 실용에 쓰려고 생각하였다. 근기(近畿) 지역의 여러 읍에 군사 1만 명을 양성해야 한다는 설은 암암리에 「장용영」의 새 제도와 합치되었는데, 내가 장용영을 설치하고 시행하는 규모를 그에 의거하여 실시한 것이 많았다. 화성을 쌓을 때에는 장수(丈數)를 계산하고, 높고 낮은 것을 측량하며, 토산물을 바치는 거리를 따져보고, 담장들을 우뚝하게 하며, 사거리를 질서 있게 배치하였다. 그런데 여러 사람이 마음을 모아 성곽을 완성한 것이 독려하는 북소리를 이긴 것은 고 상신이 남겨준 계책에 의거하지 않은 것이 없었다. 몸이 당대에 등용되었을 때에는 고위관리로서의 계획이 명나라 사람의 마음을 움직일 수 있었고, 말이 후세에 전해지면서 계획한 방안들은 지금까지 국가를 이롭게 한다…(중략)…혹여라도 고 상신에게 부끄럽지 않은 사람은 드물 것이다."

필자가 안타깝게 생각하는 부분은 류성룡의 탄핵에 얽힌 곡절이다. 탄핵의 발단은 정유재란이 있었던 해 12월의 울산성 전투였다. 명 조정의 조선 총책으로 있던 경리 양호가 가토 기요마사가 버티고 있던 울산성 전투(1597. 12. 12~이듬해 1. 14 / 1차 전투)에서 참담한 패배를 당했음에도 불구하고 본국 조정에 허위보고한 것이 명나라 조정의 과도관(科道官, 감찰직의 일종) 병부주사 정응태에 의해 발각되고 그가 문책을 제기하여 양호가 파면(1598. 7월)을 당하게 되었다. '정응태 무고 사건'이 발생한 것이다. 참고로, 울산성 전투는 두 차례 있었다. 2차 울산성 전투는 1차 전투의 패배로 경리 양호가 파면, 소환된 이후 명 조정의 병부상서 형개가 제독 마귀와 1차 전투 때 참전하였던 오유 충에게 지시하여 1598년 9월 22~25일 기간 중에 있었던 전투이다. 울산 지역 외에도 동일원이 사천에서, 유정이 순천(왜장 고니시 유키나가)에서 공격하도록 하였으나 모두 패전하였다. 특히 사천전투에서는 왜장 시마즈 요시히로 군사(1만)와 대전한 동일원의 군사는 1만 명이 넘는 사상자를 내고 참패하였다.

징비록에는 "8월 양호가 소환되어 한양을 떠나갈 때 선조는 친히 홍제원까지 나가 눈물까지 흘리며 작별했다"라고 할 만큼 조선으로 서는 충격적인 조치였다. 곧바로 조선 조정에서는 동정과 의리 차원에서 양호의 구명을 추진하게 되었다.

도승지 최천건(崔天健)을 진주사(陳奏使)로 보내 울산 전투의 시말과 경리 양호의 무고함을 변명하고 조선에 계속 체류할 수 있게 해 줄 것을 간청하였으나 울산 전투의 실상을 소상히 알고 있던 명나라 조정으로서는 용인할 수 없었다. 오히려 그것이 역효과를 불러와 양호의 파면은 더 공고해지고 말았다. 어찌되었든 일단락된 일이었고 조선 조정으로서는 더 이상 곤욕을 치르지 않아도 되었고 정응태도 더 이상 조선 측에 대해 새로운 조치를 강구하지 않아도 될 상황이었다.

그러나 대명 의존심과 존명심이 높았던 선조는 양호에 대한 편향된 이해와 애정을 가지고 있었고 일부 조선의 신하들마저 실상을 제대로 이해하지 못한 나머지, 정응태의 모함에 의해 발생한 사태라고 오해하였다. 그리고 양호를 구출하기 위해 재차 진주사 파견을 결정하게 되면서 문제가 또다시 확대되고 말았다.

선조와 일부 조정 신료들은 양호는 조선에 지극히 도움 되는 사람이고 정응태는 오로지 조선에 방해만 되는 사람이라고 생각했다. 이에 선조는 영상인 류성룡에게 "이 일은 재상들 중에서 문(文)과 언(言)과 일 처리를 훌륭히 해내는 사람을 가려서 보내야 한다"라며 간접적으로 류성룡을 지목했고 사헌부 역시 "마땅히 현직 대신을 보내야 한다"라며 류성룡을 노골적이다시피 압박하고 나섰다. 그러나 류성룡은 단호히 거부했다. 류성룡의 거부와 관련하여 저자 신병주는 『책으로 읽는 조선의 역사』에서 "류성룡은 중국 사신 길은 여정이 멀어 부담스러운 데다 명나라의 내분에 휩쓸려 큰 성과를 기대하기 어렵다고 판단했기 때문에 거부했다. 그 대신에 이항복과 윤두수를 추천했다"라며 이로 인해 류성룡이 영의정에서 체직되었다고 하였으나 필자는 그와 견해를 조금 달리한다.

류성룡은 영의정이자 도체찰사라는 조선의 최고 책임자의 위치에서 양호와 동행하며 전란을 수습하였다. 양호가 명군의 최고 지휘관이자 전란을 구원해 주는 존경할 만한 인사였다면 나라를 위해 주저할 이유가 없는 일이었지만 전투 현장에서 목격된 그의 인품과 능력에 비추어 그는 그럴만한 인사가 못 된다고 류성룡은 판단한 것이다. 그리고 울산 전투의 패전 실상 또한 중국 조정에 잘 알려진 상황이라 진주사 재차 파견은 오히려 조선과 류성룡 자신만 우습게 될 뿐이었기 때문에 거부한 것이었다.

가토의 울산성 왜군은 조·명 연합군의 포위 공격과 성안으로 들어가는 물과 식량이 차단되고 보급로마저 끊어져 성안의 왜군들은 벽에 흙을 쪄서 먹기도 하고 성안에 우물이 없어 오줌을 마시거나 말을 죽여서 그 피를 마시며 심지어 시체의 인육까지 먹는 지경이었다. 조금만 더 공격의 끈을 죄면 항복을 받아낼 수도 있는 상황으로 몰리고 있었다. 그러나 인근의 양산, 동래 등에 주둔하고 있던 왜군의 지원병이 울산성에 도착하게 되자 지레 겁을 먹은 경리 양호가 갑작스럽게 퇴각 명령을 내림으로써 울산성 공략이 실패로 돌아가고 말았다. 전투 현장에 있어 이런 정황을 잘 알고 있던 도체찰사 류성룡이 양호를 변호한다는 것은 너무도 자존심 상하는 일이었고 도저히 용납할 수 없는 요구였던 것이다.

문제는 선조와 일부 신료들이 그러한 명 내부의 사정을 제대로 인지하지 못하고 명분에만 집착한 데 있었다. 류성룡의 거부는 군왕 선조에게 실망감을 갖게 했고 입장을 달리하는 조정 신료들에게는 기다렸다는 듯이 비난과 탄핵의 표적이 되었다. 류성룡은 당시 '팔십 노모가 계셔서 자청할 수 없다'고 했다. 일종의 '둘러댐'과 같은 처신을 한 것이다. 명문화된 기록을 찾을 수는 없지만 류성룡은 양호의 탄핵 조치에 관한 한 기본적으로 명 조정 내부의 일일 뿐만 아니라 명으로부터 원군의 도움을 받고 있는 조선의 처지에서 명의 내부 일에 끼어들수록 스스로 화를 자초하게 된다는 판단을 하고 있었던 것으로 생각된다. 류성룡은 징비록 어디에도 양호를 믿지 못해 하거나 내색하는 표현은 하지 않았다. 그러나 그의 능력과 됨됨이를 너무도 잘 알 수 있는 위치였던 조선의 도체찰사였고, 울산 전투의 참담한 패배 상황을 직접 목도한 마당이라 명나라에 가서 그의 구원을 청원한다는 것은 스스로 사실을 왜곡하여 설명해야 하는 일종의 변명이었기 때문에 자신으로서는 참으로 받아들이기 어려웠을 것이다. 더구나 전란이 종국으로 치닫고 있는 상황에 조선의 영상으로서 그런 임무를 수행한다는 것 자체가 본인으로서는 너무도 어이없고 자존심 상하는 일이기도 했을 것이다.

류성룡 대신에 좌의정 이원익이 진주사로 파송되는 것으로 마무리되긴 하였으나 진주사의 재파송 사실을 알게 된 명나라의 정응태는 가만히 있지 않았다. 이원익의 파송 임무 수행을 철저히 무력화시켰고, "조선이 감히… 조선이 양호와 부화뇌동하여 명나라를 속이고 죄를 숨기고 있다. 조선이 왜적을 끌어들여 요동을 침범하고 탈취해서 조선의 옛 강토를 회복하려 한다"는 등 없는 사실까지 과장하여 조선 조정을 힐난하며 탄핵문을 명 조정에 보고하기까지 하였다. 정응태의 문책 주장은 사실을 과장한 측면도 없지 않으나 선조를 포함한 조선 조정으로는 일대 충격적인 보고가 아닐 수 없어 풍비박산의 절망적인 국면에 처하게 되었다. 선조는 놀라 정사를 보지 못한 채 정전 마당에 거적을 깔고 명 황제의 처분을 기다려야 했고, 한 달이 지난 다음에서야 명 조정에서 감찰어사를 보내 정사를 재개할 것을 명령해서 비로소 선조가 거적자리에서 정전으로 돌아올 수 있었다. 지금으로서는 이해가 안 되는 일종의 기이한 사태가 발생했던 것이다. 전란을 겪고 있는 마당에 선조는 웃지 못할 최대의 치욕을 당한 셈이었고 조정 신료들은 그저 황제의 관용 조치에 황송해 했을 뿐이었다.

　류성룡이 도체찰사로서 양호에 대한 변호 문제만큼은 냉정하게 임한 사정을 이해하기 위해서는 양호에 대한 추가 설명이 필요하다. 명 조정에 의해 파면된 경리 양호는 선조 30년(1597년) 2월 정유재란이 발발하자 1만여 명의 일부 병력만 남기고 철수해 갔던 명군이 재파병되어 왔을 당시 명군의 실질적인 조선 총책이었다. 명 조정은 병부상서 형개를 총독으로, 요동 포정사 양호를 경리로, 마귀를 제독으로, 양원·유정·동일원을 장수로 삼아 조선으로 출정시켰다. 양호는 조선 총책이 되면서 부임하기 무섭게 경리아문을 설치하여 조선군에 대한 병권을 장악한 데 이어 국왕 선조와 대등한 위치에서 조선의 조정 대신들을 접견했다. 그가 조선군의 병권을 장악한 뒤로 조선군은 독자적인 작전권을 펴지 못하였고 소소한 전투 작전도 명군 지휘관의 허락과 지휘를 받아야 했다. 거기에다 조선군이 무슨 공이라도 세우면 어느새 명군이 가로채 갔다. 패전이라도 할 경우에는 열에 여덟아홉은 모두 조선군에게로 돌렸다. 심지어 선조와 세자 광해군도 그의 명령과 지시를 따라야만 했다. 광해군이 남원으로 내려갈 때 "백성을 독려하고 명군을 도우라"고 지시하는가 하면 "적을 토벌하러 가고자 하니 국왕도 마땅히 함께 가셔야 되겠소"라며 명령조로 대하기도 했다. 그리고 자신의 마음에 들지 않는 조정 신하들에 대해서는 군왕 선조에게 알리지도 않고 자신의 경리아문에 잡아다 처벌하는 경우도 비일비재했다.

　앞서 언급한 바와 같이 정유재란으로 직산까지 진격해 왔던 왜군이 울산·사천·순천 등지로 후퇴하여 진을 치고 있던 중 조·명 연합군이 벌인 전투가 울산 전투였다. 울산 전투는 1593년 1월 이여송의 평양 전투 이래 가장 많은 병력인 명군 4만, 조선군 1만 등 조·명 연합군 5만 명이 투입되어 가토의 1만 군사와 대전한 대전투였다. 왜군 장수 가토의 작전에 휘말려 임진왜란 중 최대의 패배를 당한 전투였고 명군과 조선군이 가장 많이 죽은 전투이기도 했다. 이 전투는 전사 1,400명, 중상자 3,000명 등 모두 4,400명으로 집계되었지만 지원부대 격이었던 조선군의 사상자 수가 1,200명이었던 것을 감안하면 명군의 사상자 수는 그 10배는 되었던 것으로 추정되었다.

문제는 명 조정에 보고하는 명군의 전투 결과 보고의 특수성에 있었다. 명군 장수들은 어떤 경우에도 황제에게 패전했다는 보고를 할 수 없게 되어 있었다. '패전한 장수는 참수한다'가 명 조정의 철칙이었기 때문에 패전 보고는 바로 자기 목숨을 내놓는 것이나 다름없었다. 장군들은 살기 위해 언제나 허위 보고를 할 수밖에 없었고 양호도 그 관행에 따랐을 뿐이었지만 경리 양호의 허위보고는 경우가 달랐다. 패배의 손실이 너무 컸던 데다 당시 조선에 파병 온 명군이 본국의 남부군과 북부군으로 혼합 편성되어 있던 관계로 내부 갈등과 불화가 심해 조정되지 못하고 참소로 연결되고 말았기 때문이었다. 당시 명 조정의 신료들 사이에는 일본과의 강화를 주장하는 화평파(과도관 정응태도 포함)와 항전을 주장하는 동원파 간에 대립이 치열하여 심한 내홍을 겪고 있던 와중이었다. 자연히 양호의 패전 보고는 이런 내부 사정과 맞물려 더욱 부각되면서 탄핵·파면·소환으로 번져 갔던 것이다.

선조실록을 보면 왜적이 물러난 뒤 이듬해인 1599년 5월, 조선 조정 내의 류성룡 탄핵 논란은 참으로 치열했다. 당시 실록에 언급된 논의의 주된 내용은 도체찰사의 위치에 있던 자가 철천지원수인 왜적을 보복하여 앙갚음해도 시원치 않는데 화의를 생각한 것은 용납할 수 없다면서 류성룡을 탄핵할 것과 그러한 탄핵 주장을 거둘 것을 진언했던 영의정 이원익에 대한 비판과 탄핵 주장으로 덮여 있다. 국정을 책임진 조정 대신들로서 전란의 피해를 어떻게 수습하며 백성의 삶을 안정시켜갈 것인지 중지를 모아 전력투구해도 모자랄 시기에 이토록 처절한 탄핵 논란으로 나날을 지샜다. 선조수정실록에 실린 관련 내용을 참고로 옮긴다.

1599년 5월 1일(선조 32년, 선조수정실록 33권)

부제학 이유중, 교리 박이서 등이 류성룡을 변호한 이원익을 탄핵하다

부제학 이유중(李有中), 교리 박이서(朴彝?) 등이 상차하기를, "삼가 이원익(李元翼)의 사직 차자를 보니 '소견(所見)과 소론(所論)이 시류와 어긋난다.'라는 말이 있는데 이른바 시류란 어떤 사람이며, 이른바 어긋난다는 것은 무슨 일입니까? 류성룡(柳成龍)은 자신이 수상(首相)이 되어 화의를 선창하여 인심이 날로 글러지고 국사가 날로 쇠약해지게 하여 군부(君父)를 무시하는 지경에 이르렀습니다. 다행히 성명께서 통촉하시고 공론이 격발됨에 힘입어 견벌(譴罰)을 조금 시행하여 국시가 약간 정해졌으나 인심이 아직도 울분해 하는 것은 영인(佞人)의 머리를 고가(藁街)에 매달지 못해서입니다.

그런데도 원익은 연경(燕京)에서 돌아온 지 며칠도 되지 않아 차자를 올려 성룡을 위해 못하는 말이 없이 변명을 하였는데, 심지어 '주화(主和)하는 것으로 배척함은 그 논의가 비록 바르지만 역시 사실과 서로 부합되지 않은 곡절이 있다.'고 하였으니, 이는 일세의 공론을 속이고 그의 화의를 주장한 죄를 덮어주려는 것입니다. 한때의 청의(清議)를 시류라 지목하고,

이원익

나라를 그르친 논의를 억지로 끌어대어 대립하고자 하니, 신들은 통분스럽습니다. 왜구는 전하 조종(祖宗)의 깊은 원수인데도 성룡이 놓아주었으니 성룡은 전하 조종의 죄인인데, 원익은 옹호하여 성룡을 논죄하는 것은 옳지 않다고 하면서 다시는 전하의 조정에 서지 않으려고까지 합니다. 이 계책이 한번 이루어지면 사특한 논의가 사방에서 일어나 백성의 도리와 사물의 원칙이 남김없이 단절될 것입니다." 하니, 상이 보고 정원에 하교하기를, "영인의 머리란 누구를 가리키는지, 옥당에 물으라." 하니, 옥당이 회계하기를, "영인이란 류성룡을 가리킵니다." 하였다.

이보다 앞서 원익이 사직 차자를 올려 '신은 시류들이 하는 바에 불만이 있어 일찍이 한 차자를 올렸으니, 신의 망령된 견해는 성감(聖鑑)이 이미 통촉하신 바입니다. 신은 비록 무상하나 직명은 대신입니다. 예로부터 어찌 대신으로서 소견과 소론이 시류와 대립되어 걸핏하면 어긋나서 일시의 지척을 받으면서 버젓이 백관들 위에 있을 수 있는 이치가 있겠습니까.' 하였었는데, 옥당에서 드디어 이 상차(上箚)를 가지고 논하고, 또 양사(兩司)에서 이를 말하지 않은 것으로 공척(攻斥)하니, 양사가 모두 인피하였다.

우의정 이항복(李恒福)이 상차하기를, "지난 수년 전에 남쪽 지방에 나가 일을 보면서 적의 기세가 호대(浩大)하여 해안(海岸)에 웅거하고 있으면서 금방이라도 덤비려는 것을 목견(目見)하였으나 국가의 형세는 하나도 믿을 것이 없어 안에는 재물이 부족하고, 밖에서는 백성이 흩어져 마치 늙고 병들어 다 죽게 된 사람의 손발이 오그라들고 기운이 목구멍에 겨우 붙어있어 가슴 이하는 이미 수습할 수 없게 된 것과 같다고 여겼습니다. 그래서 항상 스스로 말하기를 '고금 천하에 나라를 지키고 적을 막는 방도로는 전(戰)·수(守)·화(和) 세 가지에 불과하니 지금 이미 싸울 수 없고 또 지킬 수도 없으니 그 이하를 논하면 오직 그들이 요구한 화의(和議)를 허락하여 화급함을 면하는 길뿐이다.' 라고 하였습니다. 그런데 이어 조정의 의논을 들으니, 신의 소견과 크게 다르지 않은 자도 있었습니다.

그 후 영의정 이원익이 체찰사(體察使)로 경주(慶州)에 있어 신이 찾아가니 원익이 일을 의논하였는데, 제일 먼저 묻기를 '지금 적이 강화를 청하는데 조정 의논이 정해지지 않으니, 일을 어떻게 해야 하는가?' 하기에 신이 전의 소견으로 말하였습니다. 며칠 뒤 이원익의 장계의 초(草)를 얻어보니, 오로지 그 일을 논한 것이었습니다. 원익은 대신으로서 국가의 대계(大計)를 이미 익숙하게 계획하였으니 신의 말을 듣고서 그렇게 한 것은 아니었겠지만, 신이 그러한 말을 하였다는 것은 사람은 비록 모른다 하더라도 귀신은 속일 수가 없습니다.

그 후에 조정에 들어오니, 마침 그때 화(和)·전(戰) 두 가지 계책을 가지고 회의하였는데, 신은 여러 해를 밖에서 보냈기에 조정의 논의가 어떠한지를 몰라 일시의 소견을 상 앞에서 대략 진달하였고, 신의 전후 소론(所論)이 대개 그와 같았습니다. 그러다 마침내는 두 사신을 받아들이지 않기에 이르러 종사(宗社)가 부끄럼을 당하였는데, 이제 크게 척화(斥和)의 의리를 내세워 조정의 기강을 바로잡고자 하니 순서대로 제거한다면 의당 신이 먼저 받아야 하는데, 입을 다물고 구차스레 행동하여 입을 씻고 형적을 감추면서 요행히 면하기를 바라는 것은 실로 신이 크게 부끄럽게 여기는 바입니다." 하니, 상이 사직하지 말라고 답하였다. 이에 양사도 이원익의 잘못을 논핵하였으나, 상이 듣지 않았다. 원익이 드디어 병을 핑계로 사직하였는데, 한 달이 지나서야 체직되었다.

1599년 5월 11일(선조 32년, 선조실록 113권)
홍문관이 류성룡과 이원익이 화의를 주창한 것에 대해 논척하는 차자를 올리다
홍문관이 상차하였다.
"신들이 삼가 우의정 이항복의 차자를 보건대, 차례로 베어 버린다는 말이 있으니 신들은 의혹스럽습니다. 왜구는 우리나라가 자손 만세를 두고 반드시 갚아야 할 원수이니, 차라리 적과 함께 나란히 죽을지언정 일각이라도 천지 사이에 같이 살 수는 없습니다. 이것은 천하 고금의 상도(常道)이고 군신 부자의 윤리입니다. 그런데 류성룡은 수상으로서 나라의 정권을 잡고 먼저 화의를 주창하여 한 시대를 압제했으니, 실로 만세토록 종묘 사직에 죄를 졌다고 하겠습니다. 따라서 전하께서도 용서할 수 없고 신민으로서도 용납할 수 없는 것입니다.
그런데도 영의정 이원익은 자기 견해만 고집하고 공론은 돌아보지도 않은 채 앞뒤로 상차하면서 류성룡을 위해 옹호하지 않은 적이 없는데, 심지어는 류성룡을 옳게 여기지 않으면 다시는 전하의 조정에 서고 싶지 않다고 하였습니다. 그래서 신들이 윤리가 무너지고 공론이 사라질까 두려워하여 대의의 소재를 대략 진술하였을 뿐이니 어찌 그 사이에 털끝만큼이라도 딴 뜻이 있겠습니까…"

1599년 6월 1일(선조수정실록 33권, 선조 32년)
류성룡의 직첩을 다시 주라고 하자 삼사가 연달아 논박하다
상이 류성룡의 직첩을 다시 주라고 명하니, 번갈아가며 글을 올려 논박하였는데, 4개월이 지나서야 상이 이에 따랐다.

필자는 징비록이나 류성룡이 남긴 어떤 기록에서도 류성룡이 군왕 선조와 조정 신료들의 뜻에 어긋나는 처신을 했거나 적당히 수습하는 선에서 전란을 종식시키고자 했던 시도를 찾아볼 수 없었다. 그는 종묘사직을 보전하고 백성을 보호하기 위해 노심초사하며 전란 상황에 대처해 갔을 뿐이었다. 420여년 전의 조선 조정의 상황을 현재의 시각에서 돌이켜 생각해 본다는 것이 어불성설이긴 하겠지만 당시 조정의 논의가 이랬다고 생각하니 참으로 놀라지 않을 수 없다.

건전한 상식을 가진 대다수의 우리 국민들도 그러하겠지만, 영의정 류성룡을 생각하면서 필자는 당시의 군왕 선조와 조정의 최고위 신료들의 처신에 대해 너무도 유감스러운 감정을 숨길 수 없다. 임진왜란이 발발하자 나라와 백성을 어떻게 지키고 구할지는 뒷전으로 한 채 부끄러운 줄도 모르고 야반도주하듯 피신해 갔던 자들이 군왕 선조요 최고위직의 신료들이 아니었던가. 그랬던 그들이 주제파악은커녕 자신들은 아무런 책임도 없었다는 듯, 전란 기간 동안 영의정으로서 임금을 섬기고 전쟁을 지휘 감독하는 도체찰사로서 나라와 백성을 구하고자 온몸 바쳐 헌신했던 류성룡을 탄핵하고, 삭탈관직으로 처단하는 데 의기투합했다. 그리고 나중에는 또 언제 그랬었냐는 듯이 청백리로, 호성공신으로 녹훈하였다. 필자는 이 과정이 도저히 이해되지 않아 가슴을 치게 된다. 적어도 나라와 백성을 책임진 군왕과 신료들이 할 짓이 아니었고 최소한의 인륜적 도리로서도 그래서는 안 되는 것이었다. 특히 일부 신료들이 파쟁과 견제에 눈이 멀어 설령 그런 주장과 행동을 범할 수 있었다 하더라도 선조는 군왕으로서 류성룡에게 나라의 안위를 신세지듯 시종일관 의

존하다시피했고, 헌신했던 바를 누구보다도 잘 알고 있었기 때문에 중심을 잡고 비난과 파쟁을 다스리고 조정·권고하는 모습 정도는 보였어야 했다. 그런데도 선조는 논란의 초기에는 그런대로 중심을 잡는 듯하다가 나중에는 논란이 귀찮아 마지못해 얼버무리고 류성룡을 원망하거나 눈치 보며 적당히 피해가기에 급급했다. 평상시도 아닌 전란이 한창 진행되고 있는 시기에 위태로운 나라 상황과 백성들의 처참한 상황을 감안하면 나라를 책임지는 위치에 있는 자들은 사사로운 편견이나 파쟁은 삼가고 국가적 차원에서, 통합의 차원에서 접근해야 했었다. 420여년 전의 일이었지만 앞으로도 다시는 그런 어이없고 수치스러운 일이 일어나서는 안 되겠다는 심정에서 몇 마디 덧붙였다.

선조에게 인정받지 못한 통제사 이순신

이순신은 을사사화가 일어나던 1545년 을사년 3월 8일 한성의 건천동(오늘날의 충무로 지역)에서 태어났다. 가정 형편이 어려워 모친 변씨의 친정이 있는 충청도 아산으로 이사를 가서 어린 시절을 보냈다. 이순신은 희신, 요신 두 형을 따라 학문을 익히며 문신의 길을 꿈꿨으나 언제부터인가 무인의 길을 가기로 결심하게 되었다. 그 결심에는 장인 방진의 권유와 지도가 절대적인 영향을 미친 것으로 전해지고 있다.

보성군수를 지낸 방진은 무장이었다. 아산 현충사 경내에 있는 방진의 비문에는 당시의 영의정 이준경이 방진에게 이순신과 딸을 결혼시킬 것을 권유했다는 에피소드가 전해지고 있다고 적혀 있다. 이러한 점들을 미루어 짐작해 보았을 때 그럴 수도 있겠다는 생각도 든다.

충무공 이순신 표준 영정
(정형모 作)

이순신은 22세 때부터 본격적으로 무예를 배우기 시작했고, 비교적 늦은 나이라 할 수 있는 32살(선조 9년, 1576년)에 과거(무과)에 급제해 당시의 최전방인 함경도 권관으로 나갔다. 그것이 관직의 첫발이었다. 이후 훈련원 봉사, 충청도 절도사 군관, 함경도 절도사 군관 등을 지내다 선조 19년(1586년) 북방 여진족들인 오랑캐들이 준동하던 함경도 두만강 지역에 배치되어 조산보 만호, 녹둔도 둔전관을 지냈다.

녹둔도 둔전관으로 지내던 당시 상관이었던 함경도 병마절도사 이일(李鎰)로부터는 패전의 책임을 추궁당해 파직되어 백의종군하기도 했다. 이일은 이순신과는 사이가 비교적 원만하지 않았던 반면 원균과는 친밀했기 때문에 원균을 총애하였다.

선조는 임진왜란이 일어나기 2∼3년 전부터 일본의 침입 조짐을 경계하고 있었고, 선조 22년(1589년) 1월에는 비변사에 '서열에 관계없이 능력 있는 장수를 뽑아 올리라는 불차채용(不次採用)'의 특명을 내렸다. 이 특명으로 비변사의 세 정승과 병조판서 등이 각각 대여섯 명씩 후보를 천거하였다.

영의정 이산해와 우의정 정언신이 이순신을 추천하였다. 특히 정언신은 명종 21년(1566년) 류성룡과 함께 급제한 자로 함경도 병마절도사

시절 이순신을 처음 만났다. 선조 16년(1583년) 함경도 순찰사였던 정언신은 이순신, 신립, 김시민, 이억기 등과 함께 여진족 오랑캐 이탕개를 격퇴하면서 이순신의 능력을 잘 확인할 수 있는 위치에 있었다.

정언신은 이 공로로 함경도관찰사, 병조판서에 올랐고, 이순신을 추천할 때에는 우의정이었다. 이순신과 같이 근무해 본 상사로서 정언신은 이순신의 인품과 능력을 잘 알고 있었기 때문에 가능했던 천거였다.

함경도 병마사 이일에 의해 파직되어 백의종군하고 있던 이순신은 선조의 '불차채용' 덕분에 복직되어 정읍 현감으로 있던 중 선조 24년(1591년) 2월에 진도 군수로 임명되었다가 남해안 방비를 염려하던 좌의정 류성룡의 천거로 전라좌도수군절도사(전라좌수사)로 특진하게 되었다. 육군으로 맡은 바 소임을 다하던 이순신을 수군 이순신으로 변모시킨 이가 바로 선조였던 셈이다. 선조의 파격적인 특진 임명에 대해 조정에서는 반발이 심했지만 선조는 다음과 같은 말을 대신들에게 내렸다.

"지금 상규에 구애될 수 없다. 인재가 부족하여 그렇게 하지 않을 수 없는 형편이다. 그 사람이면 충분히 감당할 터이니 관작의 고하를 따질 필요가 없다. 다시 논하여 그의 마음을 동요시키지 말라."

이렇듯 이순신이 전라좌수사에 이어 삼도수군통제사에 임명(1593년, 선조 26년 4월)될 때까지는 선조와 이순신의 관계는 무난했던 것 같다. 그러나 왜군이 한성 철수에 이어 경상도 해안으로 퇴각할 시점에 왜군을 순순히 일본으로 돌아가게 해서는 안 된다는 선조의 의지가 강력해지면서 문제가 발생하기 시작하였다. '적자 출신이 아닌 군주'

라는 선조 자신의 약점(일종의 정신적 핸디캡)을 보완하면서 종묘사직을 온전히 지켜내는 것이 절실한 책무이자 국조에 대한 도리였다. 그러나 전란으로 인해 역대 조상들이 엄중하게 애지중지 받들어 오던 경복궁과 종묘가 소실되고 왜적에 의해 조상 묘인 삼성동의 선릉(성종 왕릉)과 정릉(중종왕릉)이 파헤쳐졌다. 선조는 자존심에 큰 상처를 받았고 끓어오르는 복수심에 불타 있었다. 부산과 울산 등 경상도 남해안으로 퇴각해 간 왜군들을 한시 바삐 조선에서 섬멸하여 몰아내는 것에 올인하던 선조는 자신의 휘하 수군이 적극적이면서도 충성어린 퇴거 작전을 충실히 감당해 주기를 기대했다. 그러나 뜻밖에도 통제사 이순신이 소극적인 자세로 일관하는 바람에 선조는 크게 실망하고 그에 대해 일종의 배신감을 느끼며 괘씸스레 여기게 되었다.

파격적인 통제사 특진 임명, 압송 · 참형까지 지시한 선조

이순신은 고니시와 가토의 관계를 비롯한 왜군 지도부 내의 갈등과 고니시 측이 김응서를 사주하여 조선 수군을 제압하기 위해 음모를 모의하고 있다는 것을 예의 주시하고 있었다. 이런 판단의 연장선에서 왜적의 계략에 빠지는 것을 경계하며 가토 군을 공격하기 위한 부산 출정에는 신중할 필요가 있다는 입장이었다. 이에 조정에서는 신중하게 처신하는 이순신의 자세를 마치 어명에 주저하는 것으로 넘겨짚고 이를 빌미로 윤근수(문신, 1537년(중종 32년)~1616년(광해군 8년), 호는 월정, 영의정 윤두수의 동생, 명종 13년(1558년) 별시문과에 급제한 후, 대사헌 · 이조판서를 역임했고 임진왜란 때는 예조판서로 선조를 호종)를 포함한 서인 측이 기다렸다는 듯이 들고 일어났다. 선조도 사안이 중요한 만큼 현장 상황을 모니터

링하기 위하여 성균관 사성 남이신(문신, 1562년(명종17년)~1608년(선조41년), 호는 직곡, 선조 23년에 과거에 급제, 대사간 역임)을 보내 한산도 실정을 사찰해 오도록 조치하였다. 문제는 사찰관이라고 하는 자가 당사자이자 책임자인 통제사 이순신과는 면담조차 하지 않은 채 전라도에만 갔는가 하면 현장의 군사와 백성들의 탄원에도 불구하고 풍문에 기초한 허위보고를 하면서 시작되었다. 그는 "가토 군사가 바다 섬에 7일 동안이나 머물러 있었기 때문에 만약 우리 군사가 진격해 갔더라면 가토를 능히 잡아올 수 있었을 텐데 이순신이 머뭇거리는 바람에 그만 기회를 놓쳐버렸다"라고 보고했다.

결국 서인 측의 이순신 처단론에 의해 이순신이 한양 압송, 취조, 백의종군의 처벌을 받게 되는 상황으로까지 치닫게 되었다. 왜적들이 경상도와 전라도 해안지역 일대에 진을 치고 주변 지역 백성들을 수탈하며 '코 베기'로 본국에 충성 경쟁을 벌이고 있는 상황에서 조선 조정은 전란 중임에도 불구하고 동서 파당의 정쟁을 계속하고 있었던 것이다. 그 연장선에서 최고 사령관을 직위 해제시켜 죽음 일보 직전까지 압박하다가 전공을 감안하여 마지못해 백의종군으로 감형 처리하였다. 그리고 후임으로 원균을 삼도수군통제사에 임명하였다. 이순신을 내몰고 삼도수군통제사에 오른 원균이 칠천량 해전에서 왜군에 대패하고, 수군 명장 이억기마저 이 전투에서 순직하는 비극적인 결과에 선조와 조정은 하는 수 없이 이순신의 복직을 명하였다. 이는 420여 년이 지난 지금도 참으로 딱하고 어이없는 처사라 하지 않을 수 없다. 해상 전투를 책임진 최고 수군사령관의 의견을 조회하여 전략적 판단을 해도 부족한 마당에 일선 현장에서 판단한 이순신의 처신이 압송시키고 참형을 지시할 만큼 중대 사안이었을까?

필자가 객관적인 입장에서 여러 번 생각해 보아도 이순신의 판단에 공감하지 않을 수 없다. 왜냐하면 아무리 왜군 내부적으로 고니시와 가토가 경쟁 관계에 있어 상호 불편한 사이라 하더라도 국내 전투도 아닌 해외 원정 전쟁을 수행하며 적과 대치하고 있는 상황에서 현장의 최고위 지휘관인 자신(고니시)이 동료 장수를 모해하고, 그것도 모자라 비밀로 유지하고 있었을 아군(가토 군)의 군사력 이동계획을 적의 최고 지휘부(조선 조정)에 제공, 누설한다는 것은 상식적으로 납득이 가지 않기 때문이다. 이순신의 체포와 백의종군 과정을 그들은 속으로 통쾌해 하며 칠천도 해상에서 원균의 조선 수군을 섬멸한 데 이어 호남 해안으로 피 한 방울 흘리지 않고 콧노래 부르듯 순탄하게 진격해 간 정황을 보면 조선군을 기만하고 이순신을 제거하기 위한 그들의 계략이 속임수였음이 명백하게 사실로 입증되고도 남는다.

명량해전의 승전 이후 진린 등 명나라 수군 장수들은 선조를 만날 때마다 이순신에 대한 칭찬을 아끼지 않았다. 그러나 선조는 냉랭한 어투로 "약간의 승리를 얻었을 뿐이다"라고 말했다. 노량해전에서 이순신이 전사(선조 31년 11월 19일)하여 5일 후인 24일에 조정에 보고되자 선조의 반응은 놀라울 만큼 담담했다고 전해진다. 그리고 1주일쯤 지난 11월 30일 승정원에 "이순신을 증직하고 관에서 장사를 지원하라. 아들들에게도 벼슬을 제수하고 사우(祠宇)를 비변사에서 의논하도록 하라"는 정도의 지시를 내리는 데 그쳤다. 지난해 2월 통제사에서 해임하여 서울 한양으로 압송, 취조하고서는 일부 신료들의 탄원으로 마지못해 백의종군 조치했던 이순신에 대한 선조 자신의 감정, 곧 '괘씸스러워 하며 분을 삭이지 못했던 그 감정'이 사실상 그대로 내포된 지시였다.

이처럼 이순신은 공적에 비해 선조로부터 인정을 받지 못한 장수였다. 나아가 질시와 견제의 대상이었다. 그러나 진실은 지켜지고 밝혀지는 법이다, 이순신은 후세에 이르러 인정과 존경을 받게 된 반면, 선조는 나라를 망하게 하고 이순신을 뒤흔든 임금, 사람을 알아볼 줄 모르는 국왕이라는 낙인이 찍히게 되었다. 역사의 아이러니가 아닐 수 없다.

자기 성찰과 솔선수범에 충실했던 이순신

이순신이 전란 중 틈날 때마다 꼼꼼히 기록한 난중일기를 보면 그당시 상황을 우리는 조금이나마 이해할 수 있다. 이순신이 어떤 자세로 업무에 임했고, 부하들을 어떻게 지휘하고 통솔했으며, 스스로는 어떤 근무 자세를 유지했는지 잘 확인할 수 있다.

우선 전선의 최고 지휘관으로서 솔선수범하는 데 주저하지 않았고 책무를 충실하게 수행하기 위해 부단히 노력했음을 엿볼 수 있다. 주기적인 간부 회의와 평가, 점검을 통해 기강을 세우고 대화와 토론을 통해 소통하며 현장 상황을 파악하여 휘하 장수와 장병들이 통제사의 지휘 철학과 전투에 임하는 전략 전술을 이해하고 따를 수 있도록 했다.

아울러 해안과 도서 지방으로 몰려드는 피난민들을 거두어야 하는 어려운 실정을 극복하기 위해 해로통행첩을 발행하여 남해안과 주변의 섬으로 몰려오는 피난민들로 인한 전장의 무질서를 통제하고 남해

지방의 해안과 수로를 이용하는 왜적들의 보급선과 교란 작전을 차단하는 한편, 둔전을 경작하게 하여 군영의 필수물자를 확보하는 지혜와 용단을 발휘하였다. 특히 거북선과 같은 전함 건조를 위한 창의성의 발휘, 대포(함포) 등 장비의 지속적인 제작과 무장 능력의 향상, 전함에 의한 진법과 대형의 연습과 숙달 강조 등 수군의 작전과 전승을 도모하기 위한 부단한 노력, 해상전에 능한 우수 군사의 확보와 휘하 군사들의 승진 기회 제공 등 사기 진작을 위한 한산도 통제영 내 과거시험장 개설, 병사들의 애로사항 청취와 인정어린 관심, 마지막 노량해전에서 전사하면서까지 보인 장수로서의 위엄과 "내가 죽었다는 말을 입밖에 내지 마라. 군사들을 놀라게 하면 안 된다"면서 전장의 초점에 서 있는 지휘관으로서 기본에 충실했던 모습, 전쟁을 수행하는 일선 임지에까지 노모를 모신 효심, 아들과 조카들을 챙기고 훈육한 어버이로서의 자세, 아내를 고향 아산에 머물게 하면서까지 본가와 처가를 지키도록 한 지아비로서의 애틋한 태도, 연일 전투가 벌어지는 상황 속에서도 일기를 쓰고 자신을 성찰하면서 업무에 대한 집념어린 고민과 지휘 한계의 극복을 다짐한 자세 등은 후세의 우리들이 본받아야 할 가르침이요, 배울 점이 아닐 수 없다.

이순신의 전사와 관련한 일설들이 있어 필자 나름대로 이런저런 생각을 해 보았다. 임진왜란 당시 조선은 나라 체제가 잡히고 안정을 구가하던 때에 함경도나 평안도 북방의 한족이나 여진족의 침입이 아니라 한 수 아래로 보고 있던 왜적으로부터 대규모 침입을 당하였다. 따라서 조선 조정이나 백성들은 참으로 충격적이고 황망했을 것이다. 풍전등화와 같은 안보 위기 상황에서 일선 최고사령관에게 요망되는 책무는 나라의 상징인 군왕을 보위하고 백성들의 처참한 희생을 최소화하는 것이다. 이순신은 이런 점을 고려하여 본인 스스로 전장 상황을 진지하게 성찰하며 최선을 다하기 위한 일념에서 난중일기를 쓰지 않았을까 생각한다. 내용을 살펴보더라도 이순신이 자신의 정치적 억울함이나 선조를 포함한 조정의 정치지도자들에게 항거하는 심적 불만을 표출하려는 방편으로 난중일기를 썼다는 세간의 주장은 받아들이기가 힘들다. 또한 최고사령관이 총탄으로 전사하는 순간에는 함께 전투 임무를 수행하던 여러 부하 지휘관과 참모들이 있었을 것이고 거기에 조카와 아들을 포함한 혈육도 전투에 참여하고 있었음이 확인되고 있다. 그러하기에 일설에 이순신의 노량해전 전사를 자살설로 의문시한다든지 어떤 이는 이순신의 아산 묘소가 16년 후에 이장되었던 것을 두고 전사하지 않았다고 주장하고 있는 데 대해 필자는 동의할 수 없다. 당시의 조정 대신에서부터 전투 현장에 같이 임했던 부하 장수들과 군졸들, 영호남 지역의 백성들이 그의 죽음을 애도하고 그의 인품과 업적을 흠모했던 점을 미루어 보아도 그런 류의 비판이나 의심은 단언컨대 부질없는 행위일 뿐이다. 더욱이 조선의 왕조실록이나 영의정을 지낸 분의 자필 기록을 어떻게 의구심으로 읽고 그대로 받아들일 수 없다는 것인지 도무지 이해할 수 없다.

선조에게 총애받은 통제사 원균

원균은 이순신보다 5세가 앞서는 중종 35년(1540년) 부친이 무신인 원준량의 장남으로 태어났다. 28세이던 명종 22년(1567년) 무과에 급제했는데 이는 다른 무신들에 비해 비교적 이른 나이에 관직에 등용

된 경우였다. 오늘날까지도 원균과의 경쟁적 관계와 두 장수 사이의 불화가 전해지고 있는 이순신보다는 5년이나 빠른 급제였다. 이순신이 무과에 급제하던 때를 기준으로 보면 원균은 이순신보다 10년이나 일찍 관직에 봉직하고 있던 고참 선배였던 셈이다.

원균은 거제현령으로 지내던 당시(선조 16년, 1583년)와 종성부사로 있던 시절(선조 20년, 1587년)에 2회에 걸쳐 오늘날의 근무평정과 유사한 인사고과에서 '거하(居下)'라는 낙제점을 받았다. 거하는 오늘날 보직 해임에 해당하는 평가였다. 원균이 인사고과에서 낙제점을 받은 사실로 인해 선조가 전라좌수사로 원균을 발탁하려 하자(선조 24년, 임진왜란 1년전) 사간원에서 반대하여 결국 좌절되었다.

이러한 결과에도 불구하고 원균은 함경도 북방에서 있었던 '이탕개의 난'을 진압한 데 기여한 전공과 왜군의 침입 전운을 우려하여 취해졌던 '불차채용'의 특명에 의해 경상우수사로 발탁되는 관운으로 위기를 면할 수 있었다.

우여곡절 끝에 원균은 선조의 신임을 받아 임진왜란이 있던 해 정월에 경상우수사에 임명되었다. 수군의 방어책임지역 중에서 가장 중요시 하는 경상우수영을 책임지도록 할 만큼 선조의 배려와 기대는 컸다. 경상우수영은 관할 해역이 낙동강 서쪽에서부터 남해현까지 대략 8관(官) 16포(浦)에 이르렀고, 전력에 있어서도 판옥선 44척, 협선 29척 등 모두 73척의 전함과 1만 2천 명의 수군이 주둔하고 있는 중차대한 책임지역이었다. 그러나 그는 불운하게도 경상우수사로 부임한 지 3개월 만에 임진왜란이라는 대전란을 겪게 되었다. 전란이 벌어지자 휘하의 전력을 활용해서 부산포든 다대포든 왜적과 싸

경기도 평택 사당에 있는
원균 영정

우는 전투다운 전투도 해 보지 않은 채 왜적에게 이용당할 수 있다며 대부분의 함선과 군량을 불태우거나 바다에 버렸다. 그가 불태워 폐기시킨 전함은 판옥선 40척, 협선 27척 등 도합 67척이라는 엄청난 전력이었고 대포와 군량미 등 많은 군수물자를 바다에 버린 뒤 자신은 판옥선 4척, 협선 2척만을 거느리고 도망쳐 버렸다. 휘하에 있던 1만 2천여 병졸들도 대부분 달아나 버려 경상우수영은 순식간에 와해되고 말았다.

류성룡은 징비록에서 "경상우수사 원균은 비록 물길이 멀다고는 하나 거느리고 있던 전함이 많았고 왜군의 전선이 단 하룻만에 총집결을 하지 않았으므로 한 번이라도 조선 수군이 위세를 보이면서 응전했다면 왜군은 뒤를 걱정하여 육상 공격을 지연시켰을 것이나 그는 한 번도 교전하지 않았다"라고 탄식했다.

그리고 원균에 대해 "이순신과 처음에는 사이가 좋았으나 전공을 다투면서부터 사이가 나빠지게 되었고 성품이 음흉하고 간사하며 중앙과 지방의 많은 인사들과 연결하여 이순신을 모함하는 데 있는 힘을 다했다"라고 평가하였다.

정유년(1597년, 선조 30년) 2월 말 원균이 한산도에 삼도수군통제사로 부임해 와서는 이순신이 시행하던 여러 규정을 변경하고 신임을 받았던 사졸들을 모두 쫓아버렸다. 물론 이순신의 부하로 살아온 장졸들을 자기 사람으로 만들기 위한 불가피한 조치이기도 했을 것이다. 안타까운 점은 징비록의 지적처럼 이순신이 거처하며 여러 장수들과 전쟁에 관한 일을 함께 논의하고 비록 지위가 낮은 군졸일지라도 찾아와 보고하게 했던 '운주당' 마저 애첩과 함께 거주하며 울타리로 안팎을 막아버려 여러 장수들이 원균의 얼굴조차 보기가 힘들었다는 점이다.

또한 원균은 술을 즐겨 날마다 주정을 부리고 화를 내며 형벌 쓰는 일에 법도가 없었기 때문에 군사들이 적병을 만나면 달아나기 일쑤였고 장수들도 원균을 비난하며 업무 보고를 제대로 하지 않았다. 그 결과 원균의 호령은 부하들에게 시행되지 않았을 만큼 장수로서 처신과 자격에 문제가 많았다.

선조 28년(1595년) 8월 원균이 충청병마절도사로 좌천되어 있을 때에는 '원균이 백성들에게 포악하게 하는 바람에 원성이 높아 파직시킬 것'을 사헌부가 상소를 하는 불미스러운 일도 있었다. 당시 전장을 감찰하고 돌아온 도체찰사 이원익도 원균이 군졸들을 심하게 학대하고 있어 파직시켜야 한다고 보고하였으나 선조는 오히려 전라도 병마사로 발령하면서 말을 상급으로 내리며 격려까지 했다.

원균은 임지로 내려가기 전에 선조를 찾아뵙는 처세로 선조의 마음을 샀다. 당시의 기록들을 미루어 짐작해 볼 때 군사 지도급 인사로서의 인품이나 전선에 임하는 원균의 자세는 그렇게 모범적이지는 않았다고 평가할 수밖에 없다.

의주 파천으로 수치와 치욕을 당해야 했던 선조는 왜적들을 그냥 돌려보낼 수 없었다. 선조는 왜적에 대한 군사적 보복을 원했고, 복귀하려는 왜군의 길목을 차단하고 공격하여 섬멸할 것을 강력히 바랐다.

평양과 한성에서 철수한 왜적의 주력 군대는 본국으로 돌아가고 일부 병력이 남아서 경상도 해안 일대에 진을 치고 있었다. 이들이 백성들을 살상하고 괴롭히는 상황에서 삼도수군통제사 이순신은 어떻게 하면 왜적을 섬멸할 수 있을 것인지를 고심하며 신중하게 전장을 관찰하는 입장을 견지하고 있었다.

선조는 신중한 입장을 취하고 있는 이순신의 자세가 못마땅하였지만 원균에 대해서는 호의적인 평가를 하고 있었다. 원균은 선조와 정서적 공유부분이 많던 윤두수 등 서인들로부터 후원을 받고 있는 데다 적극적인 왜군 공격 자세가 믿음직스러웠기 때문이었다. 특히 이순신을 압송하고 처벌하는데 앞장섰던 서인의 주도 세력이자 좌의정이었던 윤두수는 원균이 자신과 친족 사이라고 선조 앞에서 버젓이 내세우기까지 했다.[18]

이러한 배경 외에도 원균은 조정에 대한 처신에 있어 나름대로 감각이 있었던 것으로 보인다. 일례로서 왜군들이 경상도 해안 일대에 진을 치고 명 측과 화의 협상을 진행하고 있던 선조 27년(1594년) 4월 원균은 왜적을 공격하여 노획한 조총 70여 정을 조정에 보냈다. 이에 선조는 매우 기뻐하며 "이것을 보아도 그의 전공을 알 수 있다"라고 한 것처럼, 장계만 올리면 되는 일을 획득물까지 보내 자신의 전공을 부각시켜 직접적인 칭찬을 유도해 내는 요령도 있었다.

정유재란이 임박했던 선조 30년(1597년) 1월에는 원균이 전라도 병마절도사로 있으면서도 재침하는 왜적을 막는 방법으로 '부산 앞바다에서 일거에 왜선을 제압하는 것이 가장 효과적'이라는 장계를 올

---

18) 이덕일, 설득과 통합의 리더 유성룡(역사의 아침, 위즈덤 하우스, 2007), p. 333

리자 선조는 부산 앞바다에서 온몸을 던져 왜적을 막겠다는 원균이 얼마나 믿음직스러웠던지 장계를 받은 지 5일 만에 경상우도 수군절도사로 임명하기도 했다.

실제 전선 현장의 정확한 이해와 판단, 접전 결과에 대한 예측 등 조직적인 접근과 판단은 전선을 책임진 이순신의 위치에서나 가능한 일인데 책임자의 위치에 있지도 않았던 원균이 직접 그런 장계를 낼 수 있었던 것 자체가 놀라운 일이다. 하지만 선조는 그토록 그를 신임하며 흡족해 하였다.

이러한 선조의 태도는 파쟁을 일삼던 조정 내 동서 신료들 간에 치열한 논쟁을 유발하게 된 동기가 되었다. 영의정 류성룡과 그가 천거한 이순신을 공격하고 제거할 수 있는 정치적 명분을 찾고 있던 서인들에게는 뜨거운 감자가 아닐 수 없었다. 그리고 당연하게도 조선 조정의 분열된 분위기는 재침의 기회를 엿보고 있던 왜군들에게는 기다리고 기다리던 절호의 찬스를 제공하였다. 왜군 지도부도 조선 조정 내 동서 신료들 간의 파쟁이 얼마나 치열한지를 잘 파악하고 있었다. 왜군이 이순신을 못마땅해 하는 선조의 생각을 전략적으로 이용했던 것처럼 자신들이 상대하기에 가장 부담스러운 적장을 제거하려는 흉계를 꾸미는 것은 전쟁에서 자주 있는 일이다.

칠천량 해전의 참패와 통제사 원균의 전사

평양까지 진격했다 후퇴한 고니시는 재침입하여 조선을 점령하기 위한 술책을 강구하는 데 골몰하고 있었다. 재침 때에는 호남으로의 진출이 가장 핵심이었기 때문에 남해 바다를 방어하고 있는 조선 수군을 제압하는 일이 무엇보다 중요했고 이는 곧 이순신의 제거와 직결되는 문제였다. 차제에 조선 조정이 이순신에 대해 비판적일 뿐만 아니라 군왕 선조가 그를 신임하지 못하고 있다는 사실은 그를 고무시키고도 남았을 것이다.

고니시의 술책은 마침내 적중하고 말았다. 이중간첩 '요시라'(要時羅)를 활용하여 조선의 군왕 선조와 조정을 농간하는 데 성공한 고니시는 통제사 이순신이 없는 조선 수군을 여지없이 패배시킬 수 있었다. 자신들이 벌인 계략으로 조선 수군의 지휘 계통을 교체시킬 수 있었을 뿐만 아니라 후임 통제사 원균에 대해서는 이미 그동안 축적된 첩보와 직접 접전하며 그의 전투 지휘 역량을 간파할 수 있었기 때문에 조선 수군을 제압하는 것은 어려운 문제가 아니었다. 더욱이 와신상담하며 기회를 틈타오다 정유년에 재침입해 온 왜군으로서는 조선 수군과의 전투에 대비하여 많은 준비와 전략도 강구하고 있었기 때문에 조선 조정과 수군의 임전 태세는 너무도 중요했다.

그러나 조선의 내부 사정은 복잡하였다. 부산에 있는 왜군을 소탕하라는 자신의 명령에도 신중하게 처신하며 공격하지 않는 통제사 이순신에 대한 선조의 불신은 커져만 갔고 일본의 재침이 있을거란 정보에도 조선의 조정 신료들은 여전히 당쟁에 몰두하고 있었다.

그 결과 여러 정황으로 고니시의 간계에 의한 요시라의 책동은 거짓임이 이미 드러나 있었으나(기록상으로 선조실록에 가토 제압 제보를 기록한 날은 1597년 1월 19일인 반면 도체찰사 이원익이 가토의 부산 다대포 정박이 13일이라고 보고한 장계는 1월 21일자이다.)[19] 선조는 동·서인 간의 파쟁에 눈이 멀었고 이순신에 대한 반감마저 혼합되어 사실을 간과하게 되는 지경으로 치

달아 결국 고니시가 바라던 조선 수군통제사 교체 계략이 조선 군왕의 손으로 수행되는 웃지못할 일이 벌어졌다.

전투 현장의 상황보다 정치가 앞선 대가는 엄중했다. 왜군 앞에 조선 수군이 전멸하는, 수모와 같은 패전을 칠천량에서 당했다. 정유년 2월 말 이순신으로부터 전선을 인계받은 통제사 원균으로서는 7월 칠천량 해전이 있기까지 약 5개월여의 기간이 전투 준비와 전략 전술 훈련에 너무도 소중한 시기였다. 전선의 적정 파악에서부터 휘하의 지휘관들과 군사들을 점검하고 훈련시키는 데 분주했을 것이고 시간도 부족했을 것이다.

원균은 용장이기도 했고 군왕 선조와 조정 신료들로부터 깊은 신뢰와 지지를 받으며 막중한 기대를 안고 있었다. 그리고 거제 현령으로 지낸 경력도 있으며 임진년 정월에는 경상우수사로 발탁되어 임무를 수행했기 때문에 누구보다도 경상우수영 관할 지역을 잘 알고 있었다. 그러나 안타깝게도 원균은 그러한 강점을 전투 현장에서 발휘하지 못했다. 수군의 최고 지휘관으로서 중심을 잡고 소신 있는 리더십을 발휘할 수 있어야 했지만 재촉하는 선조와 조정 대신들, 집요하게 독전하는 도원수 권율의 지시에 떠밀려 우왕 좌왕하다 중요한 전투에서 패전하고 말았다.

이순신을 제거하는 데 성공한 고니시와 왜군은 칠천량 해전에서 조선 수군을 철저히 참패시킬 수 있었다. 칠천량 해전에서 원균은 물론이고 외동아들과 조카, 명장 이억기마저 전사하고 조선 수군 전력은

---

19) 이순신역사연구회, 이순신과 임진왜란 제4권 (비봉출판사, 2006.5월), p. 136

168

전멸하였다. 그나마 원균의 곁에는 전라우수사 이억기, 충청 수사 최호가 끝까지 남아 왜군에 대항하다 순국하는 충절의 부하 장수들이 있었다. 통제사로 부임한 지 5개월도 채 안되어 휘하 장졸들과 팀웍을 다지기도 전에 왜군과 대규모 해상전투를 벌여야 했고 외동아들과 함께 산화한 원균 통제사가 안쓰럽기는 하지만 그래도 그는 그런 충직한 부하 장수들의 보좌를 받았으니 행복한 장수이기도 했다.

믿기지 않는 것은 선조의 원균에 대한 신임이다. 칠천량 해전 참패 직후에 열린 조정의 참패 문책 회의에서도 선조는 원균 한 사람에게만 책임을 돌리지 말 것을 지시했는가 하면 선조 37년(1604년) 공신도감에서 임진왜란 때의 호종공신과 선무공신을 결정하면서도 선조의 주문으로 선무공신 1등에 권율과 이순신, 원균이 함께 책록되는, 웃지못할 역사가 기록되었다. 이에 대해 『이순신의 진실』을 쓴 김덕수 교수는 선조 31년의 『선조실록』 1598년 4월 2일자 기록의 말미에 있는 부분을 소개하면서 사관으로서 비록 당시 임금 앞에서는 하고 싶은 말을 할 수 없었지만 선조 사후에 정리한 『선조실록』에서는 다음과 같이 양심선언의 기록은 남겼다고 했다. 그러면서 김 교수는 사관이 목숨을 걸고 원균의 책임을 거론한 데는 임금이 자신의 무능과 책임을 덮기 위해 원균의 책임을 묻지 않으려 했기 때문이라고 했다.

"사신은 논한다. 한산(閑山)의 패배에 대하여 원균은 책형(磔刑)을 받아야 하고 다른 장졸들은 모두 죄가 없다. 왜냐하면 원균이라는 사람은 원래 거칠고 사나운 하나의 무지한 위인으로서 당초 이순신과 공로 다툼을 하면서 백방으로 상대를 모함하여 결국 이순신을 몰아내고 자신이 그 자리에 앉았기 때문이다.

겉으로는 일격에 적을 섬멸할 듯 큰소리를 쳤으나, 지혜가 고갈되어 군사가 패하자 배를 버리고 뭍으로 올라와 사졸들이 모두 어육이 되게 만들었으니, 그때 그 죄를 누가 책임져야 할 것인가. 한산에서 한번 패하자 뒤이어 호남(湖南)이 함몰되고서는 나랏일이 다시 어찌할 수 없게 되어버렸다."

고압적이기만 했던 명나라 구원군 대장 이여송

이여송은 1549~98년간 50세의 일기를 살았고 43세 때 임진왜란에 명나라 군사의 수장으로 참전하였다. 조선 출신으로 명나라에 귀화한 이영(李英)의 후손인 요동 총병 이성량(李成樑)의 아들이다. 간쑤성 닝샤(영하 寧下)에서 반란군 평정에 성공하여 명성을 높이고 있던 중 임진왜란이 발발하자 명나라 조정에서는 이여송을 조선 원군 총사령관으로 선임하여 조선에 파견하였다. 파견 당시 그는 비교적 많은 전투 경험을 쌓은 상태여서 참전 초기에는 조선 지도자들과 어느 정도 소통도 잘 되었다. 그리고 조선 출신이라는 배경도 있어 어떤 면에서는 정서도 비슷하여 두터운 신뢰 관계를 유지할 수 있었다. 이여송은 1593년 1월, 평양성을 탈환하는 데 성공하였다. 그러나 이어 벌어진 경기도 고양의 벽제관 전투에서 왜군에 패한 이후 그는 걸핏하면 조선 측의 식량 보급 불충분과 군마에 대한 마초 공급 부실을 이유로 도체찰사 류성룡과 조선 군사지도부들을 지휘소에 불러들여 곤장을 치며 갖가지 횡포와 비난을 자행하였다. 그러면서 조선을 위한 마병의 희생이나 손실을 최대한 피하고자 정작 왜군과의 전투는 가급적 기피하였다.

벽제관 전투 패전 이후 개성, 평양으로 후퇴하여 상황을 관망하기

이여송

만 했던 이여송은 도체찰사 류성룡 등 조선 군사지도부들과 많은 갈등을 빚었다. 이여송이 명나라 군대가 조선을 구원하러 왔다는 명분으로 조선 측에 고압적인 자세를 견지했기 때문에 조선군 지도자들과 자주 충돌할 수밖에 없었다. 왜군들이 부산·울산 등 남해안 일대로 자진 이동해 가자(1593. 4월), 부득이 한양으로 진출은 하였으나 이렇다 할 전투를 전개하지 않은 채 왜군들의 동태만 관망하다 그해 말 본국으로 복귀해 갔다. 1597년 명나라의 요동 총병관으로 임명되었고 1598년 만주의 타타르 군사와 접전하다 전투 중 체포되어 처형되었다.

흥미로운 사실은 정조 임금이 명나라 장군 이여송의 자손들이 명나라가 멸망한 이후 조선으로 이주해 온 것을 알고는 조선의 군주로서 제독의 임진왜란 참전 공헌에 감사하며 후손을 위해 여러 조치를 기울였다는 점이다. 정조는 이들을 보살피고 지방관으로 임명하는 등 제반 배려를 아끼지 않았고 후손 이원(李源)을 발탁하여 병사(兵使, 병마절도사)로 임명하기도 했다. 이원은 그 후 계속 승진하여 지중추부사와 함경도 병마절도사를 역임하여 후손 가운데 당상관에 오른 최초의 인물이 되었다. 앞에서 인용한 김문식 교수의 책에 나오는 정조의 『제독이공사당기 提督李公祠堂記』(1788년, 정조 12년)의 일부이다.

"…이여송 공은 본래 조선인인데 그의 5대 조가 명나라에 귀화하여 영원훈위(寧遠勳衛)를 세습했다…(중략)…명나라 천자께서 우리나라를 돌보시어 공에게 요동, 계구, 보정, 산동 등지의 군대를 이끌고 가서 소탕하게 했다. 공은 이듬해 정월에 압록강을 건너와 평양성을 포위했으며…(중략)…장수들을 독려하여 각자 군대를 거느리고 사다리를 놓아 성벽을 오르게 했다. 장수와 병사들이 죽기를 무릅쓰고 싸우는데 일당백이 아닌 사람이 없었고 한낮이 못되어 성이 함락되었다…(중략)…공의 손자인 응인(應仁)은 공의 유언에 따라 중국에서 우리나라로 이주해 왔는데 시간이 지나면서 번창하여 후손들이 일족을 이루었지만 가난하고 예법을 몰라 제사를 지내지 못하고 있다고 한다. 내가 공의 후손들에게 명하여 공의 신주를 세워 계속 제사 지내게 하고 자금을 주어 사당을 지어 대대로 모시게 했다. 우리나라 사람들이 그 공을 갚으려 하고 자손들이 선조의 덕을 기리려고 하는 것은 모두 그만둘 수 없는 정 때문이다.”

임진왜란의 원흉이자 일본의 영웅 도요토미 히데요시

도요토미 히데요시는 1536 또는 1537년에 농부이자 말단 무사의 아들로 태어났다. 임진왜란을 일으키기 10년 전인 1582년 그의 부장 오다 노부나가가 혼노지(本能寺)에서 휘하 간부인 아케치 미쓰히데(明智光秀)에게 살해당하자 지방(주고쿠) 영주의 제압에 나서고 있던 중에 곧바로 회군, 상경하여 쿠데타를 일으킨 미쓰히데를 제압하고 노부나가의 손자를 옹립하면서 실권을 잡는 데 성공하였다. 1584년 도쿠가와 이에야스와 전투를 벌인 뒤 화의를 맺어 권력 쟁취의 부담감을 해결한 히데요시는 1585년에는 시코쿠(四國)를, 1586~7년에는 규슈(九州)를, 그리고 1590년에는 간토(關東)를 연이어 정복하여 실질적으로 일본을 통일하였다. 1585년 천황으로부터 관백직과 ‘도요토미(豊臣)’ 성씨를

도요토미 히데요시

하사받은 데 이어 이듬 해 다이조 다이진(太政大臣)으로 등극했고 임진왜란을 앞두고 조카 히데쓰구(秀次)에게 관백직을 물려주고 스스로 다이코(太閤)가 되었다. 56세 때인 1592년 조선을 침공하는데 성공하였으나 정유재란 다음 해인 1598년 8월, 62세로 사망하였다. 그의 일생을 살펴보면 권좌에 오른 뒤 10년 만에 조선에 이어 명나라를 침공하려고 했을 만큼 야심가였고 불세출의 인물이기도 했다. 저자 박창기는 그의 책 『도요토미 히데요시』 서문에서 "도요토미 히데요시는 오늘날 각계각층의 일본인들이 가장 존경하고 본받고 싶어 하는 영웅이다. 한국인이 생각하는 야만적이고 잔인무도한 침략자 풍신수길은 일본에 없다"라고 하면서 히데요시가 우리에게는 임진왜란의 원흉이지만 일본인들에게는 영웅이라고 언급했다.

히데요시의 출생에 대해서는 여러 설이 있으나 『도요토미 히데요시』의 저자 야마지 아이잔(山路愛山)은 1537년 원숭이 해(정유년)에 오와리국 아이치군 나카무라(교토와 도쿄의 중간 지역인 나고야 지방)에서 태어났으며, "비천한 가문의 자손이라 그 어미 아비의 이름이 누구인지 알지 못한다"라고 할 만큼 집안의 내력은 정확히 알 수 없고 불우한 어린 시절을 보내며 갖은 고생을 한 끝에 집을 나와 각지를 떠돌아다녔다는 것만은 의심할 수 없는 인물이라고 했다. 즉, 명문가 출신은 아니었다는 것이 일반적인 정설이다.

그가 자라던 유년시절의 일본은 100여 년간의 전국시대가 한창 진행되던 시기였다. 군후(제후급 무사)들이 시골에 흩어져 살던 때이기도 하여 시골에서 유년과 청년기를 지내고 있던 히데요시로서는 백전의 경험을 쌓은 무사들의 공명담을 자연스럽게 접할 수 있었다. 게다가 1543년 8월 무렵(그의 나이 여덟아홉 살 때) 포르투갈 상선이 표류하다 규슈의 다네가 섬에 상륙하면서 당시 일본으로서는 보유할 수 없었던 총기('조총')가 전해져 자연스럽게 전쟁과 군사를 접할 수 있는 상황이기도 했다.

히데요시는 천하통일을 눈앞에 두고 있던 오다 노부나가(織田信長)에게 발탁되어 이례적인 승진을 거듭할 수 있었던 행운도 있었지만 그렇게 되기까지에는 그가 지닌 특유의 성품과 처신이 한몫을 했다는 것이 일반적인 평가이다. 시골에서 초목과 함께 살다 보람 없이 죽느니 뛰어난 주군을 찾아 출세해 보겠다는 일념으로 노부나가의 사람 됨됨이를 듣고 그러한 주군 밑에서라며 전망이 있을 것이라는 신념을 갖기에 이르렀다. 주군을 가까이서 접할 수 있는 기회를 집념 있게 찾아다닌 끝에 노부나가에게 발탁될 수 있었다. 일단 노부나가의 진영에 입문하는데 성공하자 말단 전령, 짚신지기, 마굿간지기, 가마꾼, 중급 하인 생활 등 하찮은 직책에도 이를 마다하지 않고 자청하면서 군후인 노부나가의 눈이 미치는 곳에서 일하며 발탁의 기회를 기다렸던 '요령꾼'이었다. 그는 평소에 주제넘게 나서서 말하는 바람에 노부나가에게 창피를 당하는 일도 많았으나 결코 주군을 원망하지 않았다. 주군을 위해서라면 때를 놓치지 않고 자기 생각을 말하는 대단한 순발력을 보였는가 하면, 마음도 가볍고 생각도 가벼워 누구를 원망하거나 원한을 품지 않았다. 부지런히 돌아다니며 일을 처리하고 천성이 낙천적인 데다 활동적이며 잔재주를 부리지 않고 자신을 신뢰하도록 유도하는 독특한 자기만의 처세술로 주군 노부나가의 눈에 띌 수 있도록 행동하여 결국 그로부터 인정을 받는데 성공할 수 있었다.

그는 조선을 점령한 후 이를 발판으로 명나라를 침공해 가기 위해 진격 상황을 보아가며 면밀한 전쟁 지휘를 하던 중 명나라의 조선 파병과 조선 내 의병의 봉기로 전쟁이 난관에 봉착하게 되자 거의 4년여에 걸쳐 강화협상을 지휘하는 주도면밀하고도 영리한 리더십의 보유자였다. 1598년 8월 그가 갑작스럽게 요절을 했기 망정이지 계속 살아 전쟁을 끈질기게 진행시켜 갔더라면 조선 점령은 말할 것도 없고 국세가 기울어져 가고 있던 명나라마저 대단히 위험한 지경을 당할 수도 있었다. 그의 요절은 조선으로서는 천만다행이 아닐 수 없었다.

히데요시의 조선 침입 배경과 관련하여 오늘날 일본과 한국에서 이해하는 바가 다른 점이 있어 한일관계사학회의 견해를 참고하여 보완 차원에서 일부분 부언한다. 이 학회의 견해에 의하면, 일본 측은 명나라 정복 야망에 불탄 나머지 조선에 대해 입공(入貢)할 것과 정명향도(征明嚮導)를 요구하였으나 조선 측이 이를 거부하였기 때문에 반발과 보복 차원에서 전쟁을 일으켰다는 식으로 전쟁 발발의 원인을 조선 측에 일부 전가하는 경향을 보이고 있다. 영토 확장과 명나라와의 무역 재개가 주된 목적이었는데도 조선 측이 협조를 하지 않아 전쟁이 발발했다는 것이다. 반면 우리 한국 측은 국내 교과서에서 밝히고 있는 바와 같이 히데요시 자신의 개인적인 공명심과 영웅심에서 비롯되었고, 일본의 국내 평정과 통일 과정에서 발생한 다이묘들과 무사들의 남아도는 무력을 외부로 전환하여 내부의 권력 관계에 대한 불만을 해소하려고 했던 점을 들어 국내의 모순을 해외로 돌려 정권의 안정을 도모하기 위해 전쟁을 일으켰다고 보고 있다.

양측의 견해를 종합하면 히데요시가 전쟁을 일으킨 배경을 정리해 볼 수 있다. 히데요시는 100여년의 전국시대를 거쳐 통일을 달성하여 무력을 바탕으로 한 권력 행사에 일종의 자신감을 갖게 되었고 1585년 7월에는 천왕으로부터 관백에 지명됨에 따라 휘하 다이묘들의 동요를 막고 가신단을 결속시켜 지배체제를 공고히 할 필요가 있었다. 여기에 더하여 항상 자신에게 핸디캡으로 따라다니는 출신의 한계를 극복하기 위해서는 특별한 발상과 시도가 필요했다. 전국시대를 통해 발달해 온 철포와 조총 기술 같은 무력에 대한 자신감을 바탕으로 명나라를 정복하면 일본 역사상 중국을 무력으로 정벌했을 뿐만 아니라 목숨을 걸 만큼 명예롭고도 뛰어난 시도를 한 최초의 군주로 후세에 영원히 남을 수 있다는 공명심과 명예욕을 실현시키고자 했다. 여기에 전쟁이 진행되면서 의외로 조선 국왕이 도주하고 예상하지 못했을 만큼 조선군이 빨리 무너져 한성이 함락하자 영토 확장에 대한 야심까지 더해지게 되어 명나라와의 종전 협상 과정에서 조선 영토의 분할점령과 무역 문제, 봉공문제로까지 비약하게 되었던 것이다.

그의 조선 침입 목적이 영토 확장(조선 분할점령)과 명과의 관계 재설정이었음은 강화 제안에서도 분명히 입증되고 있다. 명의 심유경과 일본의 고니시 유키나가 사이에 있었던 수차례의 강화협상에서 처음부터 빠지지 않고 나왔던 협상 조건 중에 조선 4도(한강 이남의 경기·충청·전라·경상도)를 일본 영토에 속하게 한다는 것과 명·일 간의 화친과 교역 관계 개선을 통한 일본의 이익 증진에 있었던 데에서도 여실히 나타나고 있다. 조선 분할점령의 야심은 1593년 5월, 규슈의 나고야에서 있었던 명·일 간의 3차 강화협상 때 히데요시가 명의 사절 서일관(徐一貫)·사용재(謝用梓)·심유경(沈惟敬) 등의 면전에서 정식 제시했던 '강화 7개조'에서 더욱 명백히 입증된다. 이를 위해 그가 제시한 '강화 7개조'를 참고로 소개한다. '① 대명 황제의 현숙한 여인(공주)을 일왕의 후비로 삼는다. ② 감합무역(대명 조공을 의미)을 복구하며 관선과 상선의 왕래가 있어야 한다. ③ 대명과 일본의 대신들이 화의를 위해 서로 군사에 관한 서약서(군사조약을 의미)를 교환한다. ④ 조선의 반대를 무시하고 조선 8도를 나누어 그중 4도(함경·평안·황해·강원도)와 한성은 조선 국왕에게 돌려준다. ⑤ 4도를 조선에 돌려주기로 했으니 조선의 왕자 1명과 대신을 볼모로 보내야 한다. ⑥ 지난해 선봉대가 생포한 조선의 두 왕자를 돌려 보내준다. ⑦ 조선의 대신이 영원히 우리(일본)를 배반하지 않는다는 서약문을 쓴다.' 히데요시가 급사하는 바람에 왜군이 스스로 조선에서 철수해 갔기 망정이지 그가 장수하며 조선 점령 전쟁을 계속 이어갔더라면 명나라 조정은 전란에 지친 나머지 전쟁을 조기에 끝내고자 한강이나 대동강을 연하는 선에서 그 이남의 조선 땅을 일본에 양보하는 식으로 얼마든지 타결지을 수도 있었던 상황이었다. 역사가 그렇게 흘러갔더라면 조선은 한반도에서 사라지고 중국과 일본이 국경을 맞대고 있게 되었거나 조선이 중국의 번국으로 흡수되었을 수도 있었다.

명나라와의 무역을 위해 조선과의 관계 정상화를 이용한
도쿠가와 이에야스

도쿠가와 이에야스는 임진왜란 당시 조선에 직접 출정한 군사지휘관은 아니었다. 히데요시와 특별한 관계를 유지한 지도자이자 임진왜란 후 조선을 통한 명과의 교역확대라는 실리추구의 일환으로 일본과 조선의 관계 회복을 주도한 인물이었고 임진왜란에 직간접으로 많은 영향을 미친 일본의 정치지도자였기 때문에 포함하여 기술하였다.

에도 막부– '에도시대' 는 도쿠가와 이에야스가 쇼군으로 등장한 1603년부터 15대 쇼군 요시노부가 정권을 조정에 환원한 1867년까지 260여 년간 지속된 봉건시대를 뜻한다.–의 초대 쇼군이며 미카와(三河國)지역의 작은 영지를 다스리던 영주 집안 출신이다. 1542년에 출생하여 50세가 되었을 때 조선 침입 전쟁인 임진왜란을 겪었으며 히데요시에 이어 전국시대를 종식시키고 에도시대를 연 후 1616년 74세를 일기로 사망했다. 정유재란으로 1597년 일본에 포로로 납치되어 갔다 2년 8개월 만인 1600년에 돌아온 유학자 강항은 귀국 소회 문집인 『간양록』에서 "이에야스는 신중하고 말 수가 적으며 체격이 중후한 사내였다. 히데요시가 살아 있을 때는 상당히 민심을 얻었지만 정작 히데요시의 뒤를 잇게 되자 일본인들의 소망에 부응하지 못했다"라고 기술했지만 오다 노부나가(織田信長, 1534~1582), 도요토미 히데요시(豊臣秀吉, 1537/36~1598)와 함께 일본의 3대 통일 영웅 중의 한 사람으로 불리는 인물이다. 필자는 오다 노부나가가 일본인들에게는 영웅으로 인정받는 위인이긴 하나 임진왜란의 전개와 우리에게 미친 영향에 주안을 두는 기술 의도 상 많은 언급을 할 수

도쿠가와 이에야스

가 없어서 그에 대한 기본적인 이해를 돕는다는 의미에서 간략히 언급한다.

오늘날 아이치현(愛知縣) 지역의 소영주였던 오다 노부나가는 1560년에 이마가와 요시모토(今川義元) 군사를 오케하자마 전투에서 승리하면서 신흥세력으로 대두했다. 1567년 이후 일본 통일을 본격적으로 추진하게 될 만큼 전국적 위상을 인정받는 인물로 성장하였고, 한때 무로마치 쇼군인 아시카가 요시아키(足利義昭)를 옹립하여 그의 권위를 빌렸지만 1573년 마침내 그를 추방하고 무로마치 막부를 멸망시켰다. 1582년 서일본 정복을 위해 교토 혼노지에 주둔하고 있던 중 부하 아케치 미쓰히데에 의해 살해당하였다. 이 반란은 노부나가의 휘하 부장이었던 히데요시가 급성장하여 정권을 장악하는 계기가 되었다.

도요토미 히데요시보다 5~6세 아래인 이에야스는 여섯 살 때 전국시대의 유력한 가문이었던 이마가와(今川) 가문에 '미카와 가문의 인질'로 가던 도중 오와리 지역의 '오다 노부히데' 세력에 넘겨져 인질로 지내야 했다. 이마가와 영주(요시모토)가 다시 미카와를 실질적으로 지배할 수 있게 되면서 여덟 살의 이에야스는 이마가와 가문의 인질로 붙잡혀 가서 성장했다. 당시 일본 사회의 인질은 현대의 인질이 의미하는 '반란을 예방하기 위해 취하는 조치로서의 인질'이라기보다는 생명의 안전을 보장하고 예우해야 하는 '동맹 관계의 보증인'

이라는 의미의 인질이었다.

전국시대 아비를 잃은 어린 군주가 보호자도 없이 홀로 내동댕이 쳐지는 것보다는 인질로 생활하는 것이 훨씬 더 안전하였기 때문에 취해진 조치의 연장선이었다. 이에야스의 경우, 조부도 아버지도 모두 부하에게 살해되었고 자신이 물려받은 영지인 미카와(三河)는 영주가 없는 상태로 이마가와 요시모토의 지배를 받고 있었기 때문에 취해진 조치였다. 이에야스는 이후 독립해서 오와리의 오다 노부나가(1534~1582, 이에야스보다는 8세 연장자)와 동맹을 맺었으나 오다 노부나가가 죽은 뒤 세력을 장악한 히데요시와 대립한 끝에 1584년 고마키 나가쿠테 전투에서 승리를 거둔다. 하지만 신중하게 접근하는 것이 미래를 위해 현명하다는 판단 아래 히데요시에게 충성 서약을 하고 신하가 되는 전략적 처신을 선택했다.

1590년 간토의 하코네 산지 동쪽의 호조 가문(北條氏)에 대한 정복 전쟁에 앞장서 공을 세운 후 히데요시로부터 이 지역을 영지로 하사받기도 했다. 그로부터 2년 후 히데요시가 야심차게 전개한 조선 정벌 전쟁인 임진왜란에 동원되기도 하였지만 호조 가문의 잔당들이 반란을 일으킬지도 모른다는 구실을 내세워 히데요시의 묵인을 받아 조선 침공 작전에서 빠졌다. 일본 본토에서 대기하며 관망하는 일종의 행운을 누린 셈이다. 1598년 히데요시가 사망했을 당시 이에야스는 일본에서 가장 규모가 크고 강력한 군대, 가장 생산성 높고 잘 정비된 영지를 운영하고 있던 다이묘가 되어 있었다. 히데요시의 죽음은 휘하 다이묘들 사이의 권력 투쟁으로 이어져 히데요시를 지지하는 세력(西軍)과 새로운 변화를 도모하려는 세력(東軍) 간의 대결로 나타났다. 이에야스는 동군의 최고 수장이었다. 1600년 가을, 교토 동북방 약 80km 떨어진 들판에서 벌어진 동·서군 간의 결투인 '세키가하라' 전투에서 승리함으로써 이에야스는 명실상부한 일본의 패자로 등극하였고 1603년 황실로부터 정이대장군(征夷大將軍), 즉 쇼군(將軍)의 직위를 부여받게 되면서 에도 막부시대를 열 수 있었다. 이후 쇼군직은 도쿠가와 가문의 세습적 특권이 되었고 마침내 '전국시대'가 끝나고 '통일시대'를 여는 상징이 되었다.

필자가 이에야스를 살펴보는 이유는 7년간 조선의 강토를 유린하며 막심한 피해를 안겨 놓았던 임진왜란이 끝난 지 채 3년도 안되었을 때—이에야스가 세키가하라 전투 승리로 정권을 잡은 1600년경—임에도 '왜국' 일본이 피해국인 조선과 강화를 추진했다는 사실과 강화의 주된 목적이 '전쟁을 일으켜 피해를 입힌 데 대한 사과를 전제로 국교 회복을 추진했다기보다는 오로지 조선을 중개로 그들이 필요로 하는 명나라와의 무역을 확대하기 위해 적극 추진했다'는 것이 놀라웠기 때문이다. 오늘날 독도나 남북관계 등 한반도 문제와 관련하여 종종 일본 정치지도자들이 보이고 있는 '영악스러울 만큼 실리적이고 자기중심적인 외교 행태' 때문에 우리 국민들이 당황해 하거나 속상해 하는 '속물근성'을 그때에도 보였던 것이다. 이에야스는 그만큼 영민하면서도 대단히 실리적인 인물이었다.

일본이 명과의 무역을 바란 가장 큰 이유는 은과 철, 동을 수출하고 비단과 무명을 수입하기 위해서였다. 금과 은, 동, 철기를 수출해서 중국과 중국을 경유한 남방, 유럽의 상품이나 특산물을 수입하려고 했다. 이에야스는 자신의 에도 막부가 이 교역을 독점해서 재정의 기반으로 삼으려 하였다.

이에야스의 이러한 접근 전략을 이해하는 데 도움이 될 것 같아 당시의 세계 교역 추세를 장한식 저자의 『오랑캐 홍타이지 천하를 얻다』를 참고로 부언한다. 우리가 잘 알고 있는 바와 같이 고대 동서 교역의 통로는 육상의 '비단길'이었다. 그 길을 통해 아랍의 대상들이 낙타를 이용하여 비단·도자기 등 시대를 앞서가는 중국의 상품과 풍부한 물자들을 운반했다. 그러나 1453년 오스만 투르크가 동로마 제국을 멸망시키게 되면서 동서 교역의 주된 통로였던 '비단길'이 막히게 되자 이를 대체할 수 있는 '동방으로 향하는 새로운 항로'를 개척하는 것이 유럽 제국들에게는 지대한 관심사였고 여기에 앞장선 나라들이 스페인과 포르투갈이었다. 인도로 가는 해상 통로를 탐험하기 위해 떠나갔던 콜럼버스가 1492년 서인도 제도에 도착하게 되면서 '지리상의 발견'인 신대륙, 즉 아메리카 대륙의 발견으로 이어진 것도 이러한 차원이었다.

신대륙 발견 이후 100여 년이 경과하는 동안 해양 개척과 교역에 큰 관심을 쏟던 일부 유럽 국가들은 멕시코와 페루 등지에서 대량 채취한 금과 은을 중요한 상품 교환의 수단으로 삼아 인도양을 경유하는 해상교통로를 통해 중국 명나라의 비단과 도자기, 차 등을 수입하여 재력을 축적하는 데 지대한 관심을 쏟았다. 1519년경에는 스페인의 마젤란이 필리핀까지 도착하였다. 스페인과 경쟁하던 포르투갈은 1511년 말레이반도의 말라카를 점령한 데 이어 1557년에는 중국 명나라로부터 마카오 상주를 허락받기에 이르렀고 마침내 일본 규슈의 나가사키까지 도달할 수 있었다.

이렇게 개척된 해상 통로를 통해 조총 등 유럽산 문물들이 왜국 일본에 다량 유입되었고 일본에서 생산된 은이 포르투갈을 통해 중국 명나라의 차와 비단, 도자기와 교환 수단이 되어 유럽으로 실려 갔다. 중남미에서 생산된 은보다 더 많이 중국으로 흘러간 것은 일본산 은이었다. 중국과는 지리적으로 가까운 점도 있지만 일본에서 생산, 유출된 은이 실제로 더 많았다. 1668년 에도 막부가 은 수출을 금지할 때까지, 특히 임진왜란이 끼어 있는 1560년에서 부터 1640년까지 일본은 세계적인 은 생산 수출국이었다. 일본의 은이 명나라로 대량 유입된 것은 곧 일본과 명과의 교역이 그만큼 활발했음을 의미했다. 당연히 이에야스를 비롯한 에도 체제의 지도자들은 명과의 교역이 재정 확보에 지대한 역할을 하고 있는 점을 중시하지 않을 수 없었고 전쟁을 통해 확보하게 된 조선의 유학자와 전문가, 기술자 같은 인적 자원과 앞선 문물을 통해 조선의 우수성과 교류의 이점을 이해하게 됨에 따라 조선을 통한 명나라와의 교역 증진에 깊은 관심을 가지게 되었던 것이다.

　　문제는 전란이 끝나고 3년이 되기까지 명군 2만 4,000여 명이 계속 조선에 주둔하고 있어서-명군은 스스로 많은 군사를 주둔시켰다가 1600년 9월 26일 모두 철수했다-강화 추진이 용이하지 않았고 조선이 전란을 지원하였던 명을 무시하고 독단적으로 일본과 강화를 추진할 수 없는 데 있었다. 명군이 주둔하고 있는 상황에서 조선은 일본과의 강화는 외교상의 자유재량도 없었을 뿐만 아니라 침략군이었던 왜군을 징벌하는 차원에서 군사를 파견한 명나라가 일본의 사죄와 피해 보상도 받지 못한 상태에서 '강도와 경찰' 과 같은 처지에서 대등한 관계로 '강화'를 맺는다는 것이 현실적으로 발상 가능한 일도 아니었다. 더욱이 당시 중국은 어떤 나라든지 자국과 대등한 외교권이나 교전권을 갖는다는 발상 자체가 없던 나라였다. 그러나 조선의 입장에서는 그런 상황에 얽매여 마냥 손을 놓고 있을 수만은 없는 형편이었다. 전쟁이 끝났음에도 불구하고-제2차 세계 대전 후 패전한 일본을 점령하여 군정을 시행하고 있던 미국의 '맥아더' 사령부처럼-계속 주둔하고 있는 명나라 군사가 부담스럽기만 한 것을 어떻게든 해소해야만 했다. 그리고 귀국한 강항이 '간양록'에서 일본의 재침 가능성 등 나라 사정을 염려하여 빨리 강화조약을 맺는 것이 좋겠다는 충정어린 건의도 강화 검토의 동기가 되었다.

조선 조정으로서는 첩보로 들려오고 있던 걱정꺼리인 일본의 재침을 막고 납치된 백성의 귀환과 포로 송환, 교역을 통해 도탄에 빠진 비참한 궁핍 상황을 어떻게든 극복하기 위해서는 일본과의 강화가 불가피하던 상황이었다. 결국 조선은 '일본 측이 지난 잘못을 뉘우치고 성의를 다해 조선에 주둔하고 있는 명나라 군지도부를 납득시킨다면 강화가 가능하다'라고 일본과의 관계 개선을 시사하였다. 일본 측의 끈질긴 공식·비공식 '화의 제안' 노력으로 마침내 명나라와 조선의 '체면'만 살려준다면 관계 개선을 할 수 있다는 공감대가 형성되기에 이르렀던 것이다. 1605년 2월 조선의 사명대사 일행이 일본을 방문하고 귀국하면서 일본의 '화의 의사'가 선조에게 보고되었고 조선 측은 명과의 조율을 거쳐 화의 조건을 일본 측에 전달할 수 있었다. 조선의 요구는 2가지였다. 하나는 이에야스가 먼저 강화를 희망하는 국서를 제시해 줄 것, 또 하나는 조선 침입 시 선왕의 능묘

사명대사

를 파헤친 자를 전범으로 조선 측에 인도해 줄 것이었다. 그러나 예나 지금이나 외교적 절충이 용이하지 않듯이 그때도 마찬가지였다. 이에 야스는 "그 나라가 화친을 원한다면 허용할 것이다. 하지만 이쪽에서 먼저 청할 바는 아니다"라며 조선에 강화 사절을 파견하지 않았고 오히려 조선 측에서 먼저 찾아오게 하는 입장을 고수했다. 이에야스로서는 자신이 전쟁을 일으킨 것은 아니었기 때문에 조선 측의 요구에 초연할 수 있었지만 조선 측으로서는 상식적으로 납득이 안가는 주장이었다. 그러나 조·일 양측의 교섭 실무진들은 어쩔 도리가 없었다. 결국 일본 측에서 낸 국서는 쓰시마 도주 '요시토시'와 조선과의 외교적 교섭 경험이 많은 '시게노부'가 주동이 되어 적당히 작성된 문서가 '국서'로 둔갑하여 전달되었고, 일본 측에서 인도한 '2명의 전범'도 실제로 능묘를 파헤쳤던 자들이 아닌 자기들의 죄수를 넘겼다. 『한일통사』를 쓴 정재정 저자에 의하면 죄인 2명은 쓰시마 섬 안의 죄인들이었다. 돌이켜보면 국서의 위조는 외교 상식을 뛰어넘는 희대의 사기 사건이었고 죄수를 전범으로 과장한 것 또한 너무도 어이없는 처사였다.

조선 조정은 일본 측이 보낸 국서와 범인의 진위를 둘러싸고 연일 격론을 벌인 끝에 어쩔 도리 없어 강화 조건이 충족되었다고 보고 전범 2명을 거리에서 참수하였다. 그리고 명나라에 사신을 보내 정황을 보고하고 승낙을 얻어 1607년 일본에 사절을 파견하게 되었다. 조선은 일본의 국서에 응하는 형식으로 사절을 파견하면서 체면상 국서에 응한다는 형식에다 끌려간 피로인(被虜人)들을 데려온다는 의미를 덧붙여 '회답쇄환사(回答刷還使)'라는 희한한 이름으로 통신사를 파송하였다. 게다가 일본이 조선에 넘겼다는 그 전범도 이제 갓 스무 살을 넘긴 청년들로 조선 출병 때는 코흘리개 어린애들이었다. 조·일 양측의 수뇌부가 관련 사실을 알게 되었음에도 불구하고 적당히 눈감는 선에서 강화를 위해 일단락된 조치였고, 이런 과정을 거쳐 임진왜란 이후 단절된 양국 간의 국교가 거의 20년 만인 1609년 정상화되었다(이때 맺어진 조·일 간의 교역 약조를 조선에서는 기유조약(己酉條約)이라 불렀다). 필자가 이에야스를 소개하면서 굳이 이런 내용들을 기술한 이유는 이에야스가 자국의 국익과 자존심에는 철저하면서도 임진·정유왜란을 도발한 책임에 대해서는 추호도 조선에 양보하거나 사과한 인물이 아니었다는 점을 강조하기 위함이다.

조선의 고아를 양녀로 삼은 고니시 유키나가

고니시 유키나가는 1555년에 태어나 1600년 발발한 세키가하라 전투에 패해 처형당했다. 1559년생이라고도 전해지는 고니시는 해외 무역항으로 번성한 오사카 지역의 사카이(堺)에서 약재 무역상의 아들로 태어났다. 약장수 출신인 고니시는 어릴 때 가톨릭에 입교해 '아우구스티노'라는 세례명을 받았다. 독실한 로마 가톨릭 신자였던 그는 신앙의 신념 표시로 붉은 비단 장막에 하얀색 십자가를 그린 군기(軍旗)를 사용했다. 휘하 장병 다수가 가톨릭 신자들이었다. 조선을 침공하는

고니시 유키나가

전투 상황에서도 진중에는 포르투갈 출신의 로마 가톨릭 신부인 세스페데스가 사목으로 동행했고 밤마다 미사를 올렸다고 전해진다.

도요토미 정권의 재정을 맡아 총애를 얻었으나 무사 가문 출신이 아니라는 이유로 가토 기요마사 등 무사 출신들로부터 멸시를 받기도 했다. 고니시와 가토 두 사람 간의 갈등은 종교적인 차이에서 비롯되었다고 한다. 큐슈의 고니시의 영지에 인접하고 있던 가토는 열렬한 니치렌(일본의 불교 종파)의 종신자여서 그의 영지 내의 가톨릭 신도들을 탄압하였다. 탄압을 피해 고니시의 영지로 이동해 온 신자들을 고니시가 보호해 주기 시작하면서 두 사람 사이가 비틀어지기 시작했다.

고니시는 임진왜란 때 제1군(18,700명)의 지휘관으로 부산진-동래-밀양-대구-안동-상주-충주-여주-한성(동대문으로 입경)-파주-개성-평양으로 진격해 갔다. 그는 평양까지 무난히 점령하는 데 성공했고 평양에서는 조선군이 퇴각하면서 미처 불태우지 못하고 간 10만 석의 군량도 확보할 수 있었기 때문에 한동안 전쟁을 지속할 수도 있었다. 그러나 예상치 못한 조선 수군의 분전으로 서해를 통한 군량 확보 계획이 차질을 가져온 데다 손실된 병력의 충원이 어려워지자 더 이상 북진을 하지 못하고 강화협상을 펼 수밖에 없었다. 협상 파트너는 명나라의 병부상서 석성의 지휘를 받는 심유경(직함은 유격장군)이었다. 그는 어찌 보면 전투보다는 상인 출신답게 강화협상이 더 용이한 자였는지 모르겠으나 최소한 조선의 남부 4도라도 점령, 확보하겠다는 히데요시의 구상 때문에 고심을 하지 않을 수 없었다. 조선으로부터의 철군을 요구하는 조선·명나라 조정의 입장과는 기본적으로 상치될 수밖에 없어 평양에서 그리고 후퇴하여 한양을 거쳐 부산포로 이동해 가서 마저 4년간이나 강화협상을 진행하였으나 성공할 수 없었다. 강화협상 과정에서는 명과 일본 양측 간 국서 변조와 같은 웃기지 않는 희극이 벌어지기도 했다. 그는 1597년 정유재란 때에는 좌군으로 순천-남원 방면으로 침입해 갔으나 조·명 연합군에 밀려 후퇴해 간 이후로는 순천에 왜성을 쌓고 대치했다.

히데요시의 사망으로 전쟁이 종식되자 본국으로 복귀해 가서는 1600년 발발한 세키가하라 전투에서 도요토미 가문의 이시다 미쓰나리(1560~1600년, 6살 때부터 도요토미 히데요시의 수하에 종사하였으며 출중한 재능으로 중용되어 1580년대 후반부터는 히데요시의 가신 가운데 으뜸으로 평가받은 인물이었다. 임진왜란 당시 왜군을 지휘 통괄하는 임무를 수행했다. 임진왜란을 전후하여 도쿠가와 이에야스, 가토 기요마사 등 강경파와의 대립이 심해졌고 임진왜란 복귀 후 1600년 세키가하라 전투에 모리 데루모토(모리휘원)를 주군으로 한 서군에 참여하였으나 동군인 이에야스 군에 패해 처형당했다.)와 함께 서군에 가담했다가 도쿠가와 이에야스가 이끄는 동군에 패하여 처형당하고 말았다. 그가 소유하던 영지는 경쟁자이자 대결자였던 가토가 접수해 갔다. 그는 가톨릭 신자로서 할복이라는 형식으로 자살하는 것을 거부했는데 이는 일본인들이 생각하는 무사의 미덕에 어긋나는 것이었으므로 에도시대에는 비웃음의 대상이 되기도 했다. 일설에 따르면 그의 죽음이 전해지자 로마 교황청에서는 가톨릭 다이묘의 사망을 기리어 미사를 올렸을 정도였다.

특이한 것은 조선인 양녀에 관한 일화이다. 그는 조선에서 고아 소녀를 데리고 가서 양녀로 길러 가톨릭에 입교시켰다. 세례명이 '줄리아 오타아' 인 양녀는 고니시가 처형되자 이에야스의 시녀가 되었으나 가톨릭 탄압으로 도서지역에 유배되어 여생을 그곳에서 보냈다.

민족의 자존심, 천년고찰 불국사를 불태운 가토 기요마사

가토 기요마사는 1562에 태어나 30세의 나이로 임진왜란 당시 제2군의 최선두 공격진을 이끌어 함경도까지 진출했던 왜군의 적장이자 조선의 백성과 문화유산을 무참하게 유린하고 귀중한 사료와 인재를 철저히 반출해 간 인물이다. 임진왜란 종식으로 복귀 직후 벌어진 일본 내부의 정치적 격변 과정에서는 유력세력(도쿠가와 이에야스 진영)에 편승하여 승리의 대가를 누리다 1611년, 50세에 사망한 영악한 군벌이었다.

혼슈의 도쿄와 오사카 사이의 중간 지역인 이치현 나고야 지역에서 태어난 가토는 히데요시와 동향으로 어릴 적부터 히데요시를 보필하며 시종에 버금가는 측근으로 성장한 심복이었다. 1583년 시즈가다케 전투에서 활약해 명성을 날리게 되었고 조선 침입 전쟁 때에는 제2군(22,800명)을 이끌고 부산-울산-경주-군위-죽령-원주-여주-한성-원산-함경도 방면으로 진출해 갔다. 임진 전쟁 내내 제1군을 이끄는 고니시 유키나가를 약장수 출신이라며 자존심과 견제의 연장선에서 치열한 북진 경쟁을 하며 조선 전투에 임했다. 고니시와 북진을 다투느라 경상도 군위에서부터는 당초 계획된 진로를 변경하

가토 기요마사

여 중로인 점촌-문경-조령-충주-
죽산-용인-한성(남대문으로 입경) 방면
으로 진격해 가기도 했다. 천년 고찰
이자 민족의 혼이 깃들어 있던 경주
불국사를 무참하게 불태운 장본인이
었고 함경도 회령 방면까지 진출하
여 그 지역에 피신해 있던 임해군과
순화군을 포로로 잡았다.

두 왕자의 체포 사건은 전주 태생으로 회령에 유배되었다가 후에
회령부 아전이 된 국경인이 조정에 원한을 품고 있다가 복수 차원에
서 왕자들을 포박하여 가토 기요마사 진영에 넘겨 준 일종의 반란 사
건이었다. 가토는 전세가 역전되면서 함경도에서 경상도 해안으로
후퇴하여 울산의 서생포에 왜성을 구축하여 오랫동안 주둔했고
1594년 무렵의 강화교섭 시기에는 직접 교섭에 나서 사명대사와 여
러 차례 필담을 나누기도 했다.

임진왜란 후 복귀하여 규슈의 유력 족장이었던 이시다 미쓰나리와
의 갈등으로 1600년에 있었던 세키가하라 전투에서는 도쿠가와 이
에야스가 이끄는 동군에 참가했다. 그는 승전의 대가로 구마모토 번
을 하사받아 구마모토 성을 쌓았으며 오늘날에도 성 주변에 울산 마
을(蔚山町)이라는 지명이 남아 있을 만큼 울산을 잊지 못했다. 도쿠가
와 막부에 충성하는 대가로 도요토미 히데요리의 안전을 지키는 전
략을 취했다고 전해진다.

제2부

공짜 없는 평화,
임진왜란 대비하지 않으면
언제든 다시 온다

제6장

무너진 조선의 사회·군사 시스템

우리 조상들이 고려 시대 원나라(몽고)의 침입을 받아 강화도로 천도해 항거하다 항복한 적은 있었지만 일본으로부터 침입을 당해 군왕이 피신해야 했던 것은 임진왜란이 처음이었다. 일본에 문화와 선진 문물을 전해 주는 위치에 있다고 자부하던 조선의 입장에서 임진왜란은 너무도 어이없고 자존심 상하는 전쟁이었다.

개국 이후 14대 선조대에 이르는 동안 조선은 역대 군왕과 조정 신료들의 노력에 힘입어 국가의 제반 관리체제가 정착 단계에 있었다. 나름대로 중앙의 조정으로부터 지방 관서에 이르는 통치체제가 유지되고 외침을 막아내기 위한 방위체제도 구축하고 있었다. 설령 예기치 않은 왜군의 기습적인 침입을 당했다고 하더라도 어느 정도 대처할 수 있으리라는 기대를 할 만했다. 그러나 기대와 달리 실상은 왜군이 부산포에 상륙한 지 20일 만에 무혈로 한성을 내어주어야 했고, 두 달 만에 평양까지 점령을 허용하고 말았다.

　오늘날과 같이 전투병력이 전차나 장갑차, 차량에 의해 이동하는 시대도 아니었고 기동수단이라고는 군마가 전부이던 시대에 왜군이 그토록 빨리 진격해 갈 수 있었던 것은 놀라운 일이 아닐 수 없다. 사실상 '조선이라는 나라의 방위체제가 없었거나 무너져 전혀 기능하지 못하는 상태가 아니었던가' 라는 의구심을 떨쳐내기 어렵다. 대체 당시 조선의 방비체제가 어떠하였기에 그토록 부끄러운 역사를 만들었던 것일까?

지배체제와 신분제에 의한 장수와 정병 확보

　조선을 건국한 태조 이성계에 이어 3대 태종이 나라의 기틀을 세울 때까지 장수였거나 군사에 익숙한 자들이 조선의 국왕으로 있었다. 뿐만 아니라 고려 말과 개국 초기의 혼란한 국내 상황을 안정시키는 과정에 군사지도자들이 매우 중요한 정치적 역할을 담당했기 때문에 개국 초기라는 국방상의 과도기적 위기 상황을 비교적 안정적으로 관리해 나갈 수 있었다. 이에 힘입어 북방의 여진과 남방의 일본의 산발적 침입에 대해 강력하게 대처할 수 있는 능력도 어느 정도 갖추었다.

　조선은 세종 원년(1418년) 대마도를 근거지로 영호남의 해안지방을 약탈하던 왜구의 은거지 정벌에 성공하여 영호남의 방비를 확고히 했다. 세종 16년(1434년)에 이르러서는 두만강 유역에 6진을, 압록강 이남에는 4군을 설치(세종 19년)하는데 성공하여 두만강과 압록강을 경계로 하는 영토를 확정함으로써 오늘날까지도 한반도 전역이 우리 영토가 되는 기틀을 다졌다. 한반도 전역이 우리 영토가 되는 획기적인 역사가 이때 이룩되었다. 군왕과 신료들이 방위와 군사에 대해 안목이 넓고 통치력이 있었기 때문에 가능했던 일이었다. 그런 기상과 전통을 물려받았던 조선의 후세들이었지만 선조가 등장할 즈음에는 방계 출신 군왕의 탄생과 당파 싸움으로 왕권이 흔들리고 군사력마저 허약해지고 있었다.

조선은 세습에 의해 엄격한 신분 제한이 지켜지던 신분제 사회였다. 양반(兩班), 양인(良人), 천인(賤人) 신분의 세 범주에 의해 계급이 정해지고 양반 신분이 사회지배층을, 양인과 천인이 피지배층을 구성하였다.

양반(文班은 동반, 武班은 서반을 합칭)은 조정이나 관청에서 관리로 지낼 수 있는 관인으로서 왕을 중심으로 하는 국가의 통치체제인 정치기구에 능동적으로 참가하는 특권계층이었다. 그들이 부(富)의 바탕이 되는 토지를 대부분 소유하였다. 농·공·상에 종사하는 양인 계급은 사회를 이끌어 나가는 실질적인 경제 활동 그룹이었다. 그러나 양반이나 국가기관이 소유한 토지를 빌려 수확물의 반은 지주에게 바치고 반을 소유하는 관행이 보편화되어 있어 양인들은 국가 경제에 주도적인 역할을 담당하기에는 한계가 있었다. 양반계층에 대해 많은 부담을 지게 되었기 때문에 존경과 감사의 정서보다는 비판과 불신을 많이 품고 살았던 계층이기도 했다.

천인 계급은 조선 사회의 가장 하위에 해당하는 신분으로 공사(公私)의 노비로서 특수한 부담 관계를 유지하던 계층이며 엄격한 법제에 의하여 신분적 예속 관계가 지켜졌다.

필자가 굳이 신분 관계를 언급하는 이유는 조선의 지배체제가 신분제와 밀접한 관계에 있었고 정치 군사적으로 지대한 영향을 미쳤기 때문이다. 오늘날 국민의 의무와 같은 국역(國役)은 대체로 16세 이상 60세까지의 남정(男丁)들이 부담했고 주로 양인 농민들이 주 대상이었다. 말할 것도 없이 국역의 전형적인 형태는 군역(軍役)이었고 병농일치제(兵農一致制)로 인해 농민들이 정병(正兵)이나 수군(水軍)인 기선군(騎船軍)으로 징발되었다.

원래 정병은 연중 3개월, 수군은 6개월을 복무해야 했고, 정병은 4개 조로 나누어 1개월씩, 수군은 2개 조로 나누어 1개월씩 교대하며 소속 진(鎭)이나 포(浦)에서 복무하였다. 모두가 직접 징발의 대상자가 된 것이 아니라 일부는 징발되었고, 일부는 징발된 자의 농사 경작과 같은 생업을 돕는 등의 경제적 뒷바라지를 하도록 되어 있었다.

징발된 자는 정병(正兵)으로, 경제적 뒷바라지를 담당하게 된 자들은 보인(保人), 즉 봉족(奉足)으로 군역의 의무를 이행하였다. 전쟁이 일어나면 정병이나 보인 전원이 군역에 동원되었고 습진(習陣)이라 하여 주기적인 군사훈련을 받았다.[20]

세조 대에 이르러 호패법을 실시하면서 호적과 군적 관리체제를 정비하였다. 호패법은 군대 병력 규모가 확장되는 기반을 마련한 계기가 되었다. 이러한 제도적 장치를 바탕으로 경국대전이 반포된 직후인 성종 5년(1474년)에는 3차에 걸친 군적 조정 과정을 의욕적으로 진행하였다. 1475년(성종 6년)경에는 12만여 명의 병력(정병 72,000여 명, 수군 48,800여 명)을 보유하게 되었고 군적 작업이 완성된 성종 8년경에는 정병은 약 13만 5,000여 명, 봉족은 약 33만 2,000여 명 수준에 이르렀다.

---

20) 육군사관학교 군사연구실, 한국군제사 근세조선전기편(육군본부, 1968. 12월), pp. 276

자전자수(自戰自守)의 진관체제

조선의 방위체제는 당초 평안도와 함경도 북방의 여진족의 침입에 대비하던 군익도(軍翼道) 체제와 왜구가 출몰하는 남방(영·호남)의 해안과 내륙지방을 방비하는 영진체제(營鎭體制)로 구축되어 있었다. 이후 세종 말기에 이르러 영호남의 남방지역에 왜적의 침입이 점차 심각해지자 세조 원년(1455년)에 남방의 영진체제를 군익도 체제로 흡수, 확대하여 전국적인 방비체제를 정비함에 따라 국가적인 군사태세가 확립되었다. 행정이 주된 임무인 지방관청이 겸무하던 방비 임무를 군사체제로 흡수시켜 방위체계를 전국적으로 일원화시킨 것이다. 이어 세조 3년에는 지방 군사력으로 중앙군을 충당하기 위해 지방군제 개편을 단행하였다.

방비태세를 강화하기 위해 10여 년간 진행된 조선 조정의 정비 작업은 세조 12년에 이르러 국가방위체제의 근간으로 한 진관체제(鎭管體制)로 완성되었다. 진관체제의 기본 개념은 각 읍성을 진관으로 편성하여 각 진관으로 하여금 독립 방위 단위가 되어 '자전자수'(自戰自守)한다는 것이다.

진관체제는 적의 침입을 받았을 경우 첫 번째 진관이 대적하여 고수·격퇴하고 만약 실패하여 함락될 경우에는 다음 진관이 인접한 진관과 합세하여 해당 지역을 고수했다. 중앙에서는 적군이 접근해오는 동안 시간적 여유를 전략적으로 이용하여 해당 진관에 원정군(지원군 격)을 파견하고, 통합된 전력으로 협력하여 적을 격퇴시킨다는 축차적 방어 원리이다. 이를 위해 조정은 조선 8도의 행정단위인 '읍'(邑)을 군사 조직 단위인 '진'(鎭)으로 편성하여 크기에 따라 주진

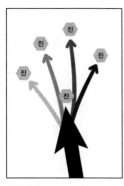

진관체제
각 읍성을 진관으로 편성하여 자전
자수(自戰自守)하는 독립방어체제

(主鎭)·거진(巨鎭)·제진(諸鎭)으로 구분하고, 각 읍의 수령에게 군사지휘관으로서의 임무도 겸하도록 하였다. 주요한 지역을 거진으로, 주변 지역은 제진으로 거진에 속하도록 하여 전국적으로는 진관에 독자성을 부여하면서도 군사체제는 일원화하는 개념이었다.

진관의 개념에서는 고려시대 영진군제에서 비롯된 군익도 체제의 도(道)가 진(鎭)으로 명칭이 바뀌게 되었다. 이는 행정단위로서의 도와 구별되게 하여 혼동을 피하면서 요새지나 군사 기지로서의 거점적 성격을 분명히 하는 의미가 내포되어 있었다.

군사 지휘관계는 각 도의 행정권을 행사하는 관찰사가 병마절도사(종2품)를 겸하고 도내 육군을 지휘하며 관찰사의 소재지는 주진(主鎭)이 되었다. 그 아래 목사(牧使, 정3품)는 첨절제사로 거진(巨鎭)의 군사권을 행사하며 말단의 제진(諸鎭)은 군(郡) 이하로 동첨절제사 이하의 직위에서 맡도록 했다. 경상도와 함길도는 국방상의 중요성 때문에 관찰사가 겸하는 병마절도사 외에 2명의 전임 병마절도사를 두도록 하였다.

관찰사는 도의 행정책임자로서 군사 관계 행정을 장악한다는 명분이 있었으나 실질적인 군사상의 지휘 관계는 주진의 각도 병마절도사로부터 거진의 첨절제사, 제진의 동첨절제사(군수가 겸임)로 이어지는 일원적 지휘 관계가 확립되도록 하였다.

각 도의 행정의 책임자인 관찰사(文人)를 각급 진의 병마절도사의 수령(上官)이 되도록 한 것은 무인 세력이 한성의 군왕과 조정에 도전하지 못하도록 한 정치적 안전장치 역할이 내포된 무력 통제 조치이기도 했다.[21]

수군도 육군의 진관체제를 좇아 각도의 수군은 2명의 첨절제사 또는 도만호의 지휘 아래 각 포의 만호가 수종하도록 하는 진관 조직을 갖추고 있었다. 각도의 수군 최고 지휘관은 수군절도사(정3품)였고 외침의 부담이 적었던 강원도나 황해도는 관찰사 1인이 수군 지휘관을 겸직하도록 했으나 왜적의 침입이 빈번했던 경상도와 전라도는 2명의 전임 좌·우 수군절도사와 1명의 겸임 수군절도사(관찰사 겸임) 등 3인의 수군 지휘관 체제를 유지하도록 했다.

특징적인 점은 지방 진관의 경우 육진에는 정병을, 연해의 제포에는 수군을 배치하여 수군은 해상에서 방어하고 육군은 상륙한 적을 격퇴하도록 한다는 원칙이다. 이 원칙에 따라 육군이 수군을 도와 함선에 승선하여 전투할 수 없도록 한 것과 육군인 정병과 수군의 통솔권은 병마절도사와 수군절도사에게 각각 나누어져 간섭할 수 없도록 했다. 다만 황해도와 강원도의 경우 관찰사가 병마절도사나 수군통제사를 겸하도록 하였으나 경상도와 전라도는 왜구의 침입이 빈번하여 수군의 비중이 컸기 때문에 병마절도사의 권한과 수군통제사의 권한이 엄격히 구분되어 있었다.

세조는 전국적인 방위망을 구축하는데 따르는 다수의 군사를 동원하기 위해 강력한 조치를 강구하였다. 대표적인 사례가 호패법의 시

---

21) 장학근, 제승방략이 지닌 병력운용의 가치(군사 64권, 국방부 군사편찬연구소, 2007.8월), p. 200

행이었다. 진관체제는 군왕을 중심으로 한 중앙의 강력한 지도력과 권위가 전제된 가운데 전국을 진관으로 국방조직화하고 지방의 군현과 읍성이 독자적으로 자전자수(自戰自守)할 수 있는 군사적 능력을 갖추도록 하였다. 그리고 진관 상호 간에는 일원화된 군사 지휘체계를 구축하여 장수와 병력 간의 의사소통은 물론 업무 협조가 원활하게 이루어지도록 하는 등의 장점이 많았다. 그러나 역설적으로 선조 대에 이르러 군왕의 기회주의적인 리더십과 당시 가열되기 시작한 당쟁으로 조정의 통솔력과 전략적 지도력이 미약해진 데다 중앙과 지역 간의 군사력 운용이 통합되기보다는 진관으로 분산됨으로써 강력한 전투력 발휘의 전제가 되는 병력과 무기와 장비의 집중 운용이 어려운 취약점도 내포하고 있었다. 이로 인해 여진족과 왜적이 예상치 못한 시기에 진관의 병력이 허약한 곳을 공격해 올 때에는 패배를 당하기가 십상이었다. 임진왜란이 발발할 무렵에는 전반적인 국가적 기강마저 문란해지다 보니 지방 진관의 방비태세도 허물어져 사실상 무방비 상태가 됨으로써 왜적에게 철저히 유린당하였다.

임진왜란 초기 조선의 국방체계가 허망하게 무너지게 된 데에는 진관체제의 취약점뿐만 아니라 앞에서 지적했던 것처럼 전반적인 국가관리 기강의 붕괴와 국가지도층의 무능, 가렴주구가 더 큰 영향을 미쳤다. 당시 양반계층인 관리와 향교 생도, 향리 등은 군역 부담에서 제외됨으로써 국가 지도층다운 솔선수범은커녕 책임과 도리를 방임하거나 기피하게 되어 국가의 안위를 공고히 하는 데 제대로 된 역할을 기대할 수 없었다. 뿐만 아니라 조선 초기 과전법*에 의해 국가로부터 생계보장을 위해 토지를 받던 관료들, 즉 양반들은 시간이 지나면서 대토지 소유주가 되거나 농장주가 됨으로써 부를 축적할 수 있게 되어 국가경제 질서에 군림하는 계층으로 변모하였다. 양반들이 사실상 전주(田主)로 행세하는 계층이 된 것이다.

이에 반해 농민을 포함한 양인들은 생업에 종사하면서 공물과 신역, 군역을 포함한 국가의 제반 의무를 직접적으로 수행하기에는 부담이 벅찬 상황으로 내몰리고 있었다. 지배 계층인 양반을 떠받치던 양인들에게는 일정 기간 군역을 마치고 돌아오면 또다시 전세나 공물, 진상물 등을 마련하는데 따른 요역(徭役)을 담당해야 하는 부담이 기다리고 있었다. 급기야 그들은 양반들에게 토지를 매수당하거나 농장의 토지를 빌려 경작하는 차경자(借耕者)로 전락하였다. 차경자가 된 양인들은 노비나 다름없는 전호(田戶)가 되어 더욱 궁핍해져 갔다.

양인들은 생업을 영위하기 위해서 노동력 확보가 필수적이었기 때문에 국역은 크나큰 부담이 아닐 수 없었다. 여기에서 군역을 면제받는 대신에 그 대가로 일정한 포(布)를 납부하여 생업에 임하는 방군수포제(放軍收布制)와 타인이 자기의 군역을 대역하는 대가로 포를 주던 대역납포제(代役納布制)가 관행으로 인정되었다. 방군수포제와 대역납포제는 중종 때에 이르러 공식적인 제도로까지 받아들여지기도 하였다.

육군인 정군에 비해 수군 복무는 함선에 승선해야 하는 어려움이 있는 데다 빈번한 복무 횟수와 복무 중의 잡역 등으로 고역스럽다 보

---

*과전법: 고려 말 토지제의 모순을 개혁하기 위해 조선 초기 도입되었다. 왕실과 혁명 세력인 신진사대부의 경제적 기반을 마련해 주는데 주목적이 있었고, 지급 토지는 경기도의 토지로 한정하였다. 그러나 점차 지급할 토지가 부족하게 되자 태종 때는 하삼도를 포함시키기도 했고 세종 때는 다시 경기도로 환급하였다. 그 후 과전의 결수가 부족하게 되면서 세조 때 직전법으로 변경되었다. 과전법은 현직 관료와 퇴직 관료가 토지 지급 대상이었으나 직전법은 현직 관료에게만 지급하였다.

니 피폐가 더욱 심했다.

군역을 면제받기 위해 포(布)를 납부하게 된 것도 놀라운 일이지만 말단 행정 현장은 더더욱 가관이었다. 포목을 납부하여 군역을 일부 면제받고 나면 수송이나 각 읍의 잡역에 또다시 동원되어 다른 국역을 이행해야 했다. 이 과정에서 현장의 행정을 담당하는 말단 관속인 서리(胥吏)들에 의한 포목의 착복과 횡령마저 만연하게 되어 양인들의 고충은 이만저만이 아니었다. 이러한 행태들로 인하여 국가 질서의 혼란과 기강 문란이 초래되고 그 결과 군역은 있으나 군사가 없는 괴이한 모순이 나타나면서 전반적인 국방상의 해이를 촉발하게 되었다.[22]

더욱이 양인의 주력인 농민들은 국역 부담이 기하급수적으로 증가하는 상황에 직면하게 되자 군호(軍戶)로서 군역이나 보인의 부담을 기피하기 위하여 농장의 전호 신세를 자청하게 되었는가 하면 주거지를 이탈하여 유랑하거나 도망을 갔다. 이러한 세태는 선조 대에도 지속되었고 점점 심화되는 추세에 있었다. 양인의 처지가 이 정도에 이르다 보니 군역에 간 양인의 생계를 도와주던 보인(또는 봉족)의 부담은 더욱 가중될 수밖에 없었다. 그 결과 양인들의 도망이나 이탈은 더욱 점증했을 것이라는 점은 불문가지이다. 이런 상태에서 제대로 된 국가적 임전태세는 기대할 수 없었다.

군사의 도망은 병력의 감소와 전투 기능의 질적 저하를 초래하였다. 군역의 부담이 컸던 수군에서 이러한 실정은 더욱 심해져 삼포왜변(중

---

22) 조원래, 임진왜란사 연구의 새로운 관점(아세아문화사, 2005. 8월), p. 63

종 5년, 1510년) 이후에는 병마절도사로 하여금 수군절도사의 지휘권을 겸하도록 조처하기도 했다. 수군이 제대로 된 독자적 방비력을 상실하게 된 데서 취해진 불가피한 조치이기도 하였지만 육군과 수군 간에는 '육군은 육군대로, 수군은 수군대로,' 각 진 간에는 '자전자수'의 원칙이 허물어지다 보니 진관체제의 이완은 더욱 심각해지고 말았다.

국왕을 중심으로 단합하여 국가적 위기를 대처하기에도 역부족인 상황에서, 조선 조정의 신료들은 동인과 서인으로 갈라져 반목을 일삼고 있었다. 이처럼 전반적인 국가 질서의 혼란과 국방상의 해이가 가중되고 있던 차에 일본이 대규모 조선 침공을 감행한 것이다.

기회 포착능력이 뛰어나고 현실에 착안하는 일본인들의 특성을 감안해 볼 때, 이러한 조선 사회의 실정과 방비태세의 취약점을 간파한 후 결정적인 침입의 기회를 엿보았을 것은 당연지사였다. 조정이 분열된 상황에서 일본의 17만 대병력의 기습적인 침공을 받게 되었으니, 당시 조선 사회가 얼마나 당혹하고 혼란스러웠을지는 짐작하고도 남음이 있다.

중앙의 리더십과 지방의 동원태세가 조화된 방위태세, 제승방략(制勝方略)

이완된 진관체제를 대체한 전시 방어체제가 제승방략(일명 분군법)이다. 제승방략은 삼포왜변 이후 군사의 도망이 극심해져 진관체제에 의한 방비가 현실적으로 취약해지자 정규 군사의 수적, 질적 감퇴를 보완하기 위해 을묘왜변(명종 10년, 1555년) 이후 일시적으로 채택된 응급 처방적인 방위체제였다. 참고로 징비록에는 을묘왜변 후 제주 목사를 지낸 김수문(金秀文)이 전라도에 있으면서 분군법을 개정하여 '제

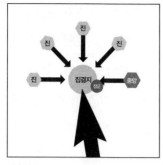

제승방략
관할 병마절도사 또는 중앙지휘관(京將)이 병력을 집중운용하여 책임방어하는 체제

승방략'이라는 명칭을 붙였다고 하나, 장학근 교수는 『제승방략이 지닌 병력운용의 가치』라는 논문에서 '제승방략'의 주요 내용을 소개하며 함경북도 병마절제사 이일(李鎰)이 정립한 개념이라고 주장한다. 그는 이일이 1583년(선조16년) 전라도 수군절도사를 마치고 함경도 경원 부사로 부임하면서 병서를 연구하여 함북 병마절제사로 승진한 후 조정에 건의한 것으로 설명하였다.

　제승방략은 병력을 집중 운용하여 우세한 군사력으로 적을 제압하는 전술이다. 이 방위체제의 기본 개념은 전국 각도 별로 거진과 제진이 해당 지역의 방위를 담당하는 진관체제를 바탕으로 하면서도 전술과 군사 지휘력이 탁월한 장수를 한성에서 파견하여 그(경장, 京將)로 하여금 통합되고 보강된 군사력으로 침입해 온 적에 대응한다는 것이다. 즉, 제승방략은 유사시 각 읍의 수령이 소속 군사를 이끌고 본진을 떠나 지정된 방어지역에 집결하여 대기하고 있으면 조정에서 임명한 경장이 중앙(한성)에서 이동해 와서 대규모 군사를 지휘하여 전투를 수행하는 방위체제이다. 임진왜란 초기에는 이 방비 체제를 채택하여 시행하고 있었다.

제승방략은 일정 지역에 대한 집중적인 방어가 시급할 때 사전에 수립된 전투편성에 의해 병력의 집중 운용이 가능했다. 고유한 지휘체계에 의해 책임방어를 할 수 있도록 한 것과 임의로 타 진관을 지원하지 못하도록 한 진관체제의 방침의 한계를 극복할 수 있도록 하기 위해 함경남·북도의 각 진관의 수령은 지역 간 군사협력체제를 구축하도록 했다. 진관체제에서 도(道) 이상의 상급 군사지휘체계를 갖추지 못하도록 한 제한 때문에 중앙의 지휘관인 경장의 파견이 필요했던 것을 보완하여 접적 현장의 병마절도사에게 군사 운영의 전권을 부여함으로써 불필요한 경장의 파견을 방지하면서 중앙지휘관의 간섭 없이 일사불란한 명령체계를 수립할 수 있게 하는 등 많은 장점이 있었다.

그러나 제승방략은 국지전이 아닌 전면전이 일어났을 경우 사전에 강력한 방어태세가 구축되어 있지 않은 상태에서 최초 접전하는 진관이 버티지 못하면 인접한 다른 진관들이 제대로 된 방어 전투를 할 수 없었다. 방어선이 조기에 무너졌을 경우 대응할 수 있는 방비 능력이 제한될 뿐만 아니라 중앙에서 파견되어 온 지휘관과 지방에서 대기하고 있는 전투 현장의 장졸 간에 생면부지 관계이다 보니 군사 행동의 일치를 기대하기 어려운 문제점이 있었다.

임진왜란이 있기 1년 전, 7월 좌의정으로 있던 류성룡이 비변사에서 제승방략의 취약점을 다음과 같이 지적하면서 보완을 건의하였다고 징비록은 전한다.

"각 진관들이 유기적으로 연결되어 있지 못해 한번 경보가 있게 되면 멀리 떨어져 있는 지방과 가까운 지방이 한꺼번에 움직여 혼선을 야기할 뿐 아니라 떠나온 본진에는 군사가 없어 1차 방어선이 무너지면 그

뒤를 막을 방도가 없게 된다. 지시된 장소로 이동, 집결하여 중앙에서 내려온 장수의 지휘를 받기 위해 기다리는 중에 적군의 선봉이 진격해 오면 지휘하는 장수가 없는 군사들은 혼비백산하게 되어 반드시 패전하게 된다."

류성룡이 제승방략의 대안으로 진관체제의 복원을 건의하자 조정은 병조의 이일을 경상도로 보내 실정을 파악하도록 하였으나 경상 감사 김수 등 현장 지휘관들과 일부 조정 신료들의 반대로 더 이상 논의하지 못하고 보류되고 말았다. 류성룡은 징비록에서 진관체제로 복귀되지 못한 상태에서 왜란을 당하게 된 데 대해 많은 아쉬움을 토로하기도 했다. 실제로 그가 영의정으로 재임하며 경기 황해 평안 함경 4도 도체찰사를 겸하였던 선조 28년 10월부터 31년 봄까지의 기간 중에는 진관체제를 구현하여 일부 지역에 시행하였다.

임진왜란 초기 부산진이나 동래 전투 등 지역전투는 진관체제에 의해 수행되었다. 하지만 순변사 이일의 상주 전투나 도순변사 신립의 충주 전투와 같은 주요 지역 전투는 제승방략에 의해 전투가 수행되었다고 볼 수 있다. 특히, 진관체제 복원에 반대했던 경상 감사(순찰사) 김수에게 제승방략의 한계 상황이 상징적으로 일어나고 말았다. 김수는 왜침을 당하자 제승방략의 분군법에 의거하여 여러 고을에 공문을 보내 각기 소속 군사를 동원하고 지정한 곳에서 서울에서 내려오는 장수를 기다리게 하였다. 문경 이남의 각 수령들은 소속의 군사를 거느리고 대구로 집결하여 냇가(금호강)에 노숙하며 경장인 순변사가 오기를 기다렸다.

그러나 며칠이 지나도 순변사는 오지 않고 왜적이 점점 근접해 오자 조선 군사들은 동요하였다. 때마침 큰비가 내린 데다 양식마저 떨어지게 되자 밤중에 모두 흩어져 달아났고, 수령들마저 도망쳐버렸다. 순변사 이일이 문경에 도착하였을 때는 고을 안이 텅 빈 상태였다. 류성룡이 징비록에서 지적하였던 문제점과 우려는 임진왜란 초기 고스란히 현실로 나타났다.

이러한 제승방략의 한계는 수군의 초기 임전 태세에서도 심각한 문제점으로 나타났다. 왜군의 부산 상륙전이 전개될 때 경상좌수사 박홍은 휘하 군사를 한 사람도 출동시키지 않은 채 군량과 군기를 모두 불태우고 달아나 버렸다. 당시 보유 함선이 많았던 경상우수사 원균의 경우에도 수로 상의 거리는 멀었지만 부산 해역으로 진출하여 무력시위를 벌이며 한번이라도 기세를 꺾어 놓을 수 있었다면 적군은 후방을 염려하여 대대적인 상륙 공격을 감행하지 못했을 것이다. 원균은 적군을 바라보고는 싸우려 들지 않았다. 심지어 스스로 왜군에 대적할 수 없다고 판단하여 왜적의 이용을 거부한다는 명분 하에 함선과 무기를 바다에 침몰시키고 수천여 명의 군사마저 해산시켰다. 군대를 해산시킨 원균은 전선 4척으로 왜군을 피해 다니기만 했다.

물론 좌수사 박홍과 우수사 원균이 해상에서 제대로 왜군을 대적하지 않은 데에는 당시 조정의 방침에 따른 행동이기는 했다. 조정의 국방책임자들은 왜적의 침입 가능성을 예상하고서도 수군의 기능과 해전의 중요성에 대한 인식이 부족했다. 조정 책임자들은 왜군이 해전에 능할 것으로 잘못 판단한 나머지 해전에서 왜군을 저지시키기보다는 오직 육전에 대비하는 것만이 최선의 방책이라고 믿었다. 해전에서 여의치 않을 경우에는 왜군이 이용하지 못하도록 함선과 장비를 침몰시키도록 했는데 결과적으로 이러한 지시는 조정이 범한 대실책이 되고 말았다.

함선과 장비를 폐기하여 적군이 이용하지 못하도록 한 지시는 수군의 역할과 전투를 포기하라는 것과 다를 바 없었다. 역설적으로 조정의 판단과는 달리 이순신이 착실히 다져온 전라좌수영의 전력을 바탕으로 하여 삼도수군통제사로서 조선 수군을 지휘하여 연승함으로써 남해와 호남의 곡창을 지켜낼 수 있었던 것만 보더라도 수군의 기능과 역할의 중요성은 충분히 입증되고 남음이 있었다.

왜군의 수군 능력이 생각보다 약했다는 사실을 감안하면, 당시 조선 지도자들이 국정 운영과 군사력 운용에 얼마나 무능했는지를 간파할 수 있다. 적을 알기 위한 노력과 파악된 적정에 어떻게 대비하느냐가 전쟁의 승패를 좌우한다(知彼知己 白戰不殆)는 손자병법의 원칙은 이순신의 수군 지휘에서도 입증되었다. 이는 우리가 잊지 말아야 할 교훈이다.

상식적으로 보아도 왜군은 이미 100여 년에 걸쳐 군웅이 할거한 '전국시대'를 거치면서 육상전의 경험과 능력이 최고 수준에 도달하고 있었다. 뿐만 아니라 당시 습득한 서양의 무기제작 기술로 '조총'이라는 신무기마저 보유하게 된 상태였다. 따라서 본토 상륙에 성공한 왜적을 조선군이 대적한다는 전략 자체가 어불성설이었다. 오히려 왜군은 수전 경험이 많지 않은 데다 대한해협을 건너오느라 수송 부담을 크게 안고 있었다. 대선단의 해상 이동에 따르는 지휘와 기동의 한계 등 작전상의 취약점도 불가피하게 수반하고 있었을 것이므로 조선 수군이 왜적의 약점을 간파하여 해상에서 견제, 차단할 수 있었다면 임진왜란 초기에 그토록 무참히 당하지 않았을 것이다.

제7장

왜란 극복에 혼신을 다한 백성들

징비록을 읽다 보면 너무도 놀라운 이야기를 접하게 된다. 임진왜
란 초 국방 일선을 책임지고 있던 부산포 지역의 일부 지휘자로부터
경상관찰사에 이르기까지 대부분의 책임자들은 나라와 백성을 구하
겠다는 결기와 임전 결의가 부족했고 도피에 급급했다는 기록만 있
기 때문이다.

조정은 임진왜란이 발발하기 3년 전에 일본의 동향을 파악하기 위
해 통신사 파견을 결정하고 실상을 확인해 오도록 조치했다. 임진왜
란 발발 직전인 1591년(선조 24년)에는 일본의 동태를 걱정하여 충청,
전라, 경상도의 하삼도에 새로이 감사(관찰사)를 임명하여 무기를 준비
하고 성을 대대적으로 수리하거나 축조하였다. 그리고 임진년 봄에
는 조정에서 관계 신료를 보내 지방의 군비 상태를 순시하고 점검하
는 조치도 취하였다.

국가적 변란 조짐이 현실화될 가능성이 눈앞에서 뻔히 전개되고 있어 요즘 말로 '국가 정보망'을 점검하고 보강하여 왜적의 움직임에 대한 첩보 수집체제를 가동시키고 이를 토대로 방비태세를 강화해 가는 것이 기본 중에 기본일 것이다. 그런데도 조선 조정은 동서 파쟁에 열을 올리며 이전투구를 일삼고 있었다. 무관 임용 등 관직 인사를 둘러싼 부정부패와 지방 관리들의 가렴주구로 인해 전쟁 준비태세의 돌입과 같은 국가적 조치를 강구하는 데에는 아예 관심 쓸 엄두를 내지 못하는 실정이었다.[23]

당시 병조 판서였던 홍여순은 오랫동안 재직하면서 축재에 남다른 재능을 보여 임해군과 더불어 한양의 2대 부호로 손꼽힐 정도였으니 선조의 파천 소식을 접한 한성의 도성민들은 원망과 억울한 심정이 사무쳐 임해군과 홍여순의 집을 가장 먼저 약탈하고 불을 질렀다.

왜군의 침입을 걱정하는 수많은 보고와 논란에도 불구하고 결국 왜군에게 기습을 허용하고 백성들만 크나큰 희생을 당해야 했다. 420여 년이 지난 지금 생각해도 가슴이 아프다.

어이없는 관군의 임전 태도

앞에서 언급하기도 하였지만 조선은 왕조 개국 후 임진왜란이 있은 선조 대에 이르는 기간 동안 큰 전란을 당하지 않았다. 그런데다 군정 상의 허점과 부실이 점철되다 보니 16~60세의 양인 남정(良人 男丁)을 대상으로 하던 병역의무는 이미 유명무실해졌다. 군역은 있으

---

23) 김성우, 임진왜란 시기 관군은 왜 약했는가? 한국역사연구회 역사와 현실 87권, 2013.3
월, p. 523.

나 군사가 없는 괴이한 현상이 만연했다. 부실이 만연한 이때에 왜적의 침입을 당하게 되자 국방의 주체가 되어야 했던 정규군으로서의 관군은 제도로만 존재하였을 뿐 사실상 없는 것이나 다름없었다.[24]

개전 후 불과 20여 일 만에 수도 한양을 점령당한 것이나, 2개월 뒤 호남지방을 제외한 조선 전역이 왜적의 수중에 들어가고 말았던 것은 국방을 책임져야 할 정규군이 제대로 존재하지 않았다는 것을 증명한다.

부산포를 지키고 있던 부산 첨사 정발과 동래 부사 송상현이 왜군과 맞서 싸우다 장렬히 전사했던 반면 경상도의 최고 군사 지휘부(좌병사, 우병사, 좌수사, 우수사)는 너나할 것 없이 개전 초기 도주했다. 이런 이유로 좌·우병영, 좌·우수영에 집결했거나 이동 중이던 인근 군현의 관군들도 곧바로 무너졌다. 왜군이 부산성, 동래성 전투 이후 상주에서 이일의 군대와 교전하기까지 조선군과의 별다른 교전 없이 신속하게 진격해 갈 수 있었던 이유가 여기에 있었다.

좌수사 박홍은 엄청난 왜군의 세력을 보고 감히 군사를 움직이지도 못한 채 좌수영의 전선과 군량, 무기를 모두 불태우고 도주했다. 좌병사 이각은 부산성 침입 첩보를 입수하자 지역 관군들의 동래성 입성을 지시하고 동래로 달려갔다가 부산성 함락 소식을 전해 듣고서는 겁에 질려 적을 견제하고자 한다고 핑계를 대며 울산성으로 후퇴했다. 이각은 좌병사 직책이었음에도 첩을 먼저 피난시키기도 했다.

---

24) 조원래, 임진왜란사 연구의 새로운 관점, 아세아문화사, 2011, p. 59.

이각의 지시로 지역의 관군들이 일제히 울산성에 입성했지만 정작 이각은 성 바깥 서산에 지휘부를 설치하였다. 성 바깥에서 도주의 기회를 엿보던 이각은 가토 기요마사의 좌로 왜군의 공격에 부딪히자 새벽녘에 도망해 버렸다. 이 바람에 우리 군사들은 완전히 무너지게 되었고, 울산성은 곧바로 왜군에게 점령당하고 말았다.

이각은 그 후 기강 확립 차원에서 팔도 도원수 김명원의 휘하에 있던 부원수 신각과 함께 참수를 당했다. 임지를 이탈하기만 한 것이 아니라 나중에는 경상좌도 전선의 책임자였음에도 불구하고 피신을 거듭하다 급기야 임진강을 수비하던 도원수 김명원의 진중으로 피신하고 있었기 때문이다.

한성 방비의 책임을 맡은 도원수 김명원의 부원수 신각은 한강 방어선이 붕괴되자 유도대장 이양원과 함께 양주로 가서 해유령 전투에서 전공을 세우고 있었다. 하지만 도원수 김명원이 한강 방어선 붕괴의 책임을 신각에게 전가하고, '부원수가 도원수를 버리고 도망을 쳤다'는 허위 보고를 하는 바람에 죄를 뒤집어쓰고 억울하게 참형을 당해야 했다. 류성룡은 징비록에 해유령 전투가 왜군이 조선을 침공한 이래 조선군이 육전에서 거둔 최초의 승전이라고 평가하였다.

나중에 조정에서 신각이 해유령에서 왜군을 크게 무찔렀다는 보고를 받고 다시 선전관을 급파하여 참형을 중지하게 하였으나 이미 형이 집행되고 난 뒤였다. 비겁한 장수를 징계하기 위한 조치가 오히려 군사들의 사기를 저하시키게 됨으로써 당시 이양원과 이일, 신각이 함께 항전하던 '임진강 상류 연천지방 대탄' 전선의 방어선이 맥없이 무너지는 결과를 초래하였다.

경상 우도에서도 이런 상황은 유사하게 재현되었다. 부산포에 상륙했던 구로다 나가마사의 왜군 우로군, 곧 제3군이 김해로 진격하자 김해 부사 서예원, 초계 군수 이유검이 가장 먼저 도주하면서 이곳에 결집하였던 관군들이 모두 흩어져 도망갔다. 그리고 전쟁 발발 직전 경상우병사에 임명되었던 김성일이 조선통신사 복귀 당시의 보고 잘못에 대한 책임을 물어 체포 압송되자 휘하에 있던 우후 이협과 창원 부사 장의국이 도주하여 창원성이 무너졌다.

거제도에 본영이 있던 경상 우수영도 왜의 수군이 거제도로 향하자 우수사 원균은 전선과 군량, 무기 등을 침몰, 소각시키고 4척의 전선만을 이끌고 노량으로 도망치듯 빠져 가버렸다. 좌수사 박홍이나 우수사 원균이 피신하면서 보유하고 있던 식량과 전선, 무기와 장비 등을 바다에 던져 넣게 된 것은 왜군이 이용하지 못하도록 하려는 조치였다. 이 조치는 작전상으로도 왜적은 수상 전투에 능할 것으로 판단하여 육상으로 유인하여 격퇴시킨다는 조정의 지침에 따른 것이었다. 그러나 설령 조정의 지침에 따른 조치였다고 하더라도 전쟁에 임하는 이들의 자세로 미루어 볼 때 현장 지휘관의 책임을 다하지 못했다는 비난을 피할 수는 없다.

우수사 원균의 경우에 대해서 류성룡은 다음과 같은 견해를 징비록에 기록하고 있다.

"비록 수로는 좀 멀지만 거느리고 있던 배가 많았고, 적병이 단 하루 동안에 몰려오는 것이 아니었으므로 함선을 거느리고 나아가 위세를 보이며 버티고 한 번이라도 싸워 이겼더라면 왜적은 마땅히 후방을 염려하여 갑자기 깊이 쳐들어오지 못했을 텐데 적군을 바라만 보고 멀리 피해 가서 한 번도 싸우려 들지 않아 육지에 쉽게 상륙해서는 북을 치며 수백 리의 지키는 이 없는 땅을 짓밟으면서 밤낮으로 북쪽으로 향해 올라오게 되었다."

유명무실한 제승방략

제승방략에 입각하여 조정에서 보낸 순변사 이일과 도순변사 신립의 경우를 살펴보자. 순변사 이일의 경우는 그가 상주로 내려가고자 군사 300명을 모집하는 데 3일이 걸려도 모병되지 않아 수행군관 60여 명만을 겨우 거느리고 먼저 내려가야 했다.

도순변사 신립은 이일의 군사를 응원하겠다고 큰소리치며 자신만만해 하였으나 따라가겠다는 무사들이 없어 좌의정이자 체찰사로 임명된 류성룡의 도움으로 8천여 명의 군사를 겨우 거느리고 충주 조령으로 내려갈 수 있었다. 체찰사는 지방에 병란(兵亂)이 있을 때 왕의 명령으로 그 지방에 나가서 군무를 총괄 감독하고 조정하는 임시 직책으로 재상 중에서 겸임하던 직책이었다.

패전은 곧바로 현실이 되었다. 순변사 이일은 상주 현지에서 모집한 관군 800~900명으로 1만 9천여 명의 고니시 군대와 접전하였다. 그러나 기본이 되는 척후병도 제대로 운용하지 못하다 상주 북천에서 참패를 당했다. 이일은 간신히 탈출하여 신립 군대에 합류할 수 있었다. 도순변사 신립은 충주 달천에 배수진을 치고 왜적과 교전하였지만 전몰하는 궤멸적 패배를 당하였다. 조정이 심혈을 기울여 양성해 온 최정예 무관들이 이 두 전투에서 대부분 전멸함에 따라 조정은 물론이고 사회 전체에 미친 충격은 말할 수 없이 컸다.

선조가 가장 신뢰하였던 두 장수의 참담한 패배로 북상하는 왜군과의 전투에서 정규군으로서의 관군이 역할을 하지 못하게 되었을 뿐만 아니라 이후 조선 관군은 군현에서 급조한 농민군을 동원하여 왜군에 간신히 맞서 싸울 뿐이었다. 군사훈련조차도 제대로 받지 못한 농민군들로 100여 년의 내전을 거치며 산전수전을 다 겪은 최정예 왜군 보병부대와 맞붙어 싸우게 되었으니 승전을 기대하기란 사실상 어려웠다.

징비록에는 당시 순변사 이일이 왜적에 쫓기게 되자 말을 버리고 옷도 벗어 버린 채로 머리털을 풀어 헤치고 알몸뚱이로 달아났다고 기록하고 있다. 도순변사 신립은 기병전에 능해 조령의 지형상의 이점을 전략적으로 이용하는 전투 대신에 기동력을 최대화할 수 있는 평지 전투를 선호한 나머지 탄금대에 배수진을 치고 몸소 말을 채찍질해서 몇 번의 돌진을 시도하였으나 여의치 못하자 스스로 강물에 뛰어들었다.

류성룡은 "장수가 군사를 쓸 줄 모르면 그 나라를 적군에게 내어 주는 것이다"라는 말을 인용하며 신립에 대한 아쉬움을 비판조로 언급했다.

왜군은 험준한 조령을 진격하기를 두려워해 두 번, 세 번 재차 복병의 배치 등 조선군의 동태를 탐지했다. 신중히 탐지한 왜군은 군사가 없는 것을 확인한 후 노래를 부르며 지나갔다고 전해지고 있다. 훗날 명나라 장수 이여송이 조령을 지나다가 "이렇게 험준한 곳이 있는 데도 지킬 줄 몰랐던 신립 총병은 꾀가 없는 사람이다"라며 탄식할 정도였다.

또한 조정의 신임을 받으며 부임하였던 하삼도의 관찰사 세 사람은 한성 함락을 염려하여 근왕을 위해 5만의 병력을 이끌고 상경하다가 용인에서 전투다운 전투도 못해 보고 왜군의 위세에 지레 겁을 먹고 패주하였다. 왜군은 조선 군사들이 버리고 간 군수품과 병거들을 모조리 수거하여 불사르는 수치스러운 상황도 벌였다.

선조가 피난하면서 종묘사직이 있는 한성을 지키도록 당부했던 유도대장(임금이 거둥시 서울을 지키는 군대의 대장) 우의정 이양원과 한강 방어 임무를 맡았던 도원수 김명원도 왜군이 한성에 진입하자 제대로 싸워보지도 않고 달아났다고 기록은 전한다.

도원수 김명원은 적군이 오는 것을 보자 감히 나가서 싸우지 못하고 병기와 화포, 기계들을 한강에 집어넣고는 부하의 만류에도 불구하고 다른 옷으로 갈아입고 도망쳤다. 유도대장 이양원은 한양 성안에 있다가 한강의 군사가 이미 흩어졌다는 소식을 전해 듣고서는 성을 지키지 못할 것으로 생각하여 양주로 달아났다.

의병운동으로 나타난 백성들의 분발

왜란 초기에 조선 조정과 관군은 왜군에게 처절하게 짓밟히고 60여 일 만에 평양까지 빼앗기는 참담한 패배를 당하였지만 당시 조선의 지도층이었던 선비들과 백성들의 분발은 눈물겹도록 빛났다. 왜군에 대항하여 전국에서 일어난 의병의 창의와 결사 항전의 역사에서 그들의 진면목을 만날 수 있다.

대부분의 학자들이 임진왜란을 극복할 수 있었던 요인으로 조선 의병의 분전과 수군의 승전에 의한 남해 수로의 안전 확보, 호남 곡

창의 보호, 명나라 군대의 내원 등을 들고 있는데 필자도 공감하는 부분이다. 그런데 여기서 필자가 궁금했던 부분은 임진왜란 당시 조선 사회는 모순과 갈등이 중첩적으로 나타나고 있던 와중이었고 모순과 갈등으로 점철되어 있었기 때문에 민중인 백성의 자발적인 국가 수호와 참전을 기대하기 어려웠음에도 불구하고 어떻게 의병 봉기가 가능할 수 있었는가 하는 점이다.

우리가 알고 있는 바와 같이 당시에는 지배 세력인 훈척과 사림의 대립, 지주층의 대규모 토지 소유에 따른 부의 집중과 농민계층의 감소, 수령과 아전들의 농간에 의한 수취체제의 문란과 억울한 군역 부담의 증가 등으로 일반 백성들은 극도로 위축되어 있었다. 백성들은 삶의 터전을 버리고 야반도주하여 숨어 버리거나 중국의 산동이나 만주 등지로 탈출해 가는 '도망'이 속출할 만큼 사회적 모순이 심화되고 있었기 때문에 반왕조적인 모습을 보일 수밖에 없었다.

실제 왜란이 발생하자 백성들의 일부는 부역과 형벌에 대한 불만으로 도망하거나 피난하기 바빴고, 왜군에 투항해 앞잡이 노릇을 하는가 하면 굶주림을 참지 못해 도적이 되기도 했다. 한성에서는 도성이 함락되기도 전에 노비 문적이 비치된 장예원과 형조를 불태울 정도였다. 근왕병을 일으키기 위해 함경도로 갔던 임해군(臨海君)과 순화군(順和君)이 지역 내의 반민에게 납치되어 왜군에게 넘겨지고 말았는데 이런 사태는 반왕조적인 사회 모습을 상징적으로 보여주는 일종의 '백성의 반발'이었다. 이처럼 백성의 불신과 반발이 걷잡을 수 없이 일어나고 있는 상황에서 관 주도의 모병과 항쟁은 기대하기 어려웠다.

왜군은 한성을 점령하자 전쟁의 승패가 사실상 끝난 것으로 보고 조선 8도의 분할 통치를 결의하였다. 처음에는 조선 백성들을 비교적 우호적으로 대하면서 왜군이 필요로 하는 군량도 가급적 본국에서 수송해 오기도 했다. 그러나 왜군들의 그런 자세는 미봉책에 불과했고 일시적인 것에 지나지 않았다. 시일이 지남에 따라 침략군의 본성을 드러내면서 왜군들은 닥치는 대로 조선의 관아나 민가를 노략질하고 불을 지르거나 살육을 자행하였다. 더욱이 부녀자들을 무차별적으로 강간하거나 남녀를 잡아다가 본국에 강제적으로 송환하는 등의 만행을 서슴지 않았다.

왜군의 만행은 조선 백성들에게 민족적 적개심과 의분을 불러일으켰고, 더이상 자신과 가족의 생명과 생존을 위해서는 숨어 살거나 유리하는 생활을 할 수 없게 만들었다. 백성들의 가슴속에 왜군에 대한 저항 기운이 싹트면서 자연스럽게 사회적 분위기도 바뀌기 시작하여 당초 반왕조적인 자세에서 반외세적인 자세로 전환되어 갔다. 이러한 움직임을 선도한 계층이 바로 지역에서 기반을 잡고 인덕으로 신망을 받던 전직 관료와 선비 유생들이었다.

국토가 왜군에게 유린당하고 백성의 불안감이 극에 달하였을 때 각 지역에서 의병들이 분연히 일어났던 것이다. 전국 각지에서 일어난 의병들은 조선의 잠재된 저력의 표출이라 할 수 있다. 의병들은 임진왜란 초반의 패배 분위기를 전환할 수 있는 큰 활력소로 작용하였다. 뿐만 아니라 유생들이 조선의 지배층이자 지식인으로서 높은 명예심과 책임감을 바탕으로 왜군의 침입 앞에 굴하지 않고 솔선하고 헌신함으로써 백성들의 단합과 자발적인 참전을 가능하게 하였다. 이들의 활약으로 국가의 보전을 기약할 수 있었던 것이다.

앞서 수차례 언급하였듯이 왜군의 침입으로 관군이 패전을 거듭하자 각도의 병사(兵使)와 수사(水使) 등 책임자들은 도망하기에 급급하였다. 그러니 백성들의 혼란은 얼마나 심각하였을까. 이러한 상황에서 신분이 다른 전직 관료와 유생 선비와 백성들이 왜적을 무찌르기 위해 의병으로 뭉치며 분연히 떨쳐 일어났으니 놀라울 만큼 특별하고도 인상 깊은 역사가 아닐 수 없다.

어떤 학자는 그들이 왜적을 무찌르기 위해 분연히 떨쳐 일어난 요인으로 향토 수호 의식과 반외세에 대해 인식을 같이한 점, 평소 가족과 농토 등 생활근거지가 같은 향리를 기반으로 함으로써 강한 토착성과 유대감의 발현이 가능했다는 점, 해당 지역의 지리에 익숙하여 전투효율을 높일 수 있었던 점들과 지방 선비 유생들의 향촌 사회에 대한 강한 영향력에서 비롯되었다고 분석하기도 한다.[25]

지방 향촌의 재지사족(在地士族)들은 향약과 향교, 서원 건립 같은 일을 통해 향촌 내에서 높은 권위를 인정받고 있었기 때문에 향민들과 노비들을 의병으로 모병하기가 용이하였다. 또한, 그들은 많은 토지와 재력을 바탕으로 의병에 필요한 군량과 무기를 조달할 수 있었다. 이는 향약을 기반으로 한 향촌 안에서의 지배 질서를 통하여 선비들이 평소에 향민들로부터 존경과 호응을 얻고 있었기에 가능한 일이었다.

상하 계층이 공동 방어의 필요성에 공감하고 향병으로 결합하여

---

25) 김강식, 임진왜란시기의 의병운동을 통해 본 조선사회(부경역사연구소, 지역과 역사 23권, 2008.10월), pp. 109~114

단결한 것이 저력으로 발휘되었던 것이다. 이와 더불어 지방의 선비들이 앞장서서 창의(倡義)를 할 수 있었던 데는 전란을 당해 국가와 백성을 지켜내는 것이 의로운 행위로서 선비가 지향하고 지켜야 할 떳떳한 도리이자 당연한 책무라는 생각이 앞섰다고 볼 수도 있다.

전제군주 국가에서는 군주가 곧 국가를 의미하기 때문에 군주인 선조에 대한 충성은 곧 나라와 백성에 대한 충성이기도 했다. 또한, 선택받은 지배 계층으로서의 책임 의식을 실천하는 일이었고 부모형제를 살육한 데 대한 복수와 효심의 분출이었다. 이에 영남을 비롯한 호남·호서 지방에서 의병이 창의하고 있다는 사실을 알게 된 백성들은 안도감과 희망, 기대감으로 왕실과 지배층을 믿고 따를 수 있다는 생각을 하게 되었다.

『선조실록』에서도 지방 여러 지역의 명문거족에 속한 선비들이 창의함으로써 원근의 백성들이 격동되어 의병진에 모여들게 되었다고 분석하면서 이로 인해 백성들의 인심이 더 이상 이반되지 않고 하나로 결집될 수 있었고 국가의 명맥도 유지될 수 있었다고 의병의 의의를 높이 평가하였다.[26]

기본적으로 선비들의 창의는 왜군이 이렇다 할 저항 없이 진군해가던 왜란의 흐름을 전환시키는 계기가 되었다. 조선 의병이 왜군의 보급로와 같은 후방을 괴롭히는 유격군의 역할을 하면서 왜군도 더 이상 평양 북방으로 진격해 가지 못하고 주춤거릴 수밖에 없었다.

왜군은 평양-부산포 간의 긴 전선을 유지하게 되어 지휘 통제와

---

26) 우인수, 선비들의 임란 창의정신과 의병활동(퇴계학과 유교문화 제56호, 2015.2월), pp. 19~20

보급로의 유지 등에 많은 부담을 안고 있던 차에 조선 의병의 활동으로 후방이 교란됨으로써 보급로 방어에 군사력을 분산 배치할 수밖에 없었다. 또한 퇴각로가 안전하게 확보되지 않아 전선의 확장이 어렵게 되었다.

조선 조정도 의병의 활약으로 체제 정비를 위한 시간을 벌게 됨으로써 점차 육지의 관군을 수습하여 재정비할 수 있었다. 비록 의병 활동이 전쟁 초기 위급한 상황에 대처하는 백성의 분발 차원에서 관군을 보완하는 강력한 전투력으로 승화되지 못했고, 전투적인 측면에서는 크게 성취한 바가 적었다고 하더라도 의병의 활약으로 재정비된 관군이 왜군과 정규전으로 맞붙을 수 있게 회복되었을 뿐만 아니라 때마침 원군해 온 명나라 군대와 연합하여 왜군을 격퇴시킬 수 있었다.

조선을 침입하여 일거에 평양까지 진격하는 데 성공함으로써 조선을 지배하고자 했던 히데요시가 정유재란 중에 사망하게 된 것이 전쟁 종결의 한 원인이기도 했지만 무엇보다도 그들을 놀라게 했던 것은 조선 백성의 분발, 곧 의병의 분기였다.

왜군은 침입 당초 의병이 분기하리라는 것을 전혀 예상하지 못하고 관군만 제압하면 조선이 어쩔 수 없이 굴복할 것으로 생각했으나 오산이었다. 조선 백성들이 그토록 단합하고 백절불굴의 인내와 용감성을 발휘하리라고는 예상하지 못했던 것이다. 왜군은 유학을 숭상하는 조선인들의 전통과 명예감을 예의 주시하지 못했고 가족 중심의 혈연과 지연으로 맺어진 조선 사회의 속성을 이해하지 못했다. 조선을 무력으로만 장악하면 제압할 수 있으리라 판단했던 왜군들은 의병의 분기로 기대했던 조선 삼남 지방의 인력 동원과 군량 확보, 병참선 유지에 실패하여 전쟁을 확대하거나 지속할 수 없었다.

우리가 익히 알고 있는 것처럼 의병장과 의병들은 다수가 양반 신분의 지역 유생들이었다. 많은 의병장들은 유학에 깊은 지식을 갖고 있었고 덕망이 높아 의(義)를 숭상하는 유생들이 기꺼이 따를 수 있었다. 의병장이 유학자들이라 전쟁에는 익숙하지 못하고 무기도 보잘 것 없어서 전승은 장담할 수 없었을 것으로 생각하기 쉬우나 실제로는 대부분이 전직자(前職者)들로 문무를 겸전한 지도급 인사들이었다. 뿐만 아니라 전략과 전술에도 밝은 무사들이 상당수 참여하고 있었다. 그들은 대의를 위해 적의 군세에 상관하지 않고 무조건 승산 없이 싸운 게 아니었다. 병서를 읽고 궁마를 다스리는 등 관직 경험이 바탕이 되어 지략을 구사할 수 있었고, 무과 급제자들이 다수여서 작전수행 능력에서도 우수한 면모를 보이기도 했다. 그리고 혈연이나 지연으로 맺어진 깊은 유대 관계에다 살신보국의 신의와 우정으로 뭉친 전투 집단을 형성할 수 있었기 때문에 적군의 강하고 약한 것을 가리지 않고 대의를 위해서는 기꺼이 목숨을 바치는 것을 서슴지 않았다.

의병은 다분히 사적인 동기와 자발적인 의지에 의해 조직된 결사체였기 때문에 내부적으로 규약이 없었던 것은 아니나 관군에 비하면 활동이 비교적 자유로워 유연성 있는 전투 작전을 구사할 수 있는 장점도 있었다. 비록 신분 구성과 사상적 기반이 다양하여 얼핏 생각하면 단합이 어려울 것처럼 보이지만 조선 사회의 기저에 자리 잡고 있던 유교의 충의 정신이 나라의 위기를 맞이하여 자연스럽게 발현되어 단합을 이룰 수 있었고, 향촌 공동체가 향토방위를 감당해 오던 오랜 전통이 의병부대의 조직을 용이하게 했다. 자연히 의병들은 향토지리에 익숙하고 향토 상황에 알맞은 무기와 전술을 터득하고 있었기 때문에 적은 병력 수준이었지만 매복·기습·위장과 같은 유격 전술을 구사하여 수적으로 우세한 왜적들을 크게 괴롭힐 수 있었다.

오합지졸에다 추풍낙엽처럼 흩어져 나가던 조선의 관군을 대적하던 왜군은 너무도 진지한 조선 의병의 끈질긴 의지와 충성심으로 뭉친 자세에 놀라지 않을 수 없었다.

대표적인 의병 활동들

앞에서 이야기한 것과 같이 의병은 근본적으로 근왕 정신에 입각하여 왜적을 물리치는 것이 주된 목적이었다. 의병 활동은 창의한 주변 지역에 당장 격퇴할 왜군이 있느냐 없느냐에 따라 향촌을 지키는 방위군이 되거나 근왕을 위해 다른 지방으로 원정해 갔을 뿐 의병 정신과 활동에서는 큰 차이가 없었다. 우리가 익히 알고 있는 바와 같이 경상도의 곽재우·김면·정인홍·정세아·김해, 전라도의 고경명·김천일·임계영·최경회, 충청도의 조헌, 경기도의 우성전, 황해도의 이정암, 평안도의 조호익 등이 대표적인 선비 의병장들이었다.

경상도 지역의 경우 의병들은 왜군들이 진격해 오는 침입로 상에 위치할 뿐만 아니라 왜군들이 주요 지점 곳곳에 주둔하며 보급로를 유지하고 있었기 때문에 지역 내의 왜군을 격퇴하는 활동에 전념할

곽재우 장군 유물

수밖에 없었다. 이러한 여건 때문에 자신들이 거주하고 있는 향리를 중심으로 일종의 게릴라 전술과 전략으로 왜군에 타격을 주는 형태로 전개되었다.

홍의장군 곽재우가 가산을 털어가며 가장 먼저(왜란 발발 8일만인 4월 22일) 의령에서 창의하였다. 곽재우는 의령과 현풍, 낙동강을 중심으로 활약하였지만 나중에 관군과 갈등을 빚기도 하였다. 정유재란이 일어났을 때에는 경상좌도방어사로 제수되기도 한 곽재우는 낙동강의 정암진을 지켜 왜군의 전라도 침공을 방어한 것이 가장 큰 공적이다.

김면은 고령에서 기병하여 거창에서 창의하였다. 경상우도에서 가장 규모가 큰 5,000여 명에 이르는 대군을 형성하여 조정으로부터 경상도 의병을 총괄하는 지위를 부여받았는가 하면 나중에는 경상우도병마절도사로 제수되어 관군의 수장이 되었다. 김면 역시 왜군의 전라도 침입을 차단한 것이 가장 큰 공적이다.

합천의 정인홍은 사헌부 장령을 지내고 낙향해 있다 창의하여 3,000여 명의 의병으로 고령, 성주 등 낙동강 주변에서 활약하였다. 진주 목사에 제수되기도 했고 왜군이 평양에서 경상도 부산-울산 등 동남해안으로 후퇴하여 소강상태로 접어들게 되자 수하의 군사를 모두 관군에 배속시키고 의병장에서 물러났다.

경상좌도 지역에서는 퇴계의 가르침을 받은 인사들이 주도가 되어 창의하였다. 안동·예안의 김해·류종개, 영천의 정세아, 신령의 권응수 등이 대표적인 의병장들이었다. 이들이 주축이 된 영천성 탈환 전투는 경주를 수복할 수 있는 발판을 마련한 쾌거였다. 경주성의 수복으로 경상도 동북부 지역이 온전하게 보전될 수 있었다.

호남지역은 임진왜란 초기 왜군의 침입을 받지 않은 유일한 곳이어서 조선의 공적인 행정체계가 작동되고 있었다. 따라서 왜군이 지역에 침입해 오지 못했기 때문에 자연히 근왕을 위해 상경하고자 창의하게 되었고 대표적인 의병장이 고경명과 김천일이었다.

고경명은 문과에 장원급제한 인재로 청요직을 두루 거치고 지방관을 역임한 뒤 고향 광주에 거주하고 있던 차에 창의하였다. 6,000여 명의 군사를 이끌고 고경명이 상경하던 중 충청도에서 창의한 의병장 조헌의 700여 의병과 함께 한성에 주둔하는 왜군의 배후지 역할을 하던 금산을 공격하다 두 장수가 장렬하게 전사하였다. 비록 금산 전투에서 이름난 의병장들이 전사하였지만 이들의 강렬한 저항과 장렬한 죽음으로 호서와 호남지역이 온전히 보전될 수 있었다.

그리고 보성과 장흥, 광주·화순·능주에서는 임계영과 최경회가 창의하였다. 왜군이 영남의 해안으로 퇴각하자 이들은 경상도 지역으로 진군하여 함양·성주·거창지역에서 접전하였고 제2차 진주성 전투에서 항전하다 진주성의 함락과 함께 장렬히 전사하였다. 특히 고경명의 아들인 고종후는 부친의 전사 이후 1,000여 명의 의병을 결성하여 영남지역에서 활약하다 진주성 전투에 참전하여 순절했다. 유사한 경우로 순절한 의병장 홍언수의 아들인 홍계남, 조헌의 아들인 조완 등이 부친의 원수를 갚고자 의병을 창의하여 왜적과 싸웠다.

조정으로부터 창의사(倡義使)의 칭호를 받은 김천일은 나주에서 창의하여 300여 명의 군사를 이끌고 수원, 강화로 이동하였다. 이때 합류한 패잔 관군 등을 합쳐 1,000여 명의 군사로 김천일은 조·명 연합군의 한성 탈환과 행주산성 전투를 지원하여 대첩의 일익을 담당하였다. 이후 경상도로 이동하여 2차 진주성 전투에 참전하였다가 격전 끝에 진주성의 함락과 함께 장렬하게 순절하였다.

의병의 정치적 통제

안타깝게도 관군과 의병의 관계는 기대했던 만큼 원만하지 못했다. 민심이 의병에게 쏠리고, 무책임하게 도주하거나 피하여 패전을 거듭하는 관군을 의병이 원망하자 관군의 지도자들은 상심하지 않을 수 없었다. 자연히 관군과 의병 사이가 멀어져 각기 군사를 유지해야 했다.

의병의 입장에서는 가혹한 세금 징수로 조정과 관청으로부터 마음이 떠나 있었던 데다 전란을 당해도 관군이 싸우기는커녕 달아나기에 바쁘고 책임을 제대로 지지 않는 것에 불편해하지 않을 수 없었다. 더욱이 자신들은 나라와 백성을 구한다는 대의를 위해 결사적으로 싸우는데도 관찰사를 포함한 관군의 지휘부들은 군사를 움직여 근왕할 생각은 않고 머뭇거리기에 급급하자 불만도 컸다. 마침내 의병장들이 무능한 관찰사나 신료들을 꾸짖고 비난하는 단계로 발전하여 관군과의 관계가 험악해지는 지경이 초래되기도 했다.

관군은 관군대로 의병장들의 원망을 마뜩잖게 생각하고 있던 터에 의병이란 이름을 빙자하여 관의 절제를 받지 않으면서 민초들의 재

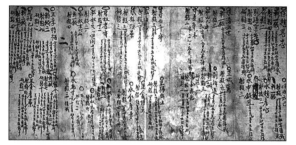

우배선 의병진 관련 자료   창의토왜도

물을 약탈하는 사례와 관군으로의 편입을 요구해도 듣지 않는 사례를 빌미 삼아 의병이나 의병장들을 점차 질시하고 증오하게 되었다. 무엇보다도 내면적으로는 의병의 승전이 관군들로 하여금 심기를 몹시 불편하게 했다. 관군은 잘 패하는데 의병들은 죽을 각오로 싸워 승전함으로써 관군의 처지는 난감할 수밖에 없었고 자연히 의병이나 의병장들을 시기하게 되었던 것이다.

왜군이 경상도의 동남해안 지역으로 후퇴하여 내려간 이후 전세가 안정되자 조정은 점차 의병을 통제하여 관군의 지휘체계 안으로 묶으려 하였다. 도승지로서 선조를 봉행하여 의주로 피란해 가기도 했고 왜란 중에는 다섯 번이나 병조 판서로서 전란 수습을 위해 눈부신 활동을 했던 이항복이 의병의 창의와 관련하여 '관직이나 탐내는 무리들'이라고 했을 정도였다.

당초부터 서로 곱지 않은 시선을 가지고 있었던 차에 의병들로 인해 전투 수행 간에도 크고 작은 갈등이 일어나기도 했다. 의병들이 주현의 관곡을 공급받으면서도 관군의 통제를 기피거나 마음대로 행하여 군대로서의 효율성이 떨어지고 있었고 100여 개에 달하는 의병

진용의 난립과 민간에 대한 작폐와 같은 물의를 일으키는 문제들로 인해 조정에서는 점차 의병을 해체하기 위해 강제적인 관병화 조치를 강구하게 되었다. 그 결과 의병은 준 관군화의 단계를 거쳐 관군으로 흡수하면서 해체되어 갔다.

이외에도 당시 비변사는 의병과 관련하여 군적 상 관군에 속하여야 함에도 관군에 얽매이는 것을 기피하는 수단으로 의병을 이용하는 점, 이롭거나 하찮은 적에게는 대적하면서도 강한 적을 만나면 흩어지며 진퇴를 임의로 하는 점, 승전에는 상을 받으면서도 패배한 경우에는 죄를 받지 않는 점, 의병을 사칭하여 관청을 압박하거나 백성을 괴롭히는 점들을 중요한 문제점으로 인식하고 있었다.

조정의 의병 통제는 상층부는 포용을 통해, 하층부는 해체로 나타났다. 의병장들에게는 관직을 제수하여 의병의 창의를 장려하면서도 난립을 방지하고 반란 세력화 가능성을 사전에 차단하였다. 위기에 처한 왕조의 국가 지배체제 유지를 위해서는 통제의 필요성이 현실 문제로 대두되었던 것이다.

임진왜란 중에 발생한 극심한 가뭄과 전란으로 인한 농업 등 산업 활동의 피폐로 군량 보급에 차질을 가져왔고, 국가 방어보다는 생존이라는 호구지책 때문에 의병이 된 경향도 컸기 때문에 하층부에 참여했던 군사들에 대해서는 관군화와 함께 강제로 귀농시키는 조치를 취하였다.

전란 중에도 봉건 관료들의 횡포와 수탈이 자행되고 있었다. 군량을 사적 용도로 불법 전용함으로써 군량의 부족 사태를 악화시키게 되자 민심은 더욱 이반되어 반란을 일으키기도 하였다. 반란의 대표적인 사례가 '송유진의 난'과 '이몽학의 난'이다. 조선 백성 중 일부는 생활고를 이기지 못해 도적이 되거나 심지어 왜군에 투항하여 왜군의 향도가 되어 동족 살육에 앞장서기도 하였다는 사실은 깊이 생각해 볼 점이다.

임진왜란을 극복하는 과정에서 일어난 의병운동은 영호남 지방에 거주하던 지도자들과 백성들의 희생을 무릅쓴 결의와 단합에 의한 것이었다. 의병이 창의하여 국가적 위기를 수습하고 관군으로 하여금 초기 패전의 아픔을 딛고 재정비할 수 있는 시간적 여유를 제공하였다. 이러한 활동들은 국난을 극복해 나가는데 크게 기여하였고 전후 국가체제를 강화하는 수단으로 활용되었다.

그러나 전쟁을 막지 못한 국왕과 조정에 실망한 백성들이 자칫 봉건적 왕조 체제에 도전할 수 있다는 상층 지도부의 우려와 불신으로 인해 의병지도자들을 관군에 흡수하고 의병에 참여한 하층 군사들을 귀농과 강제 해체로 통제한 점, 의병 활동에 나섰던 백성들의 궁핍과 생활고를 구제하지 못하고 오히려 심화시킴으로써 그들의 애국적 분발과 헌신을 전후 복구와 국가 발전의 동력원으로 거듭나도록 유도하지 못하고 불신감으로 변질되어간 점, 봉건 질서를 타파하지 못하고 조선 사회 변혁의 기회이자 활력소로 거듭나지 못한 점은 아쉬움으로 남는다.

제8장

명나라 원군의 군량 해결에 속 썩은 조선

전쟁의 관건은 군량이다

"명군이 들어오는 것이 한편으론 기쁘지만, 다른 한편으론 무섭다"라고 선조가 토로했듯이 군량 문제는 조선 군신들에게 거의 '노이로제' 수준의 부담감을 안긴 과제였다.

예나 지금이나 전쟁은 국가의 존망이 걸린 엄중하고도 중차대한 국가적 대사이다. 그러므로 나라마다 전쟁을 미연에 방지하기 위하여 정치 외교적 교섭 노력과 군사적 대비태세를 갖추는 한편, 전쟁 억제에 실패하여 실제로 전쟁이 발발할 경우에는 국력을 총동원하여 전쟁에 임하고 있다.

임진왜란도 예외가 아니었다. 조선이 전쟁을 수행하려면 병력과 병기, 성지(城池), 군량이 충분히 확보되어 있어야 했지만 확보된 병력과 군마는 너무도 부족했다. 노후된 병기에다 성지마저 낙후되어 있었고 군량도 부족하여 어느 것 하나 제대로 갖추어진 것이 없었다. 무엇보다도 전쟁을 감당하기 위해서는 군량의 확보가 관건이었으나 개국 후 200여 년의 평화 시대가 지속되면서 군량의 확보는 자연히 국가정책의 우선순위에서 밀려나 있었다.

군량의 확보가 그 지경이었다면 전투 수행의 필수 수단이었던 군마를 위한 말먹이(馬草와 馬豆) 또한 준비될 리 없었다. 그런 상황에서 7여 년에 걸쳐 어떻게든 군량과 군마, 무기와 장비를 조달하며 전쟁을 수행해야 했으니 그 피해와 백성의 고난은 얼마나 처절했을까?

임진왜란이 발발한 지 두 달 만인 6월 14일 평양성을 점령당하였다. 나라의 존망이 경각에 달린 상황에서 연 20여만 명에 이르는 원군을 파병해 준 명나라의 군사적 지원 덕택으로 풍전등화와 같은 위기에서 살아남을 수 있었고 히데요시의 갑작스러운 죽음으로 왜군이 자진해서 철수함에 따라 전쟁이 끝날 수 있었다. 420여 년 전의 일이기는 하지만 그나마 나라를 보전할 수 있게 되었으니 당시 조선으로서는 참으로 불행 중 다행이 아닐 수 없었다.

군량의 확보 문제는 왜군에게도 결정적인 영향을 미쳤다. 서울과 평양까지는 쉽게 진격해 올라갔지만 영남과 충청 지방에서 들불처럼 일어났던 의병의 분전과 관민의 저항으로 부산포로부터 평양에 이르는 병참선이 단절되었다. 왜군들은 병참선의 단절로 군량과 장비, 탄약 등이 제때 공급되지 못한 데다 조선의 관군들이 후퇴하면서 대부분의 창고들을 불태웠기 때문에 군량의 확보가 여의치 못했다. 궁여지책으로 왜군들은 점령지의 주민들을 습격하거나 관곡을 보관하고 있던 창고를 약탈하여 그때그때 변통해 갔으나 장기간 주둔한다는 것은 기대하기 어려웠다. 결국 왜군은 군량 부족으로 평양과 서울에서 물러나 영남의 해안 지역으로 후퇴할 수밖에 없었다.

조선 조정의 군량 공급

조선 초기 태조를 비롯한 개국 세력들은 많은 전투 경험을 지닌 무인들이 주축을 이루고 있었다. 개국 세력인 무인들은 자동적으로 '3년의 비축이 없으면 그 나라는 꼴이 되지 못한다'라는 이념을 내세울 만큼 국방의 일환으로서의 군량 확보에 지대한 관심을 가지고 있었다. 군량미를 포함하여 조선 조정이 보유하고 있던 관곡이 가장 많았던 시기는 중종 연간(1506~1544)으로 의창, 사창, 상평창 등 국가 곡식을 비축하던 3창에서는 203만 석이나 보유할 정도였다. 그러나 이후 제향이나 잡용이 점차 많아져 임진왜란이 일어난 선조 25년(1592년) 즈음에는 대폭 감소되어 50여 만 석 수준에 있었다. 선조실록에는 명종 8~10년간의 대흉년과 기근으로 전세 등 세수가 대폭 감소되어 군자감을 비롯한 각 창고의 비축 관곡이 10만 석도 채 못 된다고 한탄한 것을 보면 50만 석 언급도 실상에 비해 너무도 과장된 수치가 아닐까라는 생각이 든다.

임진왜란이라는 비상사태를 당하게 되자 왜군에게 점령당한 군현에서는 왜적이 사용하지 못하도록 식량 소각을 단행하기도 하였고, 일부는 왜군에게 약탈을 당했던 점에 비추어 볼 때 군량에 충당하는 관곡은 대폭적으로 감소된 실정에 처하고 있었다고 볼 수 있다. 다행스럽게도 왜군이 평양 이북과 호남 지역을 점령하지 않아 조선 군사와 군마를 위한 군량 조달에는 숨통을 유지할 수 있었다. 지방의 지도급 선비들과 일반 양민들도 의병으로 나라를 구하는데 분연히 일어섰듯이 군량미와 마초의 모곡활동(의로운 곡물이라는 의미에서 일명 의곡(義穀)이라고도 불리어짐)에도 적극 참여해 줌으로써 조선 군사들을 위한 군량 보급은 어느 정도 해결할 수 있었던 것으로 생각된다. 문제는 명나라 군사에 대한 군량 확보였다.

조선 조정으로서는 명나라 조정의 원군파병이 있기 전까지는 병력 부족이 문제였으나 명군의 파병이 이루어지게 되면서부터는 그들에게 제공할 군량의 조달이 더 큰 난제가 아닐 수 없었다. 조선으로부터 원군 요청을 받은 명나라 조정은 임진년 6월 15일 출병을 결정하고 비교적 단기간에 왜군을 제압할 수 있으리라는 기대 하에 먼저 요동에 있던 조승훈 군사(5,000여 명)로 하여금 평양성을 탈환하도록 하였다. 그러나 조승훈 군사는 7월 17일 벌어진 왜군과의 평양성 전투에서 무참하게 참패를 당하고 서둘러 요동으로 복귀해 버리고 말았다. 조승훈 군사의 복귀에도 불구하고 왜군이 의주 방면으로 진격해 가지 않아 평양 이북 지역이 보존됨으로써 의주-평양 간 보급통로가 유지될 수 있었다. 체찰사 류성룡 등 조선 관군의 노력으로 의주에서 평양 간 요충지역에 군량이 어느 정도 확보되고 있었기 때문에 이 당시에는 군량 문제가 크게 부각되지는 않았다.

임진년 10월경 명나라의 파병 규모가 10여만 명이 될 것이라는 소식이 전해지면서부터 조선 조정에서는 이들을 위한 군량 확보가 초미의 관심사가 되었다. 비변사로서는 명군 10만 명이 하루에 두 끼를 먹으면 한 달 군량이 4만 석이 되고 세 끼를 먹으면 6만 석이 된다는 판단하에 군량미와 군마를 위한 마두(馬豆)와 마초(馬草)를 확보하는 것이 급선무로 대두되었다. 당시 조선 조정이 조사한 바에 의하면 의주-평양 간 명군이 이동해 올 지역의 군량 보유 수준은 겨우 2만여 석에 불과했고, 군마를 위한 마초(馬草)는 크게 부족했다고 선조실록에 기록되어 있다.

10월 26일 비변사에서 명군의 파병규모를 파악하여 구체적인 군량소요를 조정에 보고하였다. 병력규모는 48,585명이며 1일 양식은 1명당 1승(升) 5홉, 군마는 26,700필로 1필당 1일에 콩 3승을 먹여야 한다는 것을 기준으로 판단하여 병력에 대한 군량소요는 1일 720석에 2개월이면 43,720석이 필요하고 군마는 1일 콩 801석에 2개월분 48,060석이 필요하다는 내용이었다. 그리고 의주에서 평양에 이르는 연로에 있는 10개 고을과 삼현 등지의 6개 고을에서 보유하고 있는 관곡은 쌀과 좁쌀이 모두 51,488석 정도이고 콩은 33,127석 정도로서 대략 50여일을 지탱해 낼 수 있겠지만, 말먹이 콩은 한층 부족하여 우려스럽다는 점도 보고하였다.

명군에 대한 군량 소요분 판단에 있어서 2개월분을 우선 고려했던 것은 파병 초기 단계를 어떻게든 해결하고 나면 그 이후의 소요분에 대해서는 어렵지만 군량을 모곡할 수 있는 시간이 어느 정도 확보될 수 있을 것으로 보고 조선 조정이 명나라 원군에 대한 대비를 서둘렀던 것으로 짐작된다.

11월에 접어들면서 조·명 양측 간에 보다 구체적인 협의가 진행되었다. 명 측에서 조선 내에서의 군량 조달은 조선이 책임지고 해결할 것과 운송에 필요한 우마(牛馬)를 준비해 줄 것을 요구했다. 명의 요구에 조선 측으로서는 임진왜란 이전에 이미 군량이 소진된 데다 경상도를 포함한 각 지역이 왜군의 수중에 들어가 있어 군량 확보는 만주와 인접한 북방 양계 지역과 충청도·전라도의 전세(田稅)로 충당할 수밖에 없다면서 명군의 군량 소요는 자체적으로 해결해 줄 것을 간곡히 요청하였다. 그러자 12월에 들어 명 측은 조선이 군량이 부족한 것을 감안하여 쌀과 콩 각 절반으로 8만 석을 준비하여 2만 석은 바로 의주에 도착할 것이며 나머지 6만 석은 조선 측에서 수송능력이 되는 대로 운송해 가라고 통지하였다. 조선 조정은 군량을 다수 확보하기 위해 군공청(軍功廳)을 설치하여 군량의 모집과 납곡에 기여한 유공자에 대해서는 전공에 준하는 지위를 부여하고 처우를 개선해 주는 조치를 강구하는 한편, 황해도와 경기도에 조달어사(調達御使)를 파견하여 모곡활동을 전개했다.

당시 조정이 내린 모곡 독려 방안에는 쌀과 콩을 납부하거나 운송에 참여하는 자에게는 상을 내리고 지역의 수령들이 모곡활동에 적극 나서 공적이 클 경우에는 승진을 약속하였으며, 향리나 공·사천 노비들은 국역의 부담을 면제해 주거나 양반으로 승격시킨다는 방침도 있었다.

조선 측으로서는 군량 확보도 확보였지만 백성들이 이미 흩어져 도피해 있는 데다 민간의 운송능력이 제대로 갖추어져 있는 실정이 아니었기 때문에 육상으로 운송하는 것 자체가 힘겨운 일이 아닐 수 없었다. 해로를 이용한 운송은 육로보다는 다량을 운송할 수 있다는 이점은 있으나 선박이 부족한 데다 동절기 결빙으로 인해 해빙이 될 때까지 기다려야 했다.

1593년 1월 평양이 탈환되면서 조·명 양측 간에 서울(한성)과 더 나아가 부산까지 수복할 경우에 대비하여 충청과 호남지역의 전세(田稅)와 강원도 지역의 양곡을 수송해 가는 방안이 계속해서 논의되었다. 특히 강화도 지역이 서울과 개성에 가까울 뿐만 아니라 해로상으로도 명나라의 산동지방과도 근접해 있는 지리적 이점 때문에 군사 전략적 요충으로 매우 중요시 되어 군수 창고의 중심지로서 그 역할이 증대되어 갔다. 그때 강화도에는 서울 수복에 대비하여 전라도 쌀 25,000석과 콩 15,000석 그리고 충청도 쌀과 콩 각각 10,000석이 배로 수송되고 명나라 요동의 양곡도 의주로 13만 석이 도착하였다.[27]

명의 양곡은 육상과 해상을 통해 강화도로 수송되었는데 양곡은 많고 운송할 선박과 인력이 턱없이 부족하여 그 힘겨움은 이루 말할 수 없었다. 육상 운송을 위해 의병을 투입하고 관곡 창고 지역의 장정과 우마도 모두 동원되었다. 심지어 부녀자들까지 운송에 투입되기도 하였다. 조선 군사들 중의 노약자와 인근 지역의 승려, 4,000여명에 달하는 무과급제자 중에서 종군참여자를 뺀 나머지 사람들도 군량을 운송하는 인력으로 전환하였다.

평양을 수복한 이여송이 한성으로 진격을 서두르면서 체찰사 류성룡에게 이동해 갈 지역의 군량과 마초가 제대로 준비되어 있지 않다는 점을 지적하고 군량 준비를 서둘러 줄 것을 독촉하였다. 하지만 왜적이 평양에서 물러가면서 곳곳이 황폐화된 데다 백성들마저 피난 간 뒤여서 군량 확보와 인력과 군마를 동원하는 운송 계책을 세우기

---

27) 김용곤, 조선 전기 군량미의 확보와 운송-임란 당시를 중심으로(한국사학회, 사학연구 32호, 1981.2월), p. 28

가 여간 어려운 상황이 아니었다.

　류성룡은 다행스럽게도 해당 지역을 맡은 황해 감사와 평안 감사의 적극적인 조치로 개성으로 이동해 오는 동안에는 군량 문제를 해결할 수 있었지만 명나라 대군의 진격에 앞서 준비되어 있어야 할 군량이 결핍되지나 않을까 노심초사하였다고 징비록에 기록하고 있다.

　군량 조달의 어려움과 이로 인한 전투의 실패가 상징적으로 나타난 것이 바로 1593년 1월 27일 있었던 명나라군의 벽제관 전투였다. 이여송이 직접 가담한 이 전투에서 명군은 왜군을 가볍게 여기다가 매복하고 있던 1만여 명의 왜군의 작전에 말려들어 참패를 당하였다. 한성으로 전진하여 한성 창고에서 군량을 해결한다는 구상 아래 3일 치의 군량만 가지고 전투에 임했던 데다 때마침 큰비가 내려 땅이 질퍽거리는 바람에 기병으로 이루진 명군은 장칼로 싸우는 왜군과의 보병 전투에서 적수가 되지 못했다. 또한 군마를 위한 말먹이 콩과 풀이 없는 데다 질병까지 돌아 보유하고 있던 2만여 필의 군마 중에서 12,000~14,000여 필이 손실되는 엄청난 피해를 입었고, 군량이 부족해 병사들은 죽은 말까지 먹어야 했다.

　개성으로 후퇴하여 주둔하고 있는 동안 군량 문제가 심각해지자 이를 이유로 이여송이 류성룡 체찰사와 호조판서, 경기 좌감사 등 조선 측 지도부를 호출하여 뜰아래 꿇어앉히고는 큰소리로 호통을 치면서 군법을 시행하겠다고 으름장을 놓는 일마저 발생하였다. 류성룡은 이 일과 관련하여 "나는 마음 속 깊이 사죄하였으나 나랏일이 이 지경에 이른 것을 생각하니 나도 모르게 눈물이 흘렀다. 나중에는 이여송 제독 자신도 민망히 여겨 나에게 사과하였다"라고 징비록에 기록하였다.

군량을 핑계로 철수와 통제를 일삼은 명나라 군사지도부

벽제관 전투의 후유증은 커서 이후 이여송 군이 왜군과 큰 전투를 기피하며 화의를 모색하게 된 계기가 되었다. 이여송 군은 개성으로 물러나서는 급기야 2월 18일에는 평양으로 퇴각해 버렸다. 1593년 3월 하순에 이르러 명과 일본 측 간에 화의가 무르익어 갔다. 이러한 분위기에 따라 왜군의 주력 부대가 4월 서울에서 부산, 울산 등지로 퇴거해 가고, 명군은 평양에 지휘부를 두고 서울과 영남의 성주 · 선산 · 거창 · 경주 · 남원 · 전주 일대에 분산 주둔하였다. 명군에 대한 군량은 조선 조정에서 자체 운영을 위해 수송되는 충청도와 전라도의 전세(田稅)를 전환하여 명군에게 보급한 관곡과 산동 등지에서 수송해 온 명 측 군량으로 겨우 충당되었다(선조26년 8월 7일, 명 측이 보내온 군량은 의주 접수분 쌀(小米) 50,610여석, 콩(豆) 50,310여석, 조(粟秫) 4,780여석이며 평양접수 분은 소미 13,790여석, 콩 16,180여석이라고 호조에서 조정에 보고하였다).

왜군이 남방으로 철군해 감에 따라 명군 지휘부로서는 '항왜원조'(抗倭援朝)의 명분도 어느 정도 달성되었고 조선의 군량지원 능력이 고갈된 마당에 군이 조선에 계속 주둔해 있어야 할 이유가 없었다. 불구대천(不俱戴天)의 원수를 그냥 되돌려 보낼 수 없다는 조선 조정의 반발에도 불구하고 명군 측은 일부 군사만 남기고 철군을 서둘렀고 8월에는 주력 부대가 철수하였다.

계속 남게 될 명군의 규모에 대해서도 조 · 명 양측 간에는 입장이

엇갈렸다. 군량 보급이 가장 큰 난제였던 조선은 재정 상황이나 군량 비축 형편상 5,000명 이상의 주둔은 곤란하다고 주장한 반면 명군 측은 적어도 2만 명은 되어야 한다는 입장이었다. 조선 조정의 판단 으로는 명군 2만 명에게 연간 소요되는 군량은 12만 석은 되어야 하 는데 평시 전세로 거두는 쌀·콩·조를 모두 합해도 23~24만 석 정 도이고 콩과 조를 빼고 나면 쌀은 14만 석 정도에 불과하므로 충당이 불가능하다는 입장이었다. 부족한 병력은 조선의 군사를 훈련시켜 보충한다는 구상을 할 수밖에 없었다.

이러한 논의 과정을 거쳐 1593년 9월 명군은 16,000여 명이 서울 과 영·호남에 분산 주둔하게 되었다. 그리고 이들에 대한 군량 공급 은 왜적의 분탕질로 인해 극심한 피해를 입은 영남지역은 조달이 불 가능하여 전라도와 충청도, 평안도와 강원도 등지의 양곡을 운송하 여 보충해야 했다. 16,000여 명군에 소요되는 한 달 분의 군량은 거 의 13,000~14,000석으로 당시 조정이 파악한 각 지역의 양곡 보유 분은 전라도 50,000석, 충청도 10,000석, 평안도 40,000석으로 4~5 개월 분량에 불과했다.

군량 부족의 원인은 기본적으로 조선의 비축 부족에 기인하지만 명 측이 확보하여 지원한 군량이 의주에 10만 석, 중국의 산동에 10 만 석이 적재되어 있음에도 불구하고 군량 수송이 제때 제대로 이루 어지지 못한 것이 더 큰 원인이었다.

조선의 수송은 조선이 책임져야 한다는 명 측의 요구를 받아들일 수밖에 없었던 데다 육로 운송은 수송인력과 우마(牛馬)의 부족으로 연로의 주현(州縣)에 쌓여 있거나 그마저 운송 도중에 도난당하고 유용되어 증발되기 십상이었다. 그나마 한강이 충주까지 연결되어 있어 의주-강화-서울 용산-충주로 이어지는 수로 수송이 큰 역할을 담당했고 공주는 백마강을 통해, 전주와 남원은 육로를 통해 군량이 공급되었다.

수로를 이용하여 군량을 수송하는데 있어 한 가지 어려운 점은 동절기에 수면이 얼어붙을 경우 선박의 이동이 어렵다는 것이었으나 조선 조정에서는 수로 수송이 육로 운송보다 10배나 편리하다는 판단을 하고 있었다. 이를 뒷받침하기 위해 운송 선박의 건조에 박차를 가하였다.

명나라가 지원한 요동의 군량 10만 석의 경우, 쌓아두기만 할 것이 아니라 10석마다 2석씩(20%) 덜어내어 그것으로 일반 민간 사선(私船)에 선비(船費, 이용료)로 주어 수송을 해결하는 방안을 강구하였다. 그 이유는 10만 석에서 2만 석을 선비로 변제해 주더라도 8만 석은 군량으로 공급할 수 있다는 판단에서였다. 영남의 북부지역에 주둔하는 명군에게 필요한 군량과 군수물자는 수로를 통해 보급하였다. 자연히 한강과 남한강이 수로로 연결되는 충주가 군사 전략적으로나 군수집결지로서 역할이 증대되면서 군사적 요충지가 되어 갔다.

명·일 양측 간에 진행되어 오던 화의 교섭이 결렬되는 방향으로 전황이 변화되는 바람에 3만여 명의 명군이 다시 파병되어 올 수 있다는 소식이 전해졌다. 조선 조정(선조 29년, 1596년)으로서는 군량 확보에 대한 부담을 근심하며 대비하지 않을 수 없었다. 당시 호조에서 조정에 보고한 바에 따르면 명군 3만 3,000명이 6개월(반년)을 주둔할 경우 1일 쌀 660석, 콩 1,100석으로 1개월이면 쌀 19,800석, 콩

33,000석이며 6개월분을 산정하면 쌀이 11만 8,800석, 콩이 19만 8,000석으로 쌀과 콩을 모두 합치면 31만 6,800석이 소요된다는 판단이었지만 대군인 명군을 먹일 수 있으려면 중국의 산동과 요동에서 해상이나 육로로 군량이 수송되지 않는 한 조선 자체적인 능력으로서는 도저히 감당할 수 없었고 확보할 수 있는 방책도 만무한 실정이었다.

더욱이 조선으로서는 수레나 인마(人馬)가 부족하여 요동으로부터의 육로 수송이 어려웠을 뿐만 아니라 산동에서 강화로 수송해 오는 문제 또한 선박이 넉넉하지 않고 해상의 도적 떼들이 들끓고 있는 상황이어서 난감하기 이를 데 없었다. 농사를 짓던 양민들이 왜란을 당해 사방으로 흩어져 피난해 버림으로써 경작민이 급격히 감소하였던데다 농토마저 황폐되어 예전 수준의 전세(田稅) 수입을 기대할 수 없는 상황이었다. 조선 건국 이후 장기간의 대규모 전란을 당하지 않았기 때문에 전례 또한 없었다.

1597년 1월 정유재란으로 명군 3만 3,000여 명이 다시 파견되어 올 때까지 명군에 대한 군량 지원 문제 해결을 위해 조선 조정에서 모색한 방안은 궁색하기는 했지만 나름대로는 다양한 조치들이 논의되었다. 당시 채택된 군량 확보 대책은 대체로 다음과 같다.

모곡에 공을 세운 군공청의 수령들에게 승진이나 상위 관직을 제수하거나 공사천 노비와 서얼 등에 대해 면역(免役) 또는 면천하여 양반으로 승격시켰다. 그리고 당시 어염(魚鹽) 생산이 곡식과 포목 교환 등으로 많은 수익을 내고 있던 점에 착안하여 충청도 태안과 황해도 옹진, 전라도 무장 등지에서 소금생산을 증대하여 군량과 교환하는 조치를 취하였다. 또한 공물을 쌀로 대신 받는 공물작미(貢物作米)와 은 (銀)의 채광을 통해 은화(銀貨)를 사용하고 있던 명으로부터 곡물을 무역해 오는 대책이 강구되기도 했다.

군사가 주둔하고 있는 지역에는 둔전(屯田)을 경작하게 하여 현지에서 생산된 곡식으로 급식을 해결하도록 하는 둔전 경작이 권장되었다. 이에 따라 명 측에 대해서도 명군이 주둔하는 대구, 상주, 안동, 성주 등 지역 단위로는 둔전을 경작하게 하는 한편 명군의 군량만큼은 명 측이 해결해 줄 것을 간곡히 요청하여 산동지방에서 10만 석, 요양 등지에서 6만 석을 추가로 공급하겠다는 약속을 받았다. 둔전에 대해서는 일반적으로 많이들 이해하고 있지만 이해를 돕기 위해 논문 『임진왜란기 국가의 둔전 설치와 경영』을 쓴 송양섭 교수의 설명을 잠시 부언한다. 둔전은 1593년(선조 26년) 10월 선조의 서울 복귀 후 창설된 훈련도감의 병력에 대한 급식 해결책의 방안으로 처음 채택되었고, 이후 전시 상황하에서 군량의 확보와 유민의 안정 및 보호 관리라는 두 가지 목적을 띄고 호조와 안집도감의 관리하에 점차 확대되었다. 시행 방식에는 군사력을 동원한 경작, 유민에 의한 경작, 일반 양민에 의한 둔전 병작, 부역 노동 징발에 의한 강제 경작 등의 방식이 있었다. 농민의 자율적인 영농에 기초하지 않고 '관청에 의한 부역제' 성격의 강제성으로 인해 농지개간의 부진, 생산성 부족에 기인한 안정적 소출 곤란 등으로 점차 쇠퇴해 갔고 결국에는 조정 스스로 둔전 설치에 의한 군량 조달책은 실패한 것으로 평가하였다.

강화도와 의주로 운송된 명의 양곡과 조선이 자체적으로 확보한 군량은 한성을 거쳐 영남과 호남으로 가는 통로의 각참(各站)에 비축되었다가 지출되었다. 평안도에 4참, 황해도에 3참, 경기도에 2참, 충청도에 3참, 전라도에 2참, 경상도에 2참이 설치, 운영되었다. 명군이 재파병 되어온 1597년 5월부터 1598년 2월까지 조·명 양국군에 공급한 군량은 240,863석으로 조선 자군에 27,413석, 명군에 213,450석이 공급되었다. 이런 자료를 유추하면 10개월여 기간 동안 매월 2만 석 이상의 군량이 필요했다는 점을 알 수 있다.

그리고 1597년 5월부터 1598년 9월에 이르기까지 한성의 용산창과 강화도 창에 도착한 곡식이 모두 39만 5,350석이라고 보고한 것과 1598년 2월 명나라의 도독 진린(陳璘)이 수군 5,000명을 거느리고 원군(援軍)해 왔던 것을 감안하면 적어도 매월 3만 석 이상의 군량이 소요되었을 것으로 추정된다. 다만 명 측은 자기들이 제공한 군량의 운송이 어려워지자 군량은 자신들이 확보하지만 선박 동원 등 수송은 조선 측이 책임지도록 요구하여 수송 선박의 확보에도 전력을 기울여야만 했다.

이러한 명 측의 요구와 해상 운송의 유용성에 따라 조선 측은 선박 확보에 박차를 가하여 정유재란 말기에는 500여척을 확보하게 되었다. 한편 명 측은 조선 측이 인마(人馬) 부족으로 군량 운송에 많은 어려움이 따르자 은자(銀子)를 활용하여 군량을 구입하도록 하기 위해 은자 1만 5,000냥을 명군에게 지급하기도 했다. 명군 측의 요청에 따라 조선 측은 은자 1만 5,000냥을 5만여 필의 청람포(靑藍布)로 바꾸어 이 청람포를 곡식과 교환하여 사들이도록 하였다. 각도에 할당되었던 분량은 함경도에 15,000필, 전라·강원 양도에 각각 1만여 필, 경기에 5,000필이었다. 은자를 청람포로 바꾼 배경에는 조선에서는 아직 은자를 유통수단으로 사용하고 있지 않았고, 미곡은 있지만 오히려 포물이 귀했기 때문에 인기 생필품인 청람포로 바꾸어 미곡과 교환하도록 했던 것으로 보인다.

약탈과 착취로 병량미를 해결한 왜군

1592년 4월, 30여만 명으로 편성된 일본의 원정군 중 대한해협을 건너 조선에 상륙하였던 왜군은 9개 군 15만 8,700명이었다. 교통통신이 발달하지 않았던 당시 상황에서 이 많은 병력을 동원하고 동력선도 아닌 돛을 단 범선 1,000여척(전쟁 말기에는 3,000여척에 이르렀다고 하였다.)으로 노를 저어 대한해협을 건너 원정해 온 사실만 놓고서도 히데요시의 야심과 의지를 읽을 수 있다. 한편으로 조선은 국방력이 얼마나 미약하고 만만하였으면 이런 도전이 가능했을까를 유추해 볼 수도 있다.

임진왜란 초기 왜군이 상륙 2개월 만에 평양-두만강에 도달하는 쾌승을 거두며 진격해 가던 때에는 조선을 완전히 점령하는 것이 시간 문제일 것 같았다. 그러나 수개월 만인 이듬해 1월 평양에서, 그리고 4월에는 서울에서 물러나 급기야 일본과 가까운 부산포와 울산의 해안선 지역으로 밀려나게 되었던 것은 표면적으로는 명나라 원군의 참전 때문이었지만 실제로는 군량의 부족 문제로 인해 전투를 더 이상 지속하거나 확대하기 어려웠던 한계 상황 때문에 어쩔 방도가 없어 택한 후퇴 이동이었다.

왜군이 평양으로, 함흥으로 진출해 갔지만 나라를 지키기 위해 의병으로든 관군으로든 분연히 일어선 백성들의 분발과 저항에 힘입어 영·호남·충청도 등 후방지역이 점차 회복되고 안정되어 갔다. 이러한 안정에 힘입어 부산포에서 평양에 이르는 왜군들의 후방 병참선을 차단하게 된 데다 고니시-가토 두 주력 군사지도부 간의 내부 분열과 병력의 이탈, 조선으로의 귀화 등의 문제가 복합적으로 발생하여 압록강·두만강 선까지 더 이상 진격해 가지 못하였던 것이다.

왜군의 군량 확보에 대해서는 ① 도요토미 정권 차원에서 병량미를 조달하여 조선으로 운송하였다. ② 처음부터 침략지인 조선 현지에서 확보하려고 했다. ③ 전쟁에 참여한 일본 다이묘들도 각자 준비하였으나 점령지 조선 현지 약탈로 변화되었다 등의 여러 견해가 있으나 두 번째 견해, 즉 처음부터 침략지인 조선에서 병량미를 조달하여 해결하려고 하였던 것으로 이해하는 것이 일반적인 경향이다. 그럴 수밖에 없는 것이 노를 젓는 범선으로 이동해야 하는 어려움에다 대병력에 소요되는 막대한 양의 군량을 일본 본토에서 수송해 온다는 것은 현실적으로 불가능했기 때문이다.

일본 측의 기록에 의하면 도요토미 정권은 개전 2년 전인 1590년부터 각 다이묘들에게 군량을 준비하도록 지시하였다. 전란을 일으킨 임진년 4월부터 9월까지 초기에 소요되는 6개월 동안의 군량을 30만 석(조선 기준으로 120만 석에 해당하는 막대한 양이었다.)으로 판단하고 이를 동국 군단과 서국 군단으로 나누어 준비, 해결하도록 한다는 계획 하에 히데요시의 최고 지휘부와 직속 군사 및 가신단 등이 포함된 동국 군단에 대해서는 도요토미 정권 차원에서 준비·지급하고 고니시,

가토 등이 주축이 되었던 서국 군단은 다이묘 스스로 준비하도록 지시되었다. 이런 기록에 비추어 보면 적어도 임진왜란 초기에는 일본으로부터 병량미가 조달될 수 있는 준비가 이루어졌고 부분적으로는 운송도 이루어졌던 것으로 보인다.

그러나 실제 왜군들은 평양으로, 다시 한성을 거쳐 부산포와 울산으로 이동해 가는 도중 식량 약탈에 항거하는 조선의 관군과 의병들을 폭력적 방식으로 제압하며 군량을 조달하였다. 예상했던 것보다 조선의 방비 태세가 미약했고, 곡식 창고를 지키는 경비 군사마저 피신하고 없었기 때문에 출혈 없이 조선의 군현이 보유하고 있던 관곡을 용이하게 접수할 수 있었다. 제2군 사령관 '가토'가 술회하였듯이 병량미 사정이 본토 영지보다도 풍부하여 굳이 일본에서 수송해 올 필요가 없었던 것이다.

왜군이 조선 현지에서 군량 조달 문제를 해결하려고 한 상황은 한성을 점령하자마자 히데요시가 발령한 조선 8도 관할 책임지휘관 임명 및 병량미 분담 계획에서 상징적으로 잘 나타나고 있다. 이때 히데요시가 내린 조선 8도 분담 임명과 할당한 병량미 확보 분담 계획은 총 8,916,186석으로 경상도 모리(毛利輝元, 2,887,790석), 전라도 고바야가와(小早川隆景, 2,269,379석), 충청도 후쿠시마(福島正則, 987,514석), 경기도 우키다(宇喜多秀家, 왜군 총대장, 775,133석), 강원도 모리(毛利吉成, 402,289석), 황해도 구로다(黑田長政, 728,867석), 평안도 고니시(小西行長, 1,794,186석), 함경도 가토(加藤清正, 2,071,028석)이었다.[28] 결론적으로, 왜군은 전쟁 초기부터 조선에서 군량을 조달하려고 했던 것은 아니었지만 전쟁이 어느 정도 경과된 이후부터는 조선에서 본격적으로 조달했던 것이다.

앞서 언급한 바와 같이 조선 내에서 전국적으로 의병이 궐기하고 관군이 점차 안정을 회복해 감에 따라 왜군에 대한 공격과 저항도 더욱 강력해져 임진년 하반기 이후부터는 왜군의 현지 군량 조달 문제가 난관에 봉착하였다. 특히 곡창인 전라도와 충청도 점령에 실패함에 따라 명나라로의 진격은 엄두를 낼 수 없었다. 나고야와 대마도, 조선의 풍기와 부산포 등에 보관되어 있던 군량이 소진되고 일본 본부로부터 군량 공급이 어려워지자 조선의 영남 해안가에 주둔해 있던 고니시, 가토 등 각 다이묘 휘하의 왜군들은 주둔 현지 주변의 개간과 폭력적 약탈을 통해 식량 해결을 시도하는 한편, 자신들의 본국 영지에서 군량을 확보하고 운송 선박도 직접 준비하여 수송해 오는 방책을 강구하지 않을 수 없었다.

1593년 5월 이후에는 울산-부산포를 연하는 영남의 해안으로 후퇴했다가 1593년 8월부터 10월 사이 일부 병력만 남기고 본대 대부분의 병력이 일본 본토로 철수할 수밖에 없었던 이유도 당초 내걸었던 조선 점령이라는 전쟁 목적의 달성에 실패했을 뿐만 아니라 조선 내의 식량 사정이 바닥을 드러내어 더 이상 군량 확보를 기대할 수 없었던 한계 상황 때문이기도 했다. 1차 침입이었던 임진 전란을 통해 군량 확보와 수송이 적절히 이루어지지 않으면 전쟁을 계속할 수 없다는 점을 뼈저리게 경험한 왜군은 1597년 1월 정유재란을 감행하면서 군량 문제를 선결적으로 해결하기 위해 곡창지대 호남으로의

28) 이종봉, 임진왜란 시기 일본의 병량미 보급과 그 정책(부산대 한국민족문화연구소, 한국민족문화 27, 2006.4월), p.70 ; 주 29

진출을 최우선 과제로 삼았고 이를 위해 제1 주력군인 고니시 군으로 하여금 순천을 향하도록 전략적으로 배치하였다. 고니시는 이순신의 조선 수군 세력을 제거하지 않고서는 호남으로 진출하기 어려웠기 때문에 갖은 계략을 다 동원해서라도 이순신을 제거하고자 한 것이고 여기에 성공하여 유유히 호남으로 진격해 갈 수 있었다.

왜군이 호남의 남원성과 전주성 점령에 성공한 이후부터 왜장들은 전쟁을 지속하려고 끝까지 버티며 곡창지대인 이곳에서 군량을 확보하고자 했고, 식량 수탈에 항거하는 조선 백성들에 대해 심지어 그들의 귀와 코까지 베어가는 만행을 일삼기까지 했다. 왜군이 한성에서 후퇴해 간 이후부터 정유재란이 끝나는 순간까지 조선 땅에서 벌인 모든 전투의 근원적 배경에는 군량 확보가 전제되어 있었던 것이다.

제9장

일본에 끌려간 조선 백성들의 피맺힌 절규와 한탄

임진왜란 당시 왜군에 의해 연행·납치되어간 조선 백성들의 안타까운 역사와 역경을 여기서 살펴볼 것이다. 국가간의 전쟁은 곧 국민의 피해로 귀결된다. 그러므로 전쟁을 겪은 국가의 최우선 책무는 납치·연행되어 간 군인과 관료, 백성들을 송환하기 위한 외교 노력에 최선을 다하는 것이다. 그런 점에서 임진왜란을 겪은 조선 조정이 전쟁포로 송환 노력을 어떻게 하였는지 점검해 보는 것은 매우 의미 있는 일이다.

포로와 인신매매로 끌려간 10여 만의 조선 백성들

우리 조상들이 당하고 겪은 전란 중에서도 상상을 초월할 정도로 많은 피해를 남긴 전쟁이 바로 임진 전란이었다. 이 글의 여러 부분에서 조선의 인적, 물적 피해를 기술하였지만 관련 내용을 추적할수록 왜군에 의한 '조선 백성들의 연행, 납치가 처절하고 애절했을 뿐만 아니라 국가 발전을 저락시켰음'을 확인할 수 있었다. 임진왜란을 당하기 전까지 나름대로는 평화를 갈구하며 문화와 전통을 계승, 발전시켜오던 조선은 졸지에 경복궁이며 불국사를 화염 속에 날려 보내는 광경을 목격해야만 했고, 순박하고 성실하게 살아오던 10만 여 명이 넘는 수많은 조선의 백성들은 포로가 되어 노예 생활을 감내해야만 했다. 그들 중 일부는 인신매매까지 당하여 인도며 유럽으로까지 팔려 가는 신세를 면치 못하였음을 역사는 증언하고 있다. 전란을 당한 그때의 조선인들이 느껴야 했던 안타까움과 비애, 절망감이 얼마나 처절했을지 생각하니 후손된 자로서 왜란의 역사 앞에 숙연해지기까지 한다.

반면 조선을 침탈해 간 일본은 전란이 끝나면서 히데요시에 이어 정권을 장악한 도쿠가와 이에야스 시대(德川時代)에 이르러 조선으로부터의 약탈과 연행 덕분에 일본 문화가 크게 성장하는 도약대가 마련될 수 있었고 오늘날까지도 이어지고 있다고 생각하니 솟구치는 울분을 억제하기 어렵다. 부언컨대 전란 기간 조선으로부터 약탈해 간 활자며 그림, 서적 등의 문물과 포로로 납치하여 연행해 간 조선의 선비들과 인재들, 우수한 활자 인쇄공들 덕분에 일본은 그들의 정치사상에 큰 영향을 끼친 성리학을 비롯해 학문과 인쇄 문화를 발전시킬 수 있었다. 그리고 조선에서 연행해 간 이삼평(李參平, ?~1656), 심당길(沈當吉, 沈壽官의 조상) 같은 도자기 기술자에 의하여 일본의 도자기 문화가 크게 발달하여 그들이 도조(陶祖)로 불리어지게 되었고 오늘날 일본이 세계적인 도예국으로서의 기술력과 문화를 자랑하게 된 것도 이때부터 시작되었다.

앞서 임진왜란을 개괄하면서 언급한 바와 같이 관련 문헌을 종합해 보면 전란으로 당시 조선의 1천만 인구가 670만여 명으로 급감하였고 정확한 통계는 없다. 그러나 일본에 납치 연행되어 끌려간 조선인이 적게는 2~3만여 명(일 측 견해)에서 10만여 명(우리 측)에 이른다는 것이 일반적인 견해이다.[29]

우리 측이 납치·연행되어 간 조선인 수를 10만여 명으로 추정하는 명확한 근거는 없으나 1597년 9월 왜군에 의해 일본으로 납치되었다가 1599년 6월(선조 32년) 조선으로 귀환한 정희득이 올린 상소문-그의 유고, 월봉해상록(月峯海上錄)에 포함되어 있다-에 "왜에 잡혀간 포로로 남자가 3~4만은 되고 늙은이나 연약한 여자는 그 수가 갑절이나 될 것"이라는 언급과 1617년(광해군 9년) 다른 피로인 전이생의 상소문에 언급된 "사츠마 주(살마주, 薩摩州)에 잡혀온 자가 30,700여 명이나 된다"라는 내용과 같은 기록에 근거하여 대략적으로 추정하고 있는 납치 규모이다.

이토록 많은 조선 백성들이 끌려갔지만 전란 후 파견된 조선 사절이 송환해 오거나 쓰시마 영주가 자신들의 생존을 위해 조선과 통교를 회복하고자 송환한 경우, 또는 자력으로 도망쳐 온 경우 등을 합쳐도 겨우 7,500여 명 정도밖에 돌아오지 못했다는 것이 일반적인 평가이다. 달리 말하면 일부 귀환해 온 백성들 외에는 모두가 일본인이 되어 버렸다는 것이다. 일본에 붙들려 간 조선인 포로들은 북으로

---

29) 민덕기, 임진왜란기 납치된 조선인의 일본 잔류 배경과 그들의 정체성 인식(한국사연구 제140호, 국사편찬위원회, 2007년), p. 36.

는 간토와 도후쿠 지방에서부터 남으로는 오키나와에 이르기까지 거의 일본 전역에 광범위하게 분산, 배치되었고 그중에는 중국·동남아·인도·이태리 등 유럽에 전매되기까지 하였다.

왜군에 짓밟히고 명군에 안전을 구걸해야 했던 조선의 백성들

왜군이나 일본의 상인(노예상)들에 의해 납치, 연행되어 간 조선인에 대해 부로(俘虜), 부인(俘人), 포로(捕虜) 등으로 호칭하기도 하나 당시 조선 정부가 부른 호칭은 '피로인(被擄人)'이었다(이런 점을 감안하여 이하 '피로인'으로 기술).

참고로 한일관계의 역사를 쓴 정재정 저자에 의하면 "같은 기간 동안 왜군에 의해 입은 인적 피해로 학살되거나 기아와 질병으로 사망한 조선인이 100~150만여 명에 이르며 당시 인구의 5분의 1 내지 4분의 1에 해당할 만큼 많은 백성들이 희생당했다. 그리고 귀와 코를 베인 사람들이 적어도 10만여 명, 강제로 일본에 납치, 연행되어 끌려간 백성들(피로인 被擄人)이 9~14만여 명이나 된다"라고 했다. 그런 까닭에 전쟁이 끝난 뒤 오랫동안 조선의 길거리에는 귀와 코가 없는 상해자가 넘쳐났고 일본 내에서는 조선인 피랍자들이 사역 당하는 모습이나 호곡하는 소리가 끊이지 않았다고 했다. 그만큼 히데요시의 조선 침략은 잔악무도했고 지금도 교토에 있는 이총(耳塚)에는 어림잡아 4만여 개의 조선인 귀와 코가 묻혀 있고 나머지는 일본 각처에 유사한 이름의 무덤에 잠들어 있다.

그들이 이총(耳塚)을 관리하고 있고 희생된 조선인의 원혼을 달래기 위해 자민심(慈愍心)을 베푸는 것 같지만 사실은 히데요시 자신의 위엄을 높이고 전승을 축하하며 전공을 후세에 전하기 위한 공치사 차원의 선전 속셈일 뿐이었다. 오늘날에도 일본인들이 2차 대전에서 희생된 영혼들을 야스쿠니 신사에 봉안하여 참배, 위로하고 있는 것은 어쩌면 자기들 스스로나 후세인들이 복수를 당하지 않기 위해 올리는 일종의 변형된 제사이며 희생된 원혼들의 원한이 불러올 화(禍)가 부담되어 자구책으로 강구한 조치일 뿐, 희생된 조선 백성들의 원혼을 달래기 위한 인도적 배려는 아니라는 점을 유의할 필요가 있다. 왜냐하면 일본인들의 이런 심보는 자칫하면 더 큰 살상을 초래할 수 있는 기재가 될 수도 있다는 점에서 한심스러운 작태일 수도 있고 무고하게 사람을 죽이더라도 공양하기만 하면 그만이라는 굴절된 심리가 그들의 민속이나 종교로 고착되어 있는 것은 아닌지 의구심을 지울 수가 없기 때문이다.

비슷한 관점에서 『일본사 강의』를 쓴 구태훈 저자는 정유재란을 '노예사냥' 전쟁이었다고 설명한다. 당시의 참상과 애환을 잊지 말자는 뜻에서 임진왜란 당시 관련자들이 쓴 기록을 인용하여 아래와 같이 여러 예화를 소개하고 있는데 시사하는 바가 크다.

왜군의 일원으로 종군한 일본의 승려 게이넨(慶念)은 1597년 8월 8일자 일기문에서, "오늘도 보았다. 무엇에 쓰려는지 조선인 어린이를 묶어서 끌고 가는 것을! 일본 무사에게 손을 모으고 살려달라고 애원하는 부모를 현장에서 베어 죽이고 어린이를 끌고 가 버렸다"라고 했다. 그리고 이렇게 끌려간 어린이는 나가사키에서 노예로 팔려나갔고 조선인 노예는 화승총, 비단, 담배 등과 교환되었다.

포로로 연행되어 갔다가 귀환한 강항의 『간양록』에서는 "이곳 무한현에 당도해 보니 잡혀 온 조선인이 무려 천여 명을 헤아렸다. 새로 잡혀 온 사람들은 밤낮으로 무리 지어 거리를 방황하며 울고 있다. (중략)…길옆에는 아무렇게나 쌓인 시체가 산을 이루고 있었고 울음소리가 하늘에 사무쳐 마치 파도처럼 출렁거리는 것 같았다"라고 했다.

이탈리아 선교사 카렛티(Carletti)는 그의 기행문에서 "꼬레아에서 헤아릴 수 없이 많은 수의 남녀노소가 노예로 잡혀 왔다. 그중에는 보기에도 딱할 만큼 가련한 어린이도 있었다. 그들은 모두 한꺼번에 헐값에 매매되고 있었다. 나도 12스큐티를 내고 다섯 명을 샀다. 그들에게 세례를 준 후 인도까지 데리고 가서 자유로운 몸이 되게 놓아 주었다. 그중 한 아이만은 플로렌스 시로 데리고 갔다. 그는 지금 로마에 살고 있다. 그는 안토니오 꼬레아라는 이름으로 불린다"라고 증언하였다.

졸지에 전란을 당한 조선의 백성들은 대부분 경황이 없는 상황 속에서 밀어닥치는 왜군들에 의해 속절없이 연행되거나 납치되는 운명에 놓였다. 그들은 양반과 평민·노비 등 상·하층 가릴 수 없이 왜군에 납치·연행되어 포로 신세가 되었다. 조선의 백성들이 왜군에게만 끌려간 것은 아니었다. 일부 백성들은 이판사판의 경황이 없는 상황에 놓이게 되자 생존하기 위해 구원군과 같은 명나라 군에 귀순하거나 만주 요동 일대로 피신하여 안전을 구걸하다시피 하며 살아갔다. 명나라 군에 귀순해 간 경우는 전란 3년 차 되던 1594년 8월 25일(선조 27년)과 1599년 9월 22일(선조 32년)의 선조실록 기록을 살피면 실상을 어느 정도 파악할 수 있다.

선조 27년 8월 25일(선조실록 54권) 기사, 유 총병(유정 부총병, 사천 총병으로 참전하였고 나중에 이여송의 후임으로 총병이 되었다.)을 좇아 명나라로 들어간 조선인을 쇄환하도록 하다

(선조가) 정원에 전교하였다. "어제 유 총병의 회자(답신)를 보니 우리나라 사람을 데려가지 말라는 것을 쾌히 승낙할 의사가 없는 듯하다. 여자는 그만두더라도 이렇게 전쟁을 하는 시기에 남자 장정은 한 사람이라도 어찌 애석하지 않은가. 이제 명나라 사람이 데려가는 장정 중에 스스로 나오는 자를 공·사천은 양인(良人)으로 만들되 양인은 금군(禁軍)에 제수하여 입고 먹을 것을 주고 훈련도감에 소속시켜 특별히 보살피도록 하라. 혹시 미혹된 생각을 깨닫지 못하고 들어가 나오지 않거든 병부에 알려 모두 쇄환하거나 아니면 방문을 많이 만들어 언문으로도 번역해서 믿을 만한 사람에게 부탁하여 그 속에 들어가 타일러서 이끌고 나오도록 하라…(중략)…지금 기회를 잃고 도모하지 않으면 뒤에는 할 수가 없다. 비변사에 말하라."

선조 32년 9월 22일(1599년 전란 8년 차, 선조실록 117권) 기사, 비변사가 유민의 쇄환과 명나라 수병에 의한 군정 납치의 중지 등을 청하다

비변사가 아뢰기를, "난리를 겪은 후 우리나라 남녀가 모두 살 곳을 잃고 유리하여 생활의 계책이 없습니다. 계사년 간 명군이 영남에 주둔하였을 때 본토의 남녀로서 명군을 따라 호구하던 자가 무려 수백 명이었는데, 명군이 철수해 돌아갈 때 그들을 따라 상국 지방으로 들어갔습니다. 심지어 남도 일대 및 경성(한양), 서도 사람 또한 따라 들어간 자가 몇 백 명인지 모릅니다. 그리하여 전후 모두 1천여 명에 달하는데, 혹은 요동 지방에 우거하기도 하고 혹은 광녕, 산해관 사이에 흩어져 걸식하면서 각각 고향으로 돌아오기를 원한다 하니 몹시 측은합니다. …

전라우수사 김억추의 장계를 보건대, 돌아가는 수병의 배가 8,000여
척인데 1척마다 우리 군정 6, 7명씩 잡아 배에 싣는다고 하니 매우 놀
랍습니다. (중략)…하루 속히 분부하지 않으면 기일이 지연되어 떠나게
될 것입니다."

왜군의 조선인 연행 목적과 납치 이후의 생활

당시 조선인들의 납치 목적에 대해서는 가해자의 입장에 있는 일본
측과 피해를 입은 우리 측과는 추정 견해에서 사뭇 다를 수밖에 없다.
일본의 나이토 교수(동경대)는 ① 농민과 하인이 병력과 지원인력으로
조선 원정에 동원됨에 따라 발생한 각 번의 부족 노동력의 보충을 위
해 ② 당시 일본 내에서 유행한 차문화(茶道)에 필요한 도기 수요의 해
결과 조선의 뛰어난 도자기 기술 확보를 위해 ③ 미모를 갖춘 여성과
조선 체류 중 포섭한 동거녀, 학식 있는 지식인, 재능 있는 기술자 등
조선의 우수 인력을 활용하기 위해 ④ 전쟁 중 왜군에 협조한 조선인
첩자들에 대해 배려 차원에서 대동해 간 것 등을 주된 납치 목적으로
파악하였다.

이에 대해 이원순 교수(서울대, 국사편찬위원장 역임)는 무엇보다도 ① 그
들의 조선 원정으로 공백이 발생한 농촌의 경작 사역 인력에 충당하
기 위해 ② 일본 내 권세가들의 가사 노예로 활용 내지는 우수한 조
선의 기술력 탈취를 위해 도공 및 조선의 산법과 인쇄술, 기술 장인,
학식 보유자를 납치해 가기 위해 ③ 군량 수송, 축성, 잡역 등 군사
노역에 필요한 인력의 확보를 위해 ④ 포르투갈 상인에게 노예로 매
매하기 위해 ⑤ 점령지 조선에서의 성적 욕구 해소를 위해 여성을 납

치해 갔다는 등을 주된 목적으로 보면서 임진왜란을 사실상 노예 전
쟁이었다고 규정하였다.

필자도 일본 농촌의 노동력 확보를 위해서라든지, 일본의 권세가
들의 가정에서 가사 노예로 부려 먹기 위해서, 도예촌이나 공업시설
에서 도공과 기술자로 활용하기 위해서, 그리고 포르투갈 노예 상인
들에게 인신매매를 하기 위해서 등은 역사적으로도 입증되고 있어
양측 관련 학자들의 설명은 타당해 보인다. 특히 100여 년간의 전국
시대를 거치고 있던 일본으로서는 조선으로 출전한 다이묘들이 다
스리던 농촌에서 많은 젊은이들이 오랫동안 병력으로 동원되어감에
따라 일손 확보에 어려움을 겪고 있었다. 그러던 차에 때마침 일본
으로 납치, 연행되어 온 조선인은 더할 나위 없이 좋은 노동력 보충
자원이었을 것이다. 그러나 조선 원정에 참여한 다이묘들이 잡혀 온
남자들에게 포술이나 검술을 가르쳐 다시 그들의 병력으로 재활용
하거나 함선에 배치하여 노동력으로 쓰는 등 자신들의 군사로 활용
하는데 동원했다든지 부녀자들과 15세 이하의 어린아이들이 너무도
많이 납치되어 간 것에 대해서는 추가적인 설명이 없는 것은 아쉬운
부분이다.

일본으로 잡혀간 조선 백성들이 일본의 군사로 활용되었다는 사
실은 강항이나 정희득, 조선 조정이 파견한 회답겸쇄환사(回答兼刷還使,
선조수정실록, 선조 40년, 1607년 1월 1일 참조)들이 직접 목격하고 조정에 보고한
기록이 있다. 그리고 부녀자의 납치는 가사 노예 인력으로, 어린이는
미래 노예로 활용하기 위한 장기적 견지에서 '오랫동안 편하게 부려
먹기 위해' 연행 · 납치해 간 것도 사실로 확인되고 있고 적게는 수만

명에서 많게는 10여만 명이 넘을 만큼 대규모였다는 점에 비추어 볼 때 '노예전쟁'으로 규정한 이원순 교수의 논지에 공감하게 된다. 납치, 연행된 조선의 부녀자와 어린아이들은 성인 남성에 비해 육체적으로 연약하고 자포자기 상태에 놓여 있어서 왜군의 요구와 만행에 순종하는 편이었을 것이고 도주 가능성도 낮아 적절히 가르쳐 관리하고 잘 성장시키면 다스리고 활용하기에 용이하였을 것이기 때문에 닥치는 대로 납치해 간 것으로 쉽게 짐작할 수 있다.

필자는 이 부분과 관련하여 민덕기 교수의 논문에서 일본의 인신매매상들에 의해 포르투갈 노예 상인들에게 넘겨져 가는 조선인들과 관련한 내용을 살펴보다 너무도 안타깝고 잊혀서는 안 될 역사적 사실들이라는 생각이 들어 관련 내용을 인용하였다.

왜군에 종군하며 정유재란의 참상을 직접 기록한 일본인 승려 게이넨(경념, 慶念)은 「조선일 일기」 11월 19일 조에서 다음과 같이 고발하고 있다.

일본에서 갖가지 장사꾼들이 조선으로 건너왔는데 그 가운데는 인신매매 상인들도 있었다. 이들은 일본군 진지를 따라다니며 남녀노소를 막론하고 조선인들을 사들여 새끼줄로 그들의 목을 줄줄이 엮어 묶은 후 빨리 가게 몰아댔다. 혹 잘못 걷기라도 할라치면 몽둥이로 내리치며 내모는데, 그 모습은 마치 지옥의 무서운 귀신이 죄인을 다루는 것이 저럴 것인가 여겨지게까지 하였다. …(이들 조선인들을) 원숭이를 엮듯 묶고서는 볶아대며 소와 말을 끌고 짐을 지고 가게 하는 모습은 차마 눈으로 볼 수 없었다…

…또한 이렇게 잡혀간 조선인들은 일본의 인신 매매상들에 의해 조총

이나 비단과 교환되어 포르투갈 상인에게 넘겨지게 되었는데, 이에 대해 야마구치(山口)는 다음과 같이 평가하고 있다.

당시 일본에 보내어진 '부로'(俘虜) 중에는 순수한 부로보다는 비전투원인 어린이나 부녀자가 많았다. 이들은 일본의 인신 매매상에 의해 다발로 묶여서 포르투갈 상인들에게 조총과 백사(비단)를 교환하는 대가로 건네졌다. 그리하여 그들은 가깝게는 마카오에, 멀리는 인도 방면으로 팔려나갔고 어떤 경우에는 포르투갈 식민지 등지로 전매되기까지 했다. 조선에 파병된 다이묘 중에는 매매를 목적으로 조선인을 잡아 보낸 경우도 있었다.

그렇다면 일본에 납치 연행되어간 조선인 포로들은 일본에서 어떻게 취급되고 어떤 생활을 하며 살았을까? 백성의 안위와 생존을 책임지는 조정이었다면 전란이 수습되는 대로 포로로 끌려간 백성의 인도와 문화재의 반환을 위해 다각적인 대책을 수립하고 외교적 교섭 노력을 경주하는 것이 국가의 도리이자 당연한 책무였을 것이다. 그러나 '선조실록'의 어디에도 임진·정유왜란 당시 왜군에 의해 납치되어 간 조선의 백성들이 일본의 어느 곳에 주로 분산, 배치되어 있고 어떻게 '쇄환'해 올 것인지에 대한 구체적인 논의 내용은 기술되어 있지 않다.

군왕과 조정의 대내외 상황 대처 노력과 국사에 대한 논의, 업적 등을 주로 기록하는 왕조실록의 성격상 '백성의 귀환'이라는 특정 사안에 집중하여 기술할 수는 없었을 것으로 이해는 되지만 전후 처리에 있어 이 보다 더 중요한 국가적 과제가 없다는 점에서 매우 유감스럽다. 군왕 선조가 백성의 귀환에 대해 깊은 애정과 관심을 표명하면서 잘 대처해 갈 것을 주문하고는 있으나 그때그때 관련 사실을 보고받고 지시하는 정도의 사실 중심으로만 기술되어 있어서 조선의 조정이 얼마나 관심있게 그리고 전략적으로 접근해 갔는지를 살펴보기에는 한계가 있기 때문이다.

조선 백성들의 납치·연행은 고니시·가토·나베시마·구로다·모리·고바야카와 등의 왜장들이 지시하여 실행되었다. 이들의 영지가 주로 일본의 서부지역인- '관서지방' -규슈와 시코쿠, 교토, 오사카 등지였다는 점에 비추어 보면 조선인 포로들도 그들의 영지로 납치, 연행되어 갔을 것으로 쉽게 생각해 볼 수 있다. 따라서 해당 지역은 후쿠오카, 사가, 나가사키, 구마모토, 가고시마, 시코쿠 지역과 일본 왕과 히데요시가 있는 수도 교토, 오사카, 나고야 등지, 그리고 포로 귀환을 수용한 도쿠가와 이에야스의 영지인 에도와 도후쿠 지방의 도시와 항구 등지가 될 것으로 추정해 볼 수 있고, 일부는 사실로 입증되고 있다.

그렇다면 그들은 실제 어떻게 관리되었을까? 우리가 이미 배워서 알고 있는 사실이기는 하지만, 일본에 끌려간 조선인들은 전쟁을 통해 정복된 나라의 백성들이라는 점에서 대접을 받거나 귀하게 존중되었을 리는 만무했다. 백지원 저자가 쓴 『조일전쟁』에서 일본인 역사학자 요네타니 히토시의 자료를 인용하여 일본에 끌려간 조선인들의 당시 생활상과 당시 일본의 지도층들이 조선인 포로들을 어떻게 대우하고 활용했는지를 근거 있게 설명하고 있어 참고를 위해 인용하였다.

"원균의 군관이었던 제만춘(그는 임진년 9월 부산포해전 이후 웅천으로 왜군의 동정을 살피러 갔다가 영등포 앞바다에서 왜군에 포로로 붙잡혀 나고야로 이송되어 갔으나 이후 탈출, 귀환하여 왜군의 상황을 수군 본영에 보고하기도 했고 통제사 이순신은 그를 휘하의 군관으로 삼아 왜군에 관한 정보를 분석하고 조언하는 참모로 활용했다고 한다.)이 왜군에 포로로 붙잡혀 갔다가 탈출하여 보고한 바에 의하면 조선 사람들이 붙잡혀가서 생활하는 곳을 찾아가 보았더니 큰집에는 20여 명, 보통 집에는 8~9명, 작은 집에는 3~4명씩 조선인 노비가 없는 집이 없었다"라고 했다. 그리고 1655년 쓰시마의 번사 사고 시키우에몬이 동래부사에게 조·일 관계에 대해 언급한 내용 중에 "…(조선의) 여기 저기에 숨어 있던 수많은 남녀와 아이들을 본방(일본)으로 연행해 왔다. 그 결과 지금까지 하인이 없던 사람들까지 별안간 주인이 되어 기쁜 나머지, '또 다이코가 조선을 침략해 주면 더 많은 하인을 부릴 수 있을 텐데'라고 모두들 말했다"라는 부분이 있다.

당시 10만 명이 넘는 조선인들을 포로로 데려간 일본의 지도층들이 그들을 얼마나 부려먹고 혹사시켰는지 미루어 짐작할 수 있다. 물론 개중에는 의술인, 유학자, 승려 등 일본의 무사층에 필적할 수 있는 지식인들이 있었고 도자기·공예품·무기를 조작하는 기술자들도 있었기 때문에 그들은 나름대로 별도로 관리되고 어느 정도 예우를 받기도 했다. 그러나 대다수의 조선인 포로들은 일본의 번주에 예속되어 노비나 하인·하녀로 비참한 생활을 감수할 수밖에 없었다. 그들은 시간이 지나면서 일본 사회에 적응하며 동화되었지만 대다수는 오랫동안 노예 신세에서 벗어나지 못한 채 평생토록 학대를 받으며 한 많은 삶을 살아가야만 했다. 심지어 그들 중 일부는 나가사키에서 포르투갈 상인들에게 전매를 당해 중국이나 동남아, 인도 심지어 이태리 등지로까지 팔려 가는 신세가 되었음을 역사는 증명하고 있다.

조선 피로인(被虜人)들의 송환 노력

개국 후 평화 시대를 구가하던 조선의 백성들에게 임진왜란은 청천의 벽력과도 같은 충격과 상실감을 안겨주었고 10여만 명이 넘는 백성을 포로로 잃어야 했던 조선 조정으로서는 포로 귀환 문제가 중요한 국가적 과제였을 것이다. 하지만 이 문제를 어떻게 풀어가야 할 것인지 좀처럼 실마리를 찾지 못했다. 짐작해 보건데, 조선이 전쟁의 참화를 겪은 지 얼마 되지 않았을 뿐만 아니라 일본에 대한 불신과 적대감이 팽배해 있었고 백성들의 분노어린 왜구 배척 분위기 또한 비등했을 것이기 때문에 종전 후 이른 시기에 일본과의 화의를 고려한다는 것이 쉽지 않은 분위기였을 것이다. 그러나 조선 조정은 평안도와 함경도 북방에 대두하고 있는 만주 일대의 여진족(후금)의 발흥에도 촉각을 곤두세우고 있었기 때문에 마냥 '일본의 화의 희망'을 간과하고 있을 수도 없는 난처한 상황에 놓여 있었다.

국가 간의 관계라는 것이 "영원한 적도, 영원한 우방도 없다"라는 말처럼 조·일 양국 간에도 이러한 속설이 적용되었는지 왜란 이후 시간이 경과하면서 포로로 연행되어 갔던 조선 백성들의 귀환이 이어지고 조·일 양국 간에도 다양한 형태의 비공식적인 접촉이 이루어져 소통의 실마리를 풀어 갔다. 때늦은 감은 있지만 임진왜란이 끝난 지 2년이 채 되지 않은 시점인 1600년(선조 33년) 2월 24일자와 26일자 선조실록에도 '왜에 포로로 끌려갔다 돌아온 백성들이 강화와 포로 쇄환 문제로 글을 올리다'(24일자), '비변사와 왜적이 강화를 요구하는데 따른 대책을 논의하다'(26일자), 1601년(선조 34년) 4월, '탈출한 포로들에게 무명베를 하사하다'(25일자), 1605년(선조 38년) 6월, '포로로 잡혀 갔던 자들의 속량 문제를 사헌부가 아뢰다' 등의 포로 쇄환 관련 기록이 있는 것으로 보아 일부 대화의 진전이 있었음을 알수 있다. 특히 양산의 교생 신안남(辛按南)이 왜군에 포로로 잡혀갔다 자력으로 탈출해 진술한 내용을 비변사에서 보고한 기록에는 왜가 조선과 강화를 희망한다는 내용이 구체적으로 담겨 있다.

(선조실록, 선조 33년, 1600년 2월 24일) 표로(漂虜)되었던 백성들이 올린 글은 다음과 같다

"진실로 황송하기 그지없는 마음으로 천조(天朝)의 대장 군문 대하(大將軍門臺下)에 상언(上言)합니다. 임진년에 시운(時運)이 불행한 탓으로 생령(生靈)이 횡액을 만나 동쪽 왜구가 서울을 침범하였습니다. 그리하여 사로 잡혀 바다를 건너간 불쌍한 우리 조선 백성이 어찌 기천 기만 명뿐이겠습니까. 이는 하늘이 내린 운수이니 후회한들 무슨 소용이 있겠습니까. 다만 천조의 질관(質官)이 많이 구류되어 있는데 이들이 주야로 북쪽만 바라보고 있습니다. 지난해에는 세 번이나 사신을 보냈었는데 한 번도 회답하는 칙서(勅書)가 없었습니다. 말라가는 물고기에게 물이 없고 지친 새에게 쉴 가지가 없는 것과 같아서 보면 눈물 흘리고 들으면 통곡합니다.

지금 관백(關白)이 죽은 뒤에 섭정자(攝政者) 이하 제추(諸酋)들이 모여서 의논하기를 '비록 백년이 지난다 하더라도 강화(講和)라는 두 글자를 보고 들은 뒤에야 피차가 태평하게 될 것이다.' 하였습니다. 그래서 평승

지(平承智)·평조신(平調信) 등이 극력 강화론을 주장하면서 사신이 바다 건너오기를 기갈 들린 사람이 장(漿)을 생각하듯 합니다. 그저 조선국 사신 일원(一員)으로 하여금 칙서 한 통을 가지고 오게 한다면 우선 천조의 질관(質官)을 돌려보낼 것은 물론이고 그 뒤로 불쌍한 우리 조선의 많은 백성들도 잇따라 쇄환(刷還)될 것입니다. 특별히 천은(天恩)을 받고자 조선 백성 방언룡(方彦龍)을 보냅니다. 번거로울까 봐 다 말씀드리지 못합니다."

(같은 2월 26일) 비변사가 아뢰기를 "양산(梁山)의 교생(校生) 신안남(辛按南)이 적중(賊中)에서 나왔습니다. 적중에 오래 있었으므로 반드시 적정(賊情)을 상세히 알겠기에 취초(取招)하여 아룁니다. 그가 말한 것은 모두가 강화를 요구한다는 한 가지 일이었습니다." 하니, 전교하기를 "먼저 강화를 요구하는 것은 적(敵)을 태만하게 하려는 것이고 뒤이어 군대를 출동시키는 것은 뜻밖에 공격하려는 것이며 처음의 처사를 잘 하는 것은 나중의 책임을 면하려는 것이고 사나운 소리개가 날개를 거두는 것처럼 하는 것은 병모(兵謀)의 형세인 것이다. 이 적이 군대를 출동시키기 위해 먼저 강화를 요구하는 것이 틀림없다. 그들이 역중(城中)에서 용병(用兵)한 것과 임진년에 쳐들어 온 것을 보면 모두가 그러하였다. 나는 우리나라가 그들의 간교한 술책에 빠질까 우려된다. 우리나라는 본디 도략(韜略)에 어두우니 그 기미를 삼가지 않을 수 없고 그 조짐을 우려하지 않을 수 없으며 그 대비를 엄히 하지 않을 수 없다. 우리가 저들을 대비함에 있어 할 수 있는 것은 다하여 조금도 해이함이 없게 하기를 깊이 제경(諸卿)들에게 바라는 바이다.

도원수(都元帥)는 대신으로서 명을 받고 밖에 나가 있으니 이번 이 적서(賊書)와 쇄환(刷還)에 대한 곡절을 몰라서는 안 된다. 본도(本道)에서 혹 이미 전보(傳報)했는지 모르겠으나 조정의 도리에 있어서는 이렇게 중요한 기밀에 관계되는 일을 원수에게 효유하지 않을 수 없다. 또 만 경리(萬經理)의 이자(移咨)에 대해서도 하문하는 것이 타당할 듯하니 아울러 알리도록 하라. 그리고 수시로 원수에게 선전관(宣傳官)을 보내어 내외의 정세를 알리는 것이 또한 온당하다." 하였다.

(선조실록, 선조 34년, 1601년 4월 25일) 탈출한 포로들에게 무명베를 하사하다. 전교하기를 "포로가 되었다가 만리의 풍파를 무릅쓰고 도망쳐 돌아왔으니 매우 측은하다. 이번에 올라왔다가 고향으로 돌아갈 것이라 한다 하니, 무명베[木布]라도 주어서 보내는 것이 합당할 듯하다. 해조에서 헤아려서 하도록 하라."

(선조실록, 선조 38년, 1605년 6월 7일) 포로로 잡혀 갔던 자들의 속량 문제를 사헌부가 아뢰다
…(중략) 불행히도 생민(生民)이 무고하게 적의 수중에 떨어졌으나 비록 우매하고 무지한 무리라 할지라도 나라를 향하는 일념은 죽을 때까지 변하지 않았습니다. 그리하여 배를 훔쳐 타고 나오기도 하고 인편에 쇄환(刷還)되기도 하였는데, 그 정성이 애달프고 측은한 만큼 국가에서 그들을 대접하는 데 있어서도 특별히 후하게 대하여야 할 것입니다. (이하 생략)

그리고 이와 비슷한 시기에 쓰시마 도주인 소 요시토모도 끊임없이 조선과의 화의를 요청하면서 답례 격으로 자기들이 관리하고 있던 조선인 포로들을 조선으로 인솔해 왔다. 조선의 도움으로 겨우겨

우 연명하여 오던 쓰시마는 임진왜란으로 인해 교역이 차단되면서 주민을 먹여 살릴 길이 막막해진 데 따른 궁여지책의 일환으로 조선과의 화의에 매달릴 수밖에 없는 처지였기 때문에 포로 송환에 적극적인 모습을 보였다.

조·일 양국간 화의의 전제가 되는 '조선 포로의 귀환' 문제의 경우, 조선으로서는 일본 지도부의 강화 의도를 파악할 수 있는 조치가 될 수 있다는 점에서, 일본으로서는 강화 의지를 표현할 수 있는 상징적 조치로서의 명분이 있기도 했다. 일설에 의하면 '전장에서 사람을 약취한 자는 전쟁이 끝난 후 포로의 옛 주인에게서 반환 요구가 있을 경우, 그들을 원래 살던 곳으로 보내지 않으면 안되는 일본의 관행'도 영향을 미친 것으로도 보고 있다. 쓰시마 번주가 창구가 된 조선과 일본 측과의 화의 교섭 문제는 전란이 종료된 지 3~4년이 지나면서 마침내 조선 조정이 고심 끝에 '납치·연행해 간 조선의 포로들을 귀환시켜 주면 화의에 응한다'라는 입장을 정리하였다. 조선의 화의 결정을 학수고대하고 있던 쓰시마 번주 요시토모는 800여 명의 조선인 포로를 규합하여 조선에 돌려보내는 성의(?)를 보이기도 했다. 이렇게 여러 과정이 진척되면서 종전이 된 지 6년이 지난 1604년 8월 마침내 사명대사 유정(惟政) 일행이 일

포로송환문서

본에 파송되는 단계로 발전되었다. 조선의 사신으로 간 사명대사 유정에게 도쿠가와 이에야스는 "금후로는 절대로 조선을 침공하지 않을 것이며 영원히 우호 관계를 맺고 싶다"라고 하면서 3천 명의 포로를 송환해 주겠다는 언약을 다짐하기도 하였다. 그러나 양국 대표 간의 이러한 정치적 타협에도 불구하고 졸지에 횡재나 한 듯이 많은 조선인 포로들을 거느리면서 여러 모양으로 요긴하게 활용하고 있던 일본의 번주들로서는 당장에 그들을 풀어 주는 것이 내키지 않았을 것이다. 뿐만 아니라 단시간에 그만한 숫자의 포로들을 모집하기에도 쉽지 않았던지 이듬해(1605년) 사명대사(8~10개월 체류)가 귀국길에 오를 때는 포로들을 직접 인솔해 오지는 못했다. 사명대사는 많은 일화를 남기고 돌아오긴 하였으나 주된 파견 목적이 '포로의 송환이 아니고 일본의 정황을 탐색·타진하고 돌아오는 것'이었기 때문에 집요하게 매달리며 본인의 귀국 시 동행을 요구하지 않았을 수도 있었을 것이다. 일본 측이 약속했던 포로 송환 협조 문제는 사명대사 복귀 후 2년 뒤인 1607년(선조 40년)에야 통신사 여우길(정사, 부사는 경섬, 1차 귀환)이 귀국할 때 1,418명의 피로인을 데려옴으로써 비로소 이행되었다.

(선조수정실록, 선조 40년, 1607년 1월) 회답사에 쇄환사를 겸칭하도록 명하다
회답사에 쇄환사(刷還使)를 겸칭하도록 명하였다. 여우길(呂祐吉) 등이 떠난 후에 비변사가 아뢰기를, "삼가 전후 성교(聖敎)를 보건대 사신의 행차에 우리나라 피로인(被擄人)들을 모두 쇄환코자 한다 하였습니다. 무릇 이를 보고 듣는 자로서 누군들 감격치 않겠습니까. 구구하게 이런 거조를 하는 것은 백성을 위해 굽히는 것이니, 사신의 명호를 회답 겸

쇄환사(回答兼刷還使)라고 칭하고 중국 조정에 주문(奏文)할 때에도 이러한 뜻을 언급하는 것이 마땅하겠습니다." 하니, 상이 따랐다. 그리고 상이 하교하기를, "전쟁에 사용하는 무기로는 왜인의 조총(鳥銃)이 가장 절묘하다. 백금을 넉넉히 보내 역관(譯官)들로 하여금 정교하게 만들어진 것을 사서 가져오게 하라." 하니, 이에 해조(該曹)에서 급히 사람을 보내 상의 뜻을 알렸다. 이로 말미암아 사행(使行)에 참여한 사람들이 화물(貨物)을 많이 가지고 가 모두 흥리(興利)할 계책을 꾸몄으므로 식자(識者)들이 한심하게 여겼다.

이후 조선인 포로 송환에 대한 일본의 은근한 자세는 7년여의 전란을 겪은 조선 조정으로 하여금 공식적인 '왜국과의 화의'를 고려할 수 있게 하였고 왜란이 끝난 지 10여 년만인 1609년에는 기유약조(己酉約條)를 맺어 부산포에서 교역을 재개하는 단계로까지 진전시키게 되었다. 물론 조선이 일본과 화의를 모색하게 된 배경에는 새로 탄생한 도쿠가와 권부가 조선 침공의 원흉인 히데요시 세력을 제압, 멸문시켜 주어 조선의 원수를 대신하여 갚아주었다는 점도 참작하였을 것으로 생각된다.

적어도 일본과의 화의 교섭을 시작하던 초기 단계에서는 조선 조정의 예조에서 발행하여 사신들이 일본의 쓰시마에 도착하여 규슈를 거쳐 도쿄에 이르는 이동 경로 주변에 붙잡혀 온 조선인 포로들이 볼 수 있도록 붙이고 전파하였다는 아래의 초유문 내용—주요 골자는 ① 포로로 잡혀간 죄를 용서하고, ② 천민은 면천해 줄 것이며, ③ 양민은 부역을 면제해 줄 터이니 본국으로 돌아오라는 것이었다—에서 미루어 짐작해 보면 조정 나름대로는 주도면밀하고 적극적이었던 것 같다. 아래는 당시의 초유문 내용이다.

"조선국 예조가 아래와 같이 통유(通諭)한다. 우리나라는 불행하게도 병화를 돌연 입게 되어 전국의 인민이 심한 고통에 빠졌다. 다행히 죽지 않고 산 자도 모두 포로가 되었는데, 포로가 된 지도 이제 20여 년이 지났다. 그동안 부모의 땅을 생각하여 고향으로 돌아가려고 했던 자가 왜 없었겠는가…(중략)…우리나라는 피로인을 쇄환하는 데에 특히 관대한 조치를 실시한다. 정미년(1607년)에는 사신이 피로인을 데리고 돌아와, 한결같이 죄를 사해 주고, 부역을 가진 자는 역을 면제해 주고, 공사(公私)의 천민이면 천민에서 해방시켜 주고, 원조를 완벽하게 해주어 고향으로 돌아가도록 했다…(중략)…우리나라는 인민을 위해 사신을 파견하여 일본에 남아 있는 피로인을 돌아오게 하려고 한다. 지금이 그 때이다. 만약 일제히 (산신 있는 곳에) 출두하면 왕년에 출두한 자의 예에 따라 천민(신분)에서 해방시키고 부역을 면제하며, 이전의 생활로 돌아갈 수 있도록 하는 등 특전을 하나하나 실행할 것이다. …사신이 돌아갈 때 모두 따라오도록 하라(이하 생략)…(만력 45년(1617년) 5월 1일)."

대체로 이 분야 전문가들의 견해는 회답겸쇄환사가 공식적으로 일본에 파견(1607년)되기 이전에 자력으로 탈출해 온 포로들에 대해서는 격려 차원에서 이러한 방침이 어느 정도 가시적으로 시행된 것으로 보고 있다. 그러한 경우의 사례로, 1600년 도망해 온 김학성 등에게는 면역첩을, 앞에서 언급했듯이 1601년에는 무명베를 하사하기도 했고, 1602년에는 자신의 주머니를 털어 배를 구입하여 다수의 피로인을 데리고 온 이일룡에게는 6년간, 김덕봉은 4년간, 김걸수는 2년 간 복호(復戶, 요역의 감면 또는 면제)를 배려했는가 하면, 1638년에는 도망 쳐 온 피로인에 대해 그 부친이 아직 생존해 있다 하여 원적지로 귀 환시키면서 약간의 식량까지 지급하는 배려가 있기도 했다. 다음은 면역첩을 제수한 사례이다.

(선조실록, 1600년(선조 33년) 4월 27일), 경상 좌도 수군 절도사 이운룡이 쇄 환민과 왜적의 동태에 대해 보고하다
이달 15일 성첩(成貼)한 경상 좌도 수군 절도사(慶尙左道水軍節度使) 이운룡 (李雲龍)의 장계에, "이달 15일 사시(巳時)에 동해 요망군(東海瞭望軍) 이모 작(李毛作)의 진고(進吿)에 의하면 '일본에 포로되었던 사람들이 도망쳐 돌아왔는데 무안(茂安)에 사는 정병(正兵) 김학성(金鶴聲) 등 남녀 21명이 한 배에 타고 왔다.'고 하였습니다. 김학성에게 포로가 된 근인(根因)과 왜적의 정세를 문초하니, 그 공초(供招)에 '정유년 8월 15일 남원(南原)에 서의 접전(接戰) 때 포로가 되어 무술년 정월 3일 일본 땅 대판(大坂)에 닿 았으며, 이름을 모르는 한 왜인(倭人)의 집에 있으면서 물고기를 잡아 연 명했다. 이달 12일 밤을 틈타 도망쳐 왔는데…(중략)…비변사에 계하(啓 下)하니, 회계하기를, '김학성에게는 해사(該司)로 하여금 면역첩(免役帖) 을 작성하여 주게 하고, 그 나머지 다른 사람들은 각자의 성명을 일일 이 기록해 두었다가 추후 첩보(牒報)하여 일률적으로 시행하도록 행이(行 移)함이 어떻겠습니까?' 하였다."

(선조실록, 1602년(선조 35년) 5월 7일), 병조가 김덕봉 등에게 포상을 내릴 것 을 아뢰다

병조가 아뢰기를, "김덕봉(金德鳳) 등이 일본에서 탈출하여 돌아올 때에 사전(私錢)으로 배를 구입하여 우리나라 포로를 많이 데리고 왔으니, 그들의 공로에 대한 포상이 있어야 하겠습니다. 이일룡(李一龍)은 6년간 복호(復戶)하고, 김덕봉은 4년간 복호하고, 김걸수(金乞守)는 2년간 복호해 주도록 해조로 하여금 거행하게 했으면 합니다." 하니, 윤허한다고 전교하였다.

　　조선 조정의 포로 귀환 노력은 계속되어 1차 귀환 조치가 있은 지 10년 후인 1617년(2차 귀환, 광해군 9년: 정사 오윤겸, 부사 박재)에도 321명을 귀환시킬 수 있었다. 1624년에는 포로 송환을 주된 임무로 하여 사신을 파견하기도 하는 등 조선 조정은 1643년경까지 귀환을 위해 나름대로는 노력하였다. 그러나 사실상 노예로 부리고 있던 일본인들이 이들을 숨겨 내어놓지 않는 데다 피로인들 스스로도 일본 생활에 적응하여 정착하게 되면서 고국에 대한 마음이 식어지는 바람에 귀환을 기피하거나 거부하게 되어 조선 정부의 귀환 노력도 점차 지지부진해지고 말았다. 민덕기 교수도 지적했지만 필자가 보기에도 조선인 피로인(포로)의 귀환이 이렇게 지지부진하게 된 가장 결정적인 원인은 '쇄환 이후 정착까지를 고려한 구체적인 정책과 조치 계획'을 세우고 시행해야 할 책임이 있는 조선 조정의 노력이 미비했고 그저 '쇄환 그 자체'에만 중점을 두었던 데에 기인했다. 일본에 갔던 사절들도 피로인들을 대동하여 부산포로 귀환시키기만 하면 임무는 끝나게 되어 있었기 때문에 피로인들의 정착과 같은 사후 조치에 대해서는 그들도 어쩔 도리가 없었다.

　　이해를 돕기 위해 당시의 실상을 보다 구체적으로 설명해 주는 사실들을 정리해 보았다.

먼저 1,400여 명이 넘는 많은 피로인들이 일시에 귀환했던 1차 쇄환(1607년)의 경우이다. 당시 사신들은 이들에게 10일분의 식량만 겨우 지급한 뒤 부산포의 여염집에 임시 머물며 조정의 조치를 기다리도록 하고서는 그냥 내버려 두고 한양으로 올라가 버렸다. 물론 일본 측에서 포로를 놓아 주는 마당에 송환되는 포로들을 위해 먹을 식량을 지급했을 리는 만무했을 것이다. 제2차 귀환인 1617년의 경우에도 321명의 피로인을 대동하고 부산포에 도착했지만 마중을 나오기로 한 관리가 나타나지 않아 사절 단원 모두가 끼니를 거르고 불쾌해 하며 울분을 삭였다. 제3차 사절이 146명의 피로인을 대동하고 복귀한 1625년 3월에도 이런 무성의한 지경이 반복되었다. 그러자 울화통이 터진 피로인들이 상경하려는 사절들을 가로막고 엎어지며 울부짖었다. 꿈에 그리던 고국에 막상 돌아오긴 하였지만 의지할 곳도 없고 고향으로 가는 길도 찾지 못하겠다는 절규였다.

조선으로 돌아온 피로인들은 30여 년 동안이나 왜국에서 종살이하다 돌아왔지만 조선 조정은 이들을 위한 대책도 제대로 세우지 못했다. 그리고 이와 같은 귀환 이후의 조선의 실상이 왜국에 남아 있던 피로인들에게 알려지게 되면서 일부 피로인들은 일본에 온 사절들에게 "우리가 포로가 되고 싶어서 되었습니까? 쇄환시키고는 왜 그토록 냉대하는 것입니까?"라고 소리치며 항의했다고 한다. 그런 까닭에 시간이 지나며 자발적으로 그리던 고국에 돌아온 피로인들은 오히려 절의를 잃은 자가 되고, 적지인 일본에 잔류한 피로인들의 후손은 오히려 조선인으로서의 정체성을 지니며 살아가는 웃지 못할 상황마저 생겨났다.

(인조실록, 1625년(인조 3년) 3월 13일), 정립·강홍중·신계영이 일본에서 사람들을 쇄환해 오고, 부산에서 계문하다

회답사 정립(鄭岦)과 강홍중(姜弘重), 종사관 신계영(辛啓榮)이 일본에서 돌아와 부산에서 계문하였다. "신들이 잡혀갔던 사람 1백 46명을 불러모아 데리고 왔습니다. 태반이 호남(湖南) 사람인데 우리 지경에 이르면서는 양식이 떨어져 원통함을 호소하고 있습니다. 시급히 해조로 하여금 원적(原籍)으로 돌려보내 머물러 있게 되는 염려가 없게 하도록 하소서."

다음은 사신으로 갔던 부사 강홍중이 인조에게 보고한 내용이다.

(강홍중, 동사록: 인조3년, 1625년 3월 25일)

피로인들을 쇄환하기 위해 감언이설로 이리저리 달래었지만 몇 사람밖에 쇄환할 수 없었습니다. (중략)…부산에 도착해서는 의뢰할 곳이 없어 저희가 부산을 출발하여 상경하던 날 모두 따라오며 말 앞에서 크게 소리 내어 울었습니다. 그 심정을 생각하니 지극히 가련하였습니다. (중략)…만약 일본에 있는 피로인들이 귀환한 자들의 낭패함을 듣는다면 이후에는 쇄환하려고 해도 반드시 용이하지 않을 것입니다.(이하생략)

왜군들이 납치·연행해 간 조선 백성들을 귀환시키는 과정에서 우리가 잊지 말아야 할 것은 조선 조정과 일선의 책임자들이 나름대로는 쇄환을 위해 제법 노력을 하였으나 정작 고국에서의 정착을 위한

노력이 너무도 부실했고 심지어는 반인륜적인 행태까지 서슴지 않았다는 사실이다. 앞서 언급한 민덕기 교수의 글에서 몇 가지 기록을 모아 보았다.

먼저 그가 인용한 1605년 5월 사명대사 유정의 피로인 쇄환과 관련한 조경남의 「난중잡록」에 있는 내용이다.

…(사명당으로부터) 피로 남녀를 인계받은 선장들이 서로 뒤질세라 앞을 다투어 (피로인을) 얽어매기가 약탈하고 포로로 하는 것보다 심하고, 혹 연고 관계를 물어서 대답을 못하면 어려서 잡혀간 사람들은 다만 돌아온 곳이 조선이라는 것만 알고 있을 뿐, 자신의 계보나 부모의 일을 모르는 사람이 많았다 ─ 모두 자기의 종이라 칭하고, 아름다운 여자이면 그 남편을 묶어 바다에 던지고는 멋대로 자기의 것으로 만드는 자들이 한둘이 아니었다.

다음은 선조실록 1605년 6월 7일 사헌부가 선조에게 보고한 내용 중에 발췌한 부분이다.

…(중략) 신들이 삼가 듣건대 전일 포로로 잡혀갔다가 도망쳐 돌아온 이들 중에 간혹 공사천(公私賤)이 있었는데, 관가나 주인된 자들이 억압하고 부리면서 조금도 관용을 베풀지 않았다고 합니다. 이런 경우가 어찌 단지 이번에 유정(惟政)이 쇄환해 온 사람들을 마구 횡점(橫占)하면서 매질하는 데 그칠 뿐이겠습니까…(중략)…더구나 포로로 잡혀간 사람들이 오랜 기간 적중에 있었으니 죽은 것과 다를 바 없습니다. 그러니 이미 사가(私家)의 노비가 아닌데, 어찌 자기의 소유물이라 하여 쇄환된 후에

서로 다투어가며 점유할 수 있겠습니까.(이하 생략)

위의 두 인용부에서 미루어 확인할 수 있는 조선 장수들의 행태는-참으로 기가 막히는 소행들이었다.-귀환한 피로인 중 어려서 잡혀가 부모나 자신의 가계에 대해 제대로 기억하지 못하는 경우 인계받은 조선의 책임 간부들이 이들을 무참하게도 노비로 삼았는가 하면 예쁜 아낙의 경우에는 그 남편을 바다에 던져 죽이고는 첩으로 삼았다. 이런 실정에 있었으니 노비 출신은 대부분 다시 노비로 전락시켰던 것은 말할 필요도 없다.

더욱 놀라운 사실은 '수군통제사'의 위치에 있는 인사가 송환해 온 포로들을 몰래 팔아넘기는 짓을 서슴없이 자행하다 선조로부터 파직을 당하는 일이 있었는가 하면 스스로 자결하도록 고역을 강요하기도 했다는 것이다.

(선조실록, 1607년(선조 40년) 6월 29일), 간원에서 경상도 좌수사 최강의 파직을 요청하다
간원이 아뢰기를, "삼가 경상도 좌수사 최강(崔堈)의 장계를 보니, 이번 쇄환하는 사람 가운데 13명이 바로 표류한 통제사(統制使)의 무곡선(貿穀船)에 탔던 사람들입니다. 통제사는 자신이 주장(主將)이 되어 무판(貿販)할 목적으로 공문(公文)을 만들어 주어 바다를 건너가 이익을 취하려 하다가 한꺼번에 표류한 배가 4척이나 되도록 많았습니다. 그러면 마땅히 사유를 갖추어 즉시 치계했어야 하는데도 끝내 숨기고 보고하지 않았으니, 조정을 속인 정상이 매우 놀랍습니다. 당시의 통제사를 잡아다가 국문하여 정죄하라 명하소서.

경상도 좌수사 최강은 이번 표류한 사람을 취초(取招)하여 장계할 때에 마땅히 단지 각인의 초사(招辭)만 들어 사실에 의거해 치계해야 하는데도 통영(統營) 관하의 사람이라 하여 감히 구제할 계책을 생각하여 이미 드러난 공문이 있는데도 '밤을 이용하여 함부로 나갔다.' 는 등의 말을 장황하게 늘어놓아 정낭(鄭郎) 등에게 죄를 돌렸습니다. 이처럼 변방이 시끄러운 날에 변장들이 서로 사정을 따라 비호하는 풍습이 매우 한심합니다. 좌수사 최강을 파직하소서." 하니, 답하기를, "잡아다 국문하는 것은 과중하니 파직하고, 최강은 추고하라." 하였다.

(광해군일기(정초본), 광해 11년(1619년) 6월 21일), 사간원이 약봉지의 도난으로 담당 의관 및 하인들을 국문할 것을 청하다

사간원이 아뢰기를…(중략)…곤양 군수(昆陽郡守) 이유칙(李維則)은 본래 교활하고 거친 사람으로 전일에 수령이 되었을 때 백성을 수탈하다가 패하였는데도 여전히 징계하지 않았습니다. 본직에 제수되자 온 고을의 백성을 끌어모아 놓고 12세 이상은 모조리 몰아내어 생선과 소금 장사를 시키고 군량을 준비한다는 명목으로 전일보다 세금을 많이 받는 바람에 온 경내의 사람들이 거의 다 흩어졌습니다. 그리고 일본에서 쇄환(刷還)된 사람 중 옛 땅에 와서 사는 사람들 중에, 그 고통을 견디지 못한 나머지 혹 스스로 목을 찔러 죽는 사람도 있으므로 듣는 사람 치고 측은해하지 않는 이가 없습니다. 사판에서 삭제하라 명하소서." (이하 생략)

그리고 애써 내세울 일은 못 되지만 우리가 잊지 말아야 할 것은 왜군들이 한성을 점령하면서 주둔하게 되었던 곳이 바로 오늘날 용산의 '이태원' 일대였는데, 그 이태원이 왜군의 주둔으로 인해 슬픈

역사를 안게 되었다는 점이다. 원래 이태원은 조선 시대 목멱산으로 불리던 남산의 남쪽에 역원(驛院)이 소재하여 공무를 수행하기 위해 오가는 공용자들에게 숙식을 제공하던 곳이며, 전염병이 창궐하면 별도의 구호소를 두어 치료하던 곳이기도 했다. 그리고 배나무 꽃이 아름답다하여 이태원(梨泰院)이라는 이름이 붙여질 만큼 아름다운 곳이기도 했다. 그런 이태원이 왜 슬픈 역사도 안게 되었을까? 바로 임진왜란 때문이었다. 7년의 전란은 조선의 백성들, 특히 가정을 지키고 어린아이들을 돌볼 수 있어야 했던 조선의 여인들에게는 참으로 지긋지긋할 만큼 짧지 않은 기간이었고 힘겨운 삶을 살아야 했던 세월이었다. 수많은 백성들이 왜군의 총칼 앞에 쓰러지는 와중에 안타깝게도 많은 조선의 여인들이 왜군에게 당하지 않기 위해 스스로 목숨을 끊거나 거부하다 왜군의 칼날을 맞기도 했고 속절없이 쓰러져 그들의 발아래 짓밟혀야 했다.

그러나 조선 사회는 너무도 엄혹했다. 사회와 국가는 제 백성들을 지켜주지 못했으면서도 왜군에 의해 성적 변고를 당한 여인들을 용서하지 않았다. 절개를 지키려다 스스로 목숨을 끊은 여인들은 칭송을 받았으나 살아남은 여인들은 손가락질을 받게 되어 가족과 살아갈 수가 없었고 대개는 가정으로부터 분리되거나 대문 밖으로 쫓겨나야 했다. 친정으로 돌아갈 수 있었으면 다행이었겠으나 '출가외인'의 당시 사회 풍토상 대개는 길거리에 내팽개쳐졌다. 구걸하며 방랑했을 여인들의 모습들을 떠올려 보면 그 참상이 어땠을지 생각만 해도 가슴이 먹먹해진다. 그런 와중에 원하지 않은 임신을 하여 가정에서 쫓겨난 여인들이 너무 많아 사회적으로 문제가 되고 백성들의 원성이 높아지자 조선 조정에서는 재정적 지원과 함께 그런 여인들을 한곳에 모여 살도록 거주지를 마련해 주었다. 이름도 '임신한 여자의 주택'이라 하여 '잉태원'(孕胎院)이라고 불리게 되었고, 왜란이 끝난 뒤 부근에 주둔했던 왜군들 중에 일부가 조선에 귀화하여 살기도 하여 '배다른 이들이 사는 곳'이라 하여 이태원(異胎院)으로도 불리어지게 되었다.

귀환 피로인들에 대한 조선 조정의 차가운 시선

왜 조선 조정은 귀환해 오는 피로인들에 대해 냉대에 가까운 차가운 시선으로 그들을 대우하게 되었을까? 우리가 상식적으로 알고 있는 것처럼 '전쟁으로 인해 포로가 된 국민을 안전하게 귀환시켜 가족의 품으로, 생업의 현장으로 돌아가게 하는 것은 국가의 당연한 책무이자 도리'라는 점에 비추어 볼 때 그러한 조선 조정의 입장은 좀처럼 이해하기 어려운 처사가 아닐 수 없다.

그렇다면 앞에서 인용한 바 있는 조정의 예조 초유문(1607년)에서 언급하고 있는 '죄를 사해 주고…'의 '죄'는 무엇을 의미하는 것일까? 현대의 관점으로는 쉽게 이해되지 않지만 왜란을 연구하는 학자들에 의하면 여기서 말하는 '죄'의 의미는 민사적 또는 형사적 의미의 죄가 아니라 '도망치거나 자결하지 못하고 왜군에 포로가 되어 잡혀간 것' 자체가 죄가 된다는 의미였다. 이러한 관점은 1592년 8월 1일, 의병장 '조헌'이 왜군에게 붙잡혀 있던 조선의 포로들에게 귀순을 호소하며 낸 「고유문」이 좋은 예가 될 수 있어 인용하였다.

본국 사람으로 왜에 붙잡힌 사람들에게 고유하는 글

너희는 선대 이래 백성이었는데 배반하고 왜인과 한패가 되어 사람들을 살육한 것이 저 적들보다 심한 자도 있다고 한다. 너희 죄는 죽어 마땅하다…(중략)…너희가 귀순하지 못하고 적을 따라간 것을 불쌍히 여기게 되었다. 적이 동포를 살육하는 것을 (너희가) 아무렇지도 않게 여기는 것은…(중략)…적의 머리를 하나 베어 오는 자는 이전의 생업으로 돌아가는 것을 허락한다…(이하 생략)

이 고유문을 보면 조선의 지도부들은 포로가 되어 간 사람들에 대해 상당한 불신감을 가지고 있었고 그들 스스로 나라에 대한 충성을 증명해 보이기 위해서는 왜군과 싸워 그들(적)의 머리를 헌상하고 귀순할 수 있어야 한다는 것을 강조하고 있다. 의병장 조헌의 이 호소문도 그 자신이 독자적으로 정립한 방침이 아니었고 당시 조정의 방침에 근거해서 낸 입장문이었던 것이다. 1592년 9월 조선의 조정에서 전국의 군민(軍民) 앞으로 낸 효유제도군민서(曉諭諸道軍民書)는 이러한 방침을 잘 확인해 주고 있다.

…(중략) 적중에 들어가더라도 왜적을 베고 온 자는 특히 그 죄를 면할 뿐만 아니라 그 공로를 기록한다. 왜인을 베지 못하더라도 제일 먼저 (왜군의) 성에서 도망쳐 온 경우에는 죄를 용서하고 포상한다. (이하 생략)

귀환해 온 피로인에 대한 조선 조정의 차가운 시선에는 '그들이 적군을 따라 왜국 일본에 건너간 것은 아닐까?' 하는 의심이 내재되어 있었고, 왜군에 잡혀간 것은 매우 수치스러운 일일 뿐만 아니라 군왕과 부모에 충성과 효도를 다해야 할 '절의'^(節義)를 상실한 것으로 여긴 데서 비롯했다. 이런 배경 때문에 전란 중 적에 붙어서 목숨을 부지하며 나라를 배반한 죄에 대해서는 매우 엄히 다스렸을 뿐만 아니라 귀환해 온 일반 평민들에 대해서는 친일적 행위를 할지도 모르는 잠재적 위험인물로 여겨 경계하거나 주요 임무에서 배제시키기도 하였고, 양반 출신 상류층 인사들의 경우 중용하지 않거나 스스로 고사하고 초야에 묻혀 지내게 되었다. 그 대표적인 경우가 바로 간양록을 쓴 강항과 월봉해상록을 남긴 정희득, 금계일기를 쓴 노인의 경우이다. 특히 정유재란 당시(1597년 9월) 형조좌랑 강항은 재신 이광정의 종사관으로 고향 영광에서 군량 공급을 담당하다 피랍, 연행되어 2년 8개월 동안 일본에서 포로 생활을 하였다. 1600년 5월 귀환해 와서는 일본의 정황과 대비 방향, 항왜와 피로인의 활용 등을 건의하였고 일본에 체류하는 동안에는 학술적 가르침과 절의를 견지하는 모범적인 처신으로 일본의 지도층들로부터 존경을 받기까지 하였으나 선조는 그를 다시 중용하지 않았다.

조선 조정의 송환 피로인에 대한 홀대는 일본에 잡혀가 한스러운 삶을 살아가야 했던 피로인들 사이에는 자연히 귀중한 정보로서 널리 유포되어 공유되었고 고국 귀환의 소망을 접게 하였다. 그들은 억장이 무너져 내리는 심정이 되어 일본에 온 사절에게 "포로가 된 것은 피로인 스스로의 의지 때문이 아니었다"라고 항변하며 조선 관청에서 제대로 예우해 줄 것을 강력하게 요구하기도 하였다. 결국 절개를 잃은 자들, 고향을 잃은 배신자들로 낙인찍히게 된다는 소문은 그들로 하여금 고국으로 돌아가 봤자 먹고 살기도 변변찮아 곤궁을 면

이삼평 비

하기 어려울 것이며 군졸이나 종살이를 할 바에야 차라리 일본 땅에서 지내는 것만 못할 수도 있다는 생각을 갖게 했을 것이고 실제로도 그러한 경우는 수없이 많았을 것이다.

돌이켜보면 420여 년 전 일본에 납치, 연행되어 간 10만여 명이 넘는 조선의 백성들은 생존을 위해 왜인들 사회에 흡수, 동화되어서는 급기야 그들의 밑바닥에서 노예 신세로 살아가게 되었을 것이다. 그나마 그들의 후손들은 일본인이 되었겠지만 오늘날에 이르러서도 일본 지배층의 시중이나 들며 살아오고 있는 것은 아닌지 돌아보게 된다. 더욱이 그 왜인의 후손들이라는 자들이 침략의 근성을 이어받아 구한말 35년의 일제 강점으로 한반도를 점령하여 인적·물적 침탈과 전쟁 동원을 서슴지 않았다고 생각하니 조선인의 후손이자 한국인의 한 사람으로서 새삼 일본이 얄밉고 저주스럽다.

제10장

대비하지 않으면 다시 온다

임진왜란 평가

과거나 현재나 국가 간의 분쟁은 영토와 자원을 포함한 국가적 이익의 충돌일 수도 있고, 문화나 이념의 상충에서 오는 사회적 갈등의 연장선에서 발발할 수도 있다. 전쟁은 복합적이고 군사력을 동원하는 정치 행위라는 관점에서 독일의 유명한 군사전문가 클라우제비츠는 "전쟁은 정치의 연속이다"라고 설파했다. 임진왜란도 일본의 관백이자 자칭 다이코(太閤)였던 도요토미 히데요시가 당시 천하 대국인 명나라를 점유하고자 조선을 침입한 전쟁이었다는 점에서 '정치의 연장선'에 있었다.

『그들이 본 임진왜란』의 저자 김시덕은 임진왜란이 종결되면서 '에도 막부' 시대를 연 초대 쇼군 도쿠가와 이에야스(德川家康)의 비서이자 어용학자였던 하야시 라잔(林羅山)이 히데요시의 일대기를 정리하여 쓴 『도요토미 히데요시報』를 인용하여 히데요시가 임진왜란을 일으킨 동기로 ① 나이 들어 얻은 외동아들을 잃은 슬픔을 잊기 위해서 ② 명나라의 황제가 되기 위해서 ③ 조선이 명나라 침략군의 선봉에 서 달라는 자신의 명령을 받아들이지 않은 것을 징벌하기 위해서 등 크게 3가지였다고 소개했다. 비록 일본의 어용학자였지만 왜군 지휘부의 일원으로서 이 전쟁을 직접 지켜보면서 느낀 바를 저술한 것이기 때문에 히데요시의 전쟁 동기를 정확히 지적한 것이라 하겠다. 그러나 이는 어디까지나 일본 측 입장이라는 한계가 있다. 필자도 앞에서 언급하였듯이 임진왜란도 '정치의 연속'이라는 관점에서 보면 전쟁의 동기를 보다 객관적으로 이해할 수 있다.

명나라 측과의 강화협상 과정에서 일본 측이 제시했던 조건 즉, 조선의 남부 4도를 분할할 것을 요구(일명, 할지割地)한 것과 명나라 공주를 자신의 후비로 달라는 요구(일명, 납녀納女)에서도 잘 나타나고 있는 것과 같이, 임진왜란은 히데요시가 일본을 통일하여 100여 년에 걸친 전국시대를 종식시킨 자부심과 저력을 바탕으로 동아시아를 통일하여 '천하 대국의 제왕' 자리를 차지하겠다는 자신의 정치적 야망과 권위를 실현하는 이벤트였다. 더불어 명나라까지 일본의 영토를 확장시켜 도서 국가인 일본이 숙명적으로 안고 있는 자원 부족 문제의 해결과 명과 조선의 앞선 과학기술력 확보 등 경제적 실리를 추구하기 위해 일으킨 전쟁이었다.

돌이켜보면 조선은 건국 이후 임진왜란이 있기까지 비교적 평온한 태평 시대를 누리고 있었다. 약간의 논리적 비약일 수도 있겠지만 일본의 입장에서 보면 당시 조선의 평온과 풍족한 물산은 어쩌면 너무도 부럽고 탐나는 정경으로 비춰지고 있었을지도 모른다. 비록 남녘에는 왜구들의 소소한 침입과 약탈은 있었지만 지역적으로는 영·호남 해안지방 정도로 제한되었고, 수적으로도 1~2만 명 규모의 병력이 때때로 침입하여 식량과 생필품을 약탈해 가는 일종의 게릴라전 수준에 그치고 있었다. 압록강과 두만강을 연하는 북방 국경 지역에서도 만주 여진족의 침입이 있긴 하였으나 산발적으로 벌어지는 소규모 전투 수준에 그치고 있었기 때문에 나름대로는 방어력을 견지하고 있었다.

이러한 방비 상황에서 17만 왜적의 기습적인 침공을 허용하였으니 조선으로서는 충격적이었고 당혹스러울 수밖에 없었다. 오죽했으면 '왕이 곧 국가였던 시대'에 군왕 선조가 한양 궁궐을 비운 채 급하면 명나라로 망명까지 생각하며 도주하다시피 천 리 길 의주로 피신해가야만 했을까. 일반 백성들의 입장에서 보아도 마찬가지이다. 부산포 침입을 당한 지 20여 일 만에 수도 한성이 점령되고 호남지방과 함경도 일부 지역을 제외한 경상도와 경기도, 평안도가 순식간에 왜적 앞에 유린당하면서 조선의 백성들이 겪게 된 당혹감과 참상, 그 어려움이 어느 정도였을지는 쉽게 상상할 수 있다.

더욱이 임진왜란이 발생한 시기인 1590년대는 유성의 잦은 출현과 우주먼지로 인한 천둥 번개, 서리, 이상기온, 지진 등 천재지변이 장기간(1490~1760년, 270여 년간)에 걸쳐 계속적으로 발생하여 동아시아 각국이 실농과 폐농, 이로 인한 사회적 동요를 심하게 겪고 있던 시대적 역경과도 맞물려 있었다. 일본은 사회경제적 어려움이 가중됨에 따라 전역이 전국시대로 접어들게 되면서 쓰시마와 규슈 등지의 일본인들은 조선의 남해안과 명나라 동남 연안에 출몰하여 식량과 생필품을 확보하는 왜구의 신세를 벗어나지 못했다.

만주의 여진족은 식량 부족과 의식주 해결을 위해 조선의 두만강과 압록강 유역을 중심으로 북부지역에 침입하여 잦은 충돌을 일으키고 있었다. 그 와중에 조선 백성들은 임진왜란과 정유재란을 겪어내야 했다. 자연재해로 인한 불안과 전란으로 인한 기근과 질병의 상황에서 당시 조선 백성들이 겪어내야 했을 고통과 역경이 얼마나 막심했을지 짐작되고도 남는다.

설상가상으로 전란 기간 발생한 대가뭄까지 겹침으로써 왜란 이전 1천만 명을 상회했던 조선의 인구는 670여만 명으로 급감하였다. 추정하기로는 적게는 2~3만여 명, 많게는 10만여 명의 백성들이 일본에 포로로 잡혀가 이용당하거나 노예 생활을 강요당하였다. 임진왜란 때는 조선인의 '귀'를, 정유재침 때는 '코'를 잘라 오라는 히데요시의 만행스러운 특명에 적어도 20만여 명이 훨씬 넘는 조선의 백성들이 무참하게 희생되었다.

전쟁 전 150여만 결이었던 전국의 농지면적은 왜란 후 30여만 결로 격감됨에 따라 당시 우리 선조들이 겪어야 했던 식량난은 무엇으로도 표현하기 어려울 만큼 처절했다. 7년에 걸친 전란으로 초래된 농지의 황폐화와 전재민의 발생 등으로 조선의 국가재정은 파탄지경에 이르게 되어 전후 복구까지는 50여 년이 소요되었다.

불행 중 다행이었던 것은 일본의 식민지배 내지는 일본의 속국으로 살아갈 뻔했던 조선은 명나라의 정치 군사적 도움에 힘입어 전란의 위기를 면하고 나라와 백성을 구하고 보전해 갈 수 있었다. 한반도라는 지리적 위치는 예나 지금이나 인적 물적 교류와 정보의 이동이 용이하고 활발한 길목이라는 장점이 있다. 경제적으로나 문화 예술적 교류와 협력을 확대해 가는데 교량적 역할을 할 수 있고 사계절까지 있는 좋은 기후 조건을 갖추고 있어 국민에게 행복한 삶을 영위할 수 있는 환경과 여건을 제공해 준다. 이런 장점들 때문에 중국의 역대 왕조는 여러 차례에 걸쳐 침입을 일삼아 왔었다. 지진과 태풍 등 천재지변에 시달리는 일본으로서는 안정된 정치와 비교적 부유한 경제·문화 수준을 구가하고 있는 조선이 부러운 땅이 아닐 수 없었다.

한반도의 정치 지도자들도 그런 점을 잘 알고 있었기 때문에 나름대로는 중국의 역대 왕조들, 특히 명나라와 좋은 유대 관계를 구축하여 심지어 '섬기는' 정도로까지 정치 외교적 친선 관계를 강화하였다. 그러므로써 전쟁을 방지하는 한편, 교류를 통해 '경제와 복지 증진'이라는 국가적 실리를 추구했다. 그 연장선에서 왜란을 당한 조선은 명나라를 섬겨 온 노력에 힘입어 군사적 협조와 지원을 얻어 왜란을 극복해 낼 수 있었다. 그러나 조선은 100여 년간의 전국시대를 거치며 군사 강국으로 발전한 일본의 변화를 자세히 살피지 못했고 우월감에 젖은 나머지 군사 차원의 경계와 방비태세는 안일에 젖어 일본의 침입을 허용하고 말았다.

임진왜란이 있기 전까지 우리 조상들은 압록강과 두만강 이북에서 침입해 오는 외적에만 대항하면 되었지만 임진왜란을 시작으로 이제는 남해 바다 건너 왜군도 대군으로 침공해 올 수 있다는 것을 뼈아프게 감수해야 했다. 그리고 이 전란을 통해 한반도가 해양 세력의 대륙 진출을 위한 발판이 될 수 있어 외교적 요구나 점유를 위한 침입의 가능성은 언제나 잠재해 있음을 깨닫게 되었다.

일본의 조선 침략이 실패로 끝난 원인은 크게 보면 병력 부족과 병참선 유지 실패 등 전쟁지속능력의 한계와 전쟁 양상이 국제전으로 확대된 점을 들 수 있다. 섬나라 일본의 히데요시가 조선과 명나라 본토를 공격하여 승리하려면 단기 결전으로 전쟁 지속 능력의 한계를 극복해야 했고 이를 위해서는 조선의 항복을 최대한 빠른 시일 안에 받아내야 했다. 그러나 뜻하지 않은 명나라 대군의 참전으로 조선과 일본의 전쟁이었던 임진왜란이 조·명·일 3국 간의 국제 전쟁으로 확대되고 장기전이 되는 바람에 조선의 항복도, 요동으로의 진격도 실패하여 패전하였다.

무엇보다 일본이 패하였던 결정적인 원인은 조선 백성들 스스로가 나라와 가족을 지키겠다는 일념으로 '의병'(義兵)이 되어 적에 대항하리라는 것을 전혀 예상하지 못한 데 있었다. 물론 거기에 더하여 이순신이 해전에서 연승함으로써 서해로의 진출에 실패하고 호남의 곡창지대를 점령할 수 없어 전쟁을 지속할 수 없었기 때문이기도 했다. 그러나 이 전쟁의 결과로 일본은 뜻하였던 영토 확장에는 성공하지 못했지만, 조선에 비해 후진성을 면하지 못하고 있던 문화 수준을 단기간에 향상시키는 결정적 기회를 맞이할 수 있었다.

일본은 전라도 영광 출신의 유학자 강항(姜沆)을 비롯하여 당시 이름난 조선의 유학자들과 공업기술자, 도예공, 젊은 남녀(특히 부녀자) 등 10여만 명이 넘는 조선인들을 강제적으로 납치해 갔다. 뿐만 아니라 주자학 관계 서적과 공예품, 동활자, 진귀한 보물과 문화재를 도굴하고 심지어는 가축까지 대량으로 약탈, 유출해 감으로써 왜란 이후 개창된 에도막부(江戸幕府)의 학문과 인쇄술, 산업 발전에 크게 기여하였다. 오늘날 일본이 우수한 도자기 문화를 향유하는 선진국으로 발전한 밑거름이 되었던 것이다.

이외에도 조선의 산반(算盤)과 송나라 산법(算法), 원나라 상명산법(詳明算法)과 산학계몽(算學啓蒙) 등의 판본이 일본에 전래됨으로써 그 후 일본의 산법인 화산(和算)이 장족의 발전을 가져오는 데도 결정적인 역할을 하였다.

한편 명나라는 한반도에 원정군을 파병하는 어려움이 있었지만 당초 목표한 대로 제후국이나 다름없는 조선을 도울 수 있었고 자기 영토 안에서 왜군과 전쟁을 하는 상황이 발생하지 않도록 한다는 데에도 성공하였다. 조선에 파병함으로써 조선을 지속적으로 통제해 나갈 수 있는 명분을 축적할 수 있게 되었을 뿐만 아니라 만주 침략 등 일제에 의한 중국 본토 공격 시도가 있었던 20세기 초엽 이전까지 거의 300년여 동안 일본의 정치 군사적 도전을 방지할 수 있었다. 그러나 연 20여만 명에 이르는 대병력의 파병과 이에 따른 막대한 전비 지출은 명나라 조정의 재정 악화와 국방력의 위축을 심화시켜 훗날 동북 변방의 만주족인 여진족에 의해 '청나라'로 정권이 교체되는 결정적인 요인이 되었다.

명나라 조정이 조선에 파병한 군사에 소요되는 장비와 물자를 주로 만주 지방에서 조달함에 따라 변방으로 취급받던 만주의 여진족이 정치 경제적 발흥의 기회를 맞이하였고 임진왜란이 끝난 지 얼마 되지 않아 조선이 청나라로부터 정묘호란(1627년)과 병자호란(1636년)을 당하게 되는 계기가 된 것이다.

앞서 도쿠가와 이에야스에서 언급했던 바와 같이 16세기 중엽 북경, 상해, 마카오 등에서 상품 교역의 중요한 결제 수단으로 활발하게 통용되던 화폐로서의 '은'(銀)은 명 조정의 중요한 재정 지출 수단이 되고 있었다. 이러한 상황은 임진왜란에도 큰 영향을 미쳤다. 대병력을 조선에 파병하게 됨에 따라 명 조정은 자연히 마필과 창검, 군량과 피복 등 군수 보급물자를 한반도 조선에 근접한 만주 현지에서 은화로 구매 조달하면서 만주는 사실상 명군의 보급 수요를 감당하는 군수기지가 되었다. 7년의 전란 동안 명 조정이 조선 파견군에게 집행한 자금은 '은' 1,000만 냥으로 추산되고 그 중 만주 여진에 뿌려진 '은' 자금은 줄잡아 5~6백만 냥이나 되었다. 여진 사회로서는 일종의 '경제특수'를 만나는 행운을 누리게 된 것이다.

중앙으로부터의 은의 유입은 결국 작은 부락 단위로 나뉘어 깊은 잠에 빠져 있던 여진 사회를 일깨워 통합을 이끄는 단초가 되었고 중앙 명나라 조정의 몰락은 만주 여진족의 중흥과 함께 '새로운 패권'으로 중앙에 도전하게 되는 결정적인 계기가 되었다. 임진왜란은 여진족의 '청나라'로의 발전에 결정적으로 기여한 전쟁이었던 셈이다. 여진족의 성장은 임진왜란 당시 누르하치의 조선 원군 파견 제의로 나타났지만 친명 일변도의 외교 노선을 걷고 있던 조선은 명의 지원군 파병을 계기로 대국 '명'에 대한 의리를 저버리기 어려워 거절할 수밖에 없었다. 200년 이상 지속되어 온 대명 조공책봉 체제의 전통에다 전란 내내 명의 정치 군사적 지원을 받은 조선으로서는 인접 만주 지역에서 발흥하는 여진족 세력을 지켜보면서도 외교적 선택지가 그리 많지 않았다. 대청제국을 꿈꾸며 누르하치에 이어 칸이 된 홍타이지는 1627년 1~3월 정묘호란으로 조선을 형제국으로 삼았다. 그리고 1636년 4월 청나라 황제로 등극하면서 중원을 확보하는 명분을 만들고자 같은 해 12월 병자호란을 일으켜 명나라의 최대 추종국인 조선을 침공하고 이듬해 1월 30일 인조를 무릎 꿇게 하였다.

무엇보다도 조선이 임진왜란을 당한 근본 원인은 선조와 조정 신료를 포함한 국가지도자들의 무능과 무책임성 때문이다. 즉, '국가리더십의 실패'와 '정치의 실패'에 있었다. 전란의 조짐이 가시화되고, 이로 인해 통신사까지 파송하는 조치를 취했음에도 불구하고 이들의 귀국 보고의 혼선으로 인해 대비를 철저히 하지 못했다는 것은 핑계에 지나지 않은 변명일 뿐이다. 통신사의 보고가 상충되어 판단에 혼선이 생겼다면 전란이라는 사안의 중대성에 비추어 어떻게 해서든 수차례에 걸쳐 확인하고 방비를 강화해 가는 것이 당연지사였다. 그럼에도 불구하고 조선 조정은 과거 왜적들의 침범 수준 정도로 예견하며 안일하게 대비했고 조정 대신들의 중지 결집을 위한 왕권 차원의 강력한 조치도 취하지 못했다.

일본은 100여 년간의 전국시대를 거치면서 등장하게 된 다이묘(大名)라는 지역 족장이자 군사지도자들인 무사 집단이 활거하고 있었다. 그들에 의해 일본이 대규모 병력과 장비, 축적된 전술과 기술, 신무기 '조총'으로 무장된 군사 국가로 변모한 데 대한 심각성을 조선 조정은 간과하고 있었다. 그저 예로부터 내려오고 있던 일본에 대한 습관적인 무시와 얕봄의 연장선상에서 기껏해야 종전의 삼포왜란(중종 5년)이나 을묘왜변(명종 10년)과 같이 1만여 명 규모의 침입 수준 정도에서 국지전으로 끝날 것으로 속단하여 방비 체제를 가다듬지 않았던 것이다.

더욱이 임진왜란 전후와 심지어는 전란 중에도 조정의 신료인 국가지도자들이 동서로 분열하여 파벌 경쟁과 당쟁을 일삼고 국론 결집과 단합을 저해하였다. 선조는 선조대로 방계 혈족 출신이라는 정통성이 취약한 즉위로 인해 국왕의 권위에 자신감이 부족했던 데다 협량한 성품으로 전쟁을 지도하기에는 역부족이었다.

선조는 전란을 당해 도성인 서울을 버리고 긴급히 피난하는 상황에서 좌상 류성룡을 전쟁을 지도하고 수행해야 하는 영의정이자 도체찰사로 임명하고서도 하룻밤 사이에 취하할 만큼 우유부단하고 눈치를 보는 기회주의자적인 행태를 보였다. 이런 결정은 정유재란이 발발하여 또다시 조선이 왜적에 짓밟히는 상황에서도 마찬가지였다. 최전선을 지키는 수군의 최고사령관인 이순신을 한성으로 압송하고서는 교체 임명된 수군사령관 원균이 패전하여 전사하자 아무런 해명 없이 다시 이순신을 최고사령관에 재기용하는 모순된 행동도 서슴지 않았다.

특히 칠천량 패전의 직접적인 책임은 통제사 원균의 지휘 부실과 무능에 있었지만 전쟁지휘자로서 선조의 통수 책임도 컸다. 전쟁 상황을 극복하고 '종묘사직'으로 상징되던 국가와 백성을 지켜내야 하는 엄중한 상황에서 개인감정 차원의 처사는 금물임에도 불구하고 유독 통제사 이순신에 대해서만큼은 모질다 싶을 만큼 개인적 감정으로 일관했다.

선조는 거짓된 첩보에 흔들려 수군 최고사령관인 삼도수군통제사 이순신을 한성까지 압송하여 고문하고 투옥하고서는, 급기야 백의종군으로 모욕을 주기까지 했다. 그 결과 칠천량 해전에서 조선 수군은 거의 전멸에 가까운 처참한 패전을 당했다. 전함을 건조하여 전장에 배치하는 일은 오랜 시간이 걸리고 건조 능력과 전술적인 운용 능력이 있어야 가능하다. 더구나 해상 전투에서는 최고 지휘관인 통제사로부터 말단 수병에 이르기까지 혼연일체의 팀웍을 통해 전투력이 발휘될 수 있기 때문에 실전 경험과 능력을 겸비한 수군 지휘관을 확보하는 것은 대단히 어려운 과제가 아닐 수 없다.

유감스럽게도 선조는 그런 문제는 수군이 알아서 할 일이라는 듯 괘념치 않았고 오로지 미운 털이 박힌 통제사 이순신을 제거하여 자신의 영을 세우는데 급급했다. 칠천량의 패전으로 1만여 명의 조선 수군이 전사하였으며, 통제사 이순신이 애써 건조하고 훈련해 왔던 거북선 3척을 포함한 200여 척이 넘는 전함도 모두 불에 타 격침당하고 말았다. 그리고 해상 전투경험이 최고 수준에 달했던 뛰어난 수군 지휘관들이 모두 전사했다. 심지어 수군 전력의 중추적인 위치에 있었던 경상우수사 배설은 싸워 보지도 않은 채 휘하 전함 12척을 이끌고 칠천량의 전장에서 무단으로 이탈하여 도망하는 일도 벌어졌다. 전투책임자가 스스로 전장을 이탈하는 망측한 일이 발생한 것이다. 칠천량의 대패전에 대해 어느 누구도 책임지지 않았고 통제사 원균과 일부 장수들만 전사함으로써 이에 답하였다. 군왕 선조가 반성하거나 자책했다는 기록은 선조실록 어디에도 없다.

세자의 위치에 있던 광해군은 불과 18세의 어린 왕자였지만 세자로 책봉되자 함경도와 전라도 등지를 다니며 의병과 군수물자를 직접 모집하거나 군량미를 확보하는 일까지 수행할 만큼 전란 극복을 위해 힘썼다. 이에 비해 선조는 40세를 넘기고 있었고, 군왕으로 재위한 지 25년이나 되었다. 얼마든지 과단성 있는 결심과 통솔력 발휘를 기대할 수 있는 경륜에 있었지만 피난하기에 급급하였다. 선조는 군왕이라는 막중한 책임감을 갖고 적극적으로 전장에 직접 나아가 전선을 시찰하거나 군사들을 격려했다는 기록을 어디에서도 볼 수 없는 임금이었다.

군왕의 육신 자체가 곧 국가를 의미하던 시대여서 전란 중에 함부로 전선을 오고 갈 수는 없다는 점을 십분 이해한다 하더라도 선조의 처신은 너무도 소극적이었고 수동적이었다. 국가와 백성의 운명이 결정되는 위기 상황에서 국가 최고지도자의 역할은 너무나 중요하다. 임진왜란에서 보여준 무능하고 무책임한 선조의 리더십은 이 땅의 국가지도자들에게 반면교사가 될 것이다.

임진왜란의 교훈

비록 임진왜란은 부끄러운 역사적 사실이 되었지만 긴 전쟁 과정을 통해 반성하고 잊지 말아야 할 귀중한 교훈을 우리에게 남겼다.

먼저, 조선통신사로 간 사신단의 귀국 보고 내용이 서로 일치되지 못하고 다르게 보고되는 바람에 국사에 지대한 영향을 미쳤고 급기야 전란의 참화를 막는 데 실패하는 요인으로까지 작용하게 되었다는 점이다.

개인적인 차원에서는 어떻게 보면 대수롭지 않은 작은 일 같고 당연히 그래야 하는 상식적인 활동으로 보일 수 있지만 국사를 수행함에 있어서는 국가와 국민에게 지대한 영향을 미칠 수 있기 때문에 그런 일은 절대로 용납될 수 없는 법이다. 따라서 귀국 보고와 같은 '해외 출장 결과 보고'는 대표단원들 간 의견이 사전에 수렴, 통합 조정되어 일치된 내용으로 정확하게 상부에 보고될 수 있어야 한다.

통신사절단 구성원들 상호 간의 의견 조정과 통합 없이 사신 각자가 소신대로 결과 보고를 함으로써 국사를 책임진 선조와 조정 신료들은 누구 말을 믿어야 할지 혼란스러웠다. 혼란스러움은 분열과 불신을 야기하였다. 막상 임진왜란을 당했을 때에는 서로 책임을 전가하거나 면피하기에 급급한 모습마저 노출하였다. 조정 신료들 간의 불신이나 갈등은 그랬다 해도 전란을 몸소 겪어야 하는 백성들의 혼란과 희생은 너무도 컸다. 그리고 귀중한 문화재의 소실과 유출, 국가 자산의 손괴와 고급 인재의 희생은 회복이 불가능하거나 회복하는 데 긴 세월이 소요되었다. 그런 까닭에 국가적으로 임진왜란과 같은 전쟁은 절대로 일어나게 해서는 안 된다. 이런 점에서 전쟁을 대비하는 데 혼선을 야기한 조선통신사 귀국 보고는 역사적인 실패 사례로 두고두고 인용될 것이다.

우리가 임진왜란을 통해 잊지 말아야 할 두 번째 교훈은 국가적인 정보 능력이 미비하여 부끄럽게도 왜군의 기습침입을 허용하였다는 점과 그로 인해 더 큰 국민적 피해를 입게 되었다는 것이다. 전쟁이라는 위험 상황에 직면하여 사신단을 파견한 것까지는 좋았으나 사안의 성격상 보다 전문적이고 권위 있는 점검과 의사 결정을 도모할 수 있도록 대표단을 구성하고 추적해 갈 수 있어야 했다.

그리고 대표단을 파견하는 초기 단계에서는 역부족이었다 하더라도 일단 조정에 보고된 이상 보다 종합적이고 객관적인 정책 판단을할 필요가 있었다. 따라서 군사적인 첩보 획득과 정보 보고를 할 수있는 조직을 운영하고 지속적으로 추적하는 노력이 요구되었으나 선조나 조선 조정은 그 어떤 조치도 강구하지 못했다. 적어도 국가의존망이 걸린 외교나 국방에 있어서만큼은 머리를 맞대어 논의를 거듭하고 중지를 결집하여 단합된 모습으로 백성들을 설득하는 것이국가지도자들의 책무 중 책무이다. 그러나 전쟁을 당한 조선은 조정차원의 그 어떠한 고민도, 이렇다 할 조치도 없었다. 그저 동·서 당파에 기댄 채 방관하거나 기피했고 비판하고 정죄하기에 바빴다. 조정 차원의 국가적 위기의식과 솔선적인 조치가 선행되지 못함에 따라 다가온 것은 기습적인 왜적의 침입이었고 걷잡을 수없는 백성의피해와 수모였다.

우리가 임진왜란을 통해 잊지 말아야 할 세 번째 교훈은 원군으로참전한 외국군은 전쟁을 당한 당사국이 희망하는 만큼 희생해 주거나 지원해 주지 않는다는 점이다. 원군은 정치 외교적 성과가 어느정도 달성되면 어떤 형태로든 전쟁의 조기 종료와 철군이 손실을 최소화할 수 있는 최선의 방도이기 때문에 정치 외교적 교섭에 치중할수밖에 없다는 것을 명심해야 한다. 420여 년 전 전란을 당한 조선을원군한 명나라 군에서도 여전히 사실로 입증되었다.

조선은 평양까지 왜군에 점령당하고 군주인 선조는 한만(韓滿) 국경선이 있는 의주로 피신하는 등 왜군에 항복할 수밖에 없을 정도의 절대 절명의 위기에 처하였다. 위기를 당한 조선으로서는 명나라 군대의 참전이 엄청난 도움이자 국면을 전환할 수 있는 계기는 되었다. 하지만 명나라 조정은 본토의 전란을 막고 백성들이 피해를 당하는 사태를 미연에 방지하면서도 위기에 처한 변방의 제후국이나 다를 바 없는 조선을 구한다는 명분에서 출병하였다. 조선과 명나라의 입장이 판이하게 다르기 때문에 사태가 어느 정도 진정되면 명나라 입장에서는 강화협상을 진행할 수밖에 없었다.

명은 1592년 4월에 임진왜란이 발생하여 그해 7월 선발대 격의 요동 군사를 파병하였다가 평양 전투에서 참패를 당한 뒤 12월 4만 8,000여 명의 대규모 정규군대를 파병하여 평양을 탈환하게 되자 곧바로 강화협상에 돌입하였다. 문제는 침입을 당한 당사국 조선이 배제된 상태에서 명·일 간에 강화협상이 진행된 점이다.

전란을 당한 조선은 강화협상으로 인해 왜적에 대해 독자적인 전투나 제대로 된 복수전을 전개할 수 없었고 협상을 주도할 수도 없어 무참히 짓밟히면서도 먼발치에서 지켜만 보는 신세를 면할 수가 없었다.

급작스러운 히데요시의 죽음으로 왜군 스스로 철수해 갔기 망정이지 강화협상에서 일본 측이 요구했던 조선의 한강 이남 4도의 할양과 같은 조건을 명나라 측이 조기에 철군할 속셈으로 전격적으로 받아들여 협상이 타결될 수도 있었다. 이러한 정황들을 돌이켜 생각해 보면 류성룡이 징비록 곳곳에서 '하늘이 도왔다' 라고 표현하였던 그 심정을 조금은 이해할 수 있을 것 같다.

우리가 임진왜란을 통해 잊지 말아야 할 네 번째 교훈은 전란을 당해 사경을 헤매거나 포로의 신세가 되어 억울한 삶을 살아가야 했던 백성들에 대한 조선 조정의 조치가 안일했다는 점이다. 그리고 국가가 미덥지 못하면 국민은 참전하여 나라를 지켜내기보다는 그저 살아남기 위해 물불 가리지 않고 인접국으로 도피하거나 비겁한 줄 알면서도 적군에 투항하여 국가를 외면하게 된다는 것이다. 전란을 피하기 위해 조선인들은 명군에 들어가 온갖 차별과 박대를 받으면서 견뎌내었는가 하면 10만여 명이 넘는 조선의 백성들이 왜군에 포로로 끌려갔음에도 불구하고 귀환하거나 송환되어 온 숫자는 고작 7,500여 명에 그치고 말았던 데서 이런 경향은 여실히 나타났다.

조선 조정은 자력으로 탈출해 온 포로들에 대해서는 백성된 도리를 지킨 것으로 인정하며 격려 차원에서 면역첩을 주거나 무명베를 하사하기도 했고 다수의 피로인들을 대동하여 귀환해 온 경우에는 피로인의 숫자에 따라 2~6년간의 요역을 감면해 주기도 했다.

당시 분위기는 포로로 잡혀가게 된 것을 '임금에게는 불충이요 죄'로 여겼기 때문에 국가를 상징하는 조선의 조정으로서는 그들을 본국으로 송환해 온 것 자체를 감지덕지인 줄로 알아야 한다는 식이었다. 따라서 고향으로의 안전한 귀향이나 이들을 위한 정착 지원과 같은 국가적 차원의 인도적 배려 조치는 기대할 수 없었다.

조정이 그런 분위기에 있었으니 말단 행정 현장에는 말할 필요도 없이 기막힌 처사들이 벌어질 수밖에 없었다. 긴 세월 동안 일본에서 왜인들에게 짓밟히며 종살이하다 겨우겨우 꿈에 그리던 고국에 돌아왔건만 부산포에 도착하자마자 조정의 사절들은 그들에게 며칠 분의 식량만 마지못해 지급한 뒤 자신들의 책임은 다했다는 식으로 떠나가 버렸는가 하면, 포로로 잡혀갔다가 도망쳐 돌아온 공사천(公私賤)에게 주인들은 억압하고 천대했을 뿐 어떤 관용도 베풀지 않았다. 심지어 수군의 최고 책임자 위치에 있던 자는 자신의 무역선에 그들을 태워 사적으로 이용하기까지 하다 조정으로부터 파직되는 일까지 있었다. 고국에 돌아올 수 있었고 정든 부모 형제를 만날 수 있다는 꿈에 부푼 기대는 온데간데없어지고 의지할 곳도 없고 고향으로 가는 길도 찾을 수 없는 막막한 현실 앞에서 송환된 조선의 피로인들은 절망하며 울부짖어야만 했다.

민주주의가 발전한 오늘날과 같은 상황에서는 나라와 국민을 지켜내기 위한 국군의 충혼을 높이 받드는 것은 너무도 당연한 도리로 이해하고 있다. 임진왜란 당시에는 그렇지 못했던 것 같아 너무도 안타까울 뿐이다. 국가적 견지에서는 나라를 지켜내기 위한 국민의 참전과 희생은 국민된 도리라는 점에서 당연시 여겨질 수도 있을 것이다. 그러나 국가가 그들의 헌신과 희생을 높이 평가하고 명예와 유훈을 계승·발전시키지 못하거나, 유족에 대한 배려와 보호를 소홀히 하면 차후에 발생하는 국가적 위기와 고난 때에는 국민의 자발적 참여와 헌신을 기대하기 어렵다.

국민의 외면은 결국에는 국가의 패망으로까지 연결될 수도 있다는 것을 잊지 말아야 한다. 달리 말해 국가가 전쟁을 극복하고 국민의 애국심 있는 단합과 참여를 기대하기 위해서는 적어도 '국가의 국민에 대한 책임과 도리'에 관한 문제를 제대로 해결할 수 있어야 한다. 그럴 때 나라다운 나라가 될 수 있다는 것을 임진왜란은 우리에게 가르치고 있다.

평화에 공짜는 없다

우방국의 원병을 수용하는 데에는 그저 도움을 받는 것으로 끝나지 않는다. 정신적 물질적 부담과 정치 외교적 위상 저하라는 비참한 대가가 수반된다. 임진왜란이 끝난 후 인조 대에 이르러 만주의 여진 세력이 북경의 명나라를 넘볼 수 있을 정도로 성장하여 조선에 대해 선린 친선 관계를 요구하였다. 조선 조정은 명나라 조정과의 '의리와 보답의 부담' 때문에 이러지도 저러지도 못하다가 결국 여진족의 침입을 받았다. 그 결과 조선은 군왕 인조가 여진의 홍타이지 앞에 나아가 무릎을 꿇고 세 번의 큰 절에 이어 아홉 번이나 이마가 땅에 닿도록 절해야 하는 '삼전도의 치욕'을 당하였다.

그리고 우방국의 원병을 수용하면 자국군 스스로는 잃어버린 국토와 국권을 회복하기 위해 결사 항전하기보다는 참전 원병에 의지하고 소극적으로 전투에 임하거나 대적을 기피하는 바람직스럽지 못한 행태로 변절하는 요인이 된다는 점도 잊어서는 안 될 부분이다.

평양에서 도주하다시피 하며 야간을 틈타 퇴각해 가는 고니시 군을 추격하여 황해도를 벗어나기 전에 와해, 격퇴시킬 것을 주장하는 류성룡 체찰사 등 조선 측 대표와 군 지휘관들에 대해 이여송 사령관과 명군 수뇌부들은 마냥 귀찮아하고 불쾌하게 여겼다. 뿐만 아니라 군량을 제때 보급하지 않았다는 이유로 체찰사 류성룡과 호조판서를 포함한 조선 조정 대표들을 뜰아래 꿇어앉혔다. 명군 수뇌부들이 조선 측 대표에게 큰소리로 꾸짖으며 군법을 시행하겠다고 호령하며 야멸찬 행동을 서슴지 않았던 데서도 원병을 수용한 부담과 대가는 너무도 상징적으로 나타났다. 이런 상황을 몸소 겪어야 했던 류성룡은 "나라 일이 이 지경에 이르게 된 데 대해 많은 눈물을 흘려야 했다"라고 술회하였다.

평양의 고니시 군사와 왜군은 부산포에서 평양에 이르는 기나긴 병참선을 유지하느라 병력을 분산 배치할 수밖에 없었다. 황해도와 경기, 영남 등지에서 왜군의 후방 보급선을 공격하는 조선 의병의 분전으로 제때 보급도 받을 수 없는 지경이 되다 보니 평양 이북으로의 침공은 고사하고 후방 보급선마저 차단당하게 되었던 것이다. 굶주리고 피로에 지쳐 영남 해안으로 퇴각해 가는 왜군을 용이하게 격멸할 수 있는 상황이 전개되었으나 당시 황해도 방어사 김경로 등이 왜적과 싸우는 것을 기피하는 바람에 포위 섬멸의 기회를 놓쳤다.

전세가 불리해지자 도망하다시피 평양을 빠져나간 고니시 군사와 한성 이북에 주둔하던 왜군에 대해 황해도와 한강 이북에서 조선의 군사력으로서도 얼마든지 대적하여 요격할 수 있었다. 그렇게만 했더라면 함경도에 머물고 있던 가토 군사를 포위 차단하여 섬멸할 수 있었는데 절호의 기회를 놓친 데 대해서도 징비록을 통해 류성룡은 안타까워했다.

앞에서도 언급했지만 우리가 임진왜란의 교훈을 통해 배우는 중요한 깨달음 중 하나는 한반도라는 특수한 지정학적 위치 때문에 자칫 우리 땅이 발판이 되는 국제전이 일어날 수 있다는 사실이다. 임진왜란이 있기 전에 우리 선조들이 경험한 전쟁은 중국 대륙으로부터 오는 무력 침입이 대부분이었고 우리가 당했거나 극복했던 일대일의 양자 대결에 그쳤던 전쟁이었다. 그러나 임진왜란은 유사이래 최초의 해양세력에 의한 대규모 침입 전쟁이었고 조 · 명 연합군과 왜군이 우리 땅에서 싸운 대규모 국제전이었다.

국제전을 막을 수 있는 일차적 방도는 뛰어난 정보력과 주변 정세에 정통하며 민감하게 대처해 갈 수 있는 외교적 역량을 발휘하는 것이다. 외교력은 국가의 자위적 방위력이 뒷받침되어야만 힘 있게 행사할 수 있는 법이다. 오늘날 체제를 달리하는 북한과 중·러에 대처하고 있는 우리 대한민국과 이슬람의 아랍국가들에 둘러싸여 있는 이스라엘의 경우에서 이 점은 여실히 입증되고 있다. 불행하게도 우리의 조상, 조선은 오랜 평화시대를 누리는 가운데 유학과 문치 중심의 사회를 지향하는 정치 기조를 견지해 오는 과정에서 군사력에 대한 관심이 약화되는 국가적 한계 상황과 취약 상황을 극복하지 못했다. 사대선린(事大善隣) 차원의 대중국 관계 외에는 일본 등 주변 정세에 대한 대비의 중요성을 착안하지 못했던 것이다.

일본과의 관계를 지혜롭게 잘해야 한다는 신숙주 등 선대 지도자들의 권면이 있긴 했지만, 이에 유의하며 대비해 가는 조정 차원의 국가적 노력이 뒤따르지 못하였다. 조선 조정은 국가 차원의 대비는 커녕 오히려 일본을 경시하는 경향으로 인해 통일된 일본이 군사 국가로 변모한 현실과 심각성을 예의 주시하지 못했던 것이다.

이에 비해 일본은 '섬나라' 라는 외부로부터 고립된 지정학적 한계 상황과 뒤떨어진 경제·문화·과학기술 등을 만회하기 위해 심혈을 기울이고 있었다. 일본 측은 중국과 조선을 출입하는 상인(왜구)들을 통해 인접국의 정치 군사적 상황을 예의 주시하는 한편, 조선 침공이 있기 50여 년 전부터 포르투갈 상인들이 조난으로 규슈에 도착했을 당시 휴대하고 있던 조총에 대해 지대한 관심을 가졌다. 지방 토호에 지나지 않는 영주들마저 조총제작법을 전수받기 위해 가족을 대동하여 칙사 대접하였다. 이러한 노력의 결과로 당시로서는 첨단 신형무기였던 조총 제조 기술을 습득할 수 있었고, 나아가서는 신무기로 무장하는 데 성공하였던 것이다. 심지어 고니시는 포르투갈 신부로부터 천주교를 전도 받은 신자여서 조선을 침입할 때 신부를 동행했을 정도였다.

조선 조정은 일본의 이러한 점을 배우고 참고했어야 했지만 아쉽게도 그런 노력을 하지 못했다. 심지어 조선 조정은 임진왜란이 있기 3년 전에 일본의 사절이 조선통신사 파견을 요청하고 돌아가면서 선물로 건넨 조총을 군기시(軍器寺)에 보관했을 뿐 자신의 것으로 소화하려는 연구와 실전 활용 노력을 제대로 하지 못하였다. 그 결과 신식 무기인 조총으로 무장한 왜군 앞에 개전 초기 조선은 무참히 짓밟히고 백성들은 억울하게 희생당해야 했다.

대외 관계를 중시하며 외국의 우수한 선진 문물을 습득하고 자신의 것으로 소화해 나가기 위해 노력하는 일본의 정치지도자들과 국민들의 자세는 예나 지금이나 변함없이 이어지고 있다. 이는 인접한 우리나라가 살피고 배울 점이다.

대비하지 않으면 또 당한다

조선이 임진왜란에서 처절하리만큼 유린을 당한 직접적인 원인은 허물어진 방위체제 때문이었다. 조선 초기 태조와 태종 등 역대 군주와 조정의 신료들은 군사적 경험과 지식을 겸비하고 있었다. 세종과 세조 대에 이르러서는 어느 정도 국가체제도 정립되어 감에 따라 중앙과 지방이 관리, 통제되는 단계로까지 발전하였다. 국방상으로도 '진관체제'가 군사체제로 자리 잡기도 하였으나 당쟁으로 인해 조정의 강력한 통솔력과 전략적 지도력이 약화된 데다 훈척 세력과 소수의 지방 족벌의 활거로 인해 조정의 재정이 악화되면서 방군수포제, 대역납포제 등으로 국역이 변질되었다. 이 결과 '군역은 있으나 군사가 없게 되는' 괴이한 모순이 현실이 되는 지경에 이르고 말았다.

군역을 면제받기 위해 포(布)를 납부한 것도 놀라운 일인데 여기에 더하여 무관 임용 등 관직 인사를 둘러싼 조정 대신들의 부정부패는 국가 질서의 혼란과 기강 문란을 초래했다. 조정이 이러했으니 군역과 같은 국역 집행의 현장 행정을 담당하던 말단 관속인 서리들에 의한 포목의 착복과 횡령, 가렴주구는 말할 필요가 없었다.

조정은 진관체제를 개선하여 제승방략이라는 군사 전략상의 보완 조치를 강구했다고는 하나 제대로 된 방비 태세를 기대할 수 없었다. 예나 지금이나 조정과 같은 중앙 정부의 무능과 관리들의 부정부패는 국가 방비 체제의 약화로 연결되는 법이다. 임진왜란이 있었던 선조 때라고 해서 예외일 수는 없었다.

이런 실정으로 인해 조선은 17만여 명이나 되는 대군(본토 동원 가능했던 16만 군사를 합해 33만여 명 규모)이 1,000여 척의 배에 나눠 타고 일시에 대한해협을 건너 침입해 오리라고는 전혀 예상하지 못하였다. 조선은 고작 8~9만 명의 관군으로 대적 자체를 기대할 수 없는 실정이었기 때문에 참패에 참패를 거듭할 수밖에 없었다.

그러나 우리의 선조들은 그렇게 무력하거나 단합할 줄 모르는 조상들이 아니었다. 왜적의 침입과 그들의 무참한 도륙과 살상 앞에 굴복하지 않고 분연히 떨쳐 일어났다. 비록 의병 활동이 활발하게 전개된 것은 임진왜란 초기의 짧은 기간에 그쳤고, 크게 전과를 내지는 못했다 하더라도 유격전 활동으로 인해 부산에서 평양에 이르는 왜군들의 후방 군량 공급선을 차단하는데 성공함으로써 이렇다 할 저항도 받지 않고 진군해 가던 왜군의 공격 기세를 꺾을 수 있었다. 지방 유림 등 뜻있는 지도자들의 솔선수범은 백성들의 단합과 애국심의 발휘로 나타났고 그 기상과 열의는 의병으로 귀결되어 구국의 원천이 되었다. 뿐만 아니라 조정과 관군으로 하여금 병력과 물자를 동원하고 군사를 재편하는 체제 정비를 위한 시간을 가질 수 있게 됨으로써 정규군으로 맞붙을 수 있는 상태를 회복할 수 있었다. 그리고 때마침 명나라 군대가 원군해 옴에 따라 연합하여 왜군을 격퇴시킬 수 있었던 것이다.

여기서 우리는 임진왜란의 교훈을 통해 귀중한 깨달음을 또 하나 배운다. 나라를 이끄는 지도자들의 자세와 능력의 여하에 따라 국민들의 인식과 반응이 달라지게 된다는 사실이다. 국민의 입장에서 보면 갑작스러운 전쟁을 당해 생사의 갈림길에 놓이게 되는 것이 너무도 한스럽고 억울하지만 더 나아가 가정이 파탄나고 생업이 짓밟히는 참상을 겪게 되면 제일 먼저 국가의 최고 책임자와 정부를 원망하게 되고 체제에 도전하게 된다. 반대로 그러한 위기 상황에 국가지도자들이 솔선수범하며 강한 책임감과 한없는 사랑으로 나라와 국민을 위하면 국민들은 죽음을 무릅쓰고 나라와 사회를 구하는 일에 헌신한다.

갑자기 왜적이 침입하여 온 나라가 왜군의 말발굽에 짓밟히게 되었을 때 경상관찰사 등 일선의 책임 있는 관리들과 경상좌·우도병마사 등 무장들은 말할 것도 없고 심지어 백성의 사표이자 정신적 심리적 기둥인 선조를 위시한 조정의 대신들마저 도망 피신하기에 바빴다. 백성들은 배신감으로 인해 궁궐과 행재소 등 자신들을 억압하고 군림했던 시설들에 불을 지르거나 약탈·방화를 일삼으며 체제에 항거했다. 그러나 조정의 신료들과 전선의 장수들, 그리고 지역의 유림들이 구국의 일념으로 나라와 백성을 구하고자 궐기하여 혼신의 노력을 경주할 때 백성들도 함께 일어나 자신을 희생하면서까지 의병으로, 지원자로 나서 나라와 백성을 구하는 구국 대열에 동참한다는 것을 역사가 된 임진왜란은 두고두고 각성하라는 듯이 증거하고 있다. 임진왜란의 3대 대첩인 진주대첩, 행주대첩, 한산대첩은 모두 지휘관과 군사, 심지어 지역 주민들까지 솔선수범과 책임감, 존경심과 애국심을 바탕으로 합심 단결을 이룰 수 있을 때 승전을 기할 수 있다는 귀중한 가르침을 남겼다.

아쉬운 점은 앞에서도 지적했던 바 있지만, 의병으로 분전한 당시 우리 선조들의 애국적 분발과 헌신을 조정 차원에서 국가 재건의 혜안과 국제적 안목을 가지고 전후 복구와 국가 발전의 원동력으로 거듭날 수 있도록 이들을 적극적으로 참여시키고 유도하는 미래지향적인 국가체제로 승화시키지 못한 점과, 문치 중심 일변도에서 벗어나 군사적 식견이 뛰어난 인재를 조정에 중용하여 국가적 방비 체계를 재설계하고 국방력을 다지며 대외관계를 통찰해 가는 국왕과 조정을 창출하고 계승 발전해 가지 못한 점이다.

구국의 대열에 참여할 수 있는 기회가 주어졌을 때 양반이 못되어 조선 땅에서 한스럽게 살아가야만 했던 중인계급 이하 하인 신분의 백성들마저도 국가적 전란 상황을 외면하지 않고 기꺼이 전투에 참여하거나 전쟁 물자와 장비를 마련하는 일에 적극 가담하는 모습을 보였던 바 이를 전후 국가사회 발전의 원동력으로 활용하지 못한 것은 무척 아쉬운 부분이 아닐 수 없다. 임진왜란을 극복한 우리 선조들도 전란의 경험을 교훈 삼아 체제 혁신을 통해 한반도에서의 '르네상스'를 구현하여 시대를 앞당길 수 있는 절호의 기회를 맞이할 수도 있었지만 군왕 선조와 조정의 신료 등 집권 계층들은 기존 질서에 대한 도전과 체제 위기로만 생각한 나머지 유교 질서의 회복에 집착하여 전란 이전의 체제로 복귀하고 말았으니 후손인 우리들로서는 안타깝고 조금은 억울하기까지 하다. 필자만의 생각일까? 아마도 그렇지 않을 것 같다.

의병으로 구국 대열에 참여했던 백성들이 전란을 막지 못한 군왕과 조정에 실망한 나머지 자칫 왕조 권력에 도전할 수 있다고 우려하여 의병의 강제 해체와 같은 통제 지향적이고도 소극적인 국정 운영으로 이어지게 했다. 이후 300여 년이 지난 조선 말기에 이르러서는 흥선대원군이 위정척사(爲政斥邪)를 내세우며 쇄국 정치를 고집하며 봉건 왕조체제를 유지하는데 급급해 하다 또다시 일본에 합방까지 당하는 수모의 역사로 이어졌다.

반면, 일본은 조선에서 차출해 간 인재와 문화재며 과학기술력을 자기 것으로 승화 발전시켜 갔다. 나아가 에도 막부시대의 쇄국체제를 탈피하고 1860년대에 이르러서는 메이지유신(明治維新)을 통해 개혁과 대외 개방 지향적인 외교전략을 추구하였다. 그 결과 동아시아에서 세계를 제패할 수 있는 국가로 발전하여 오늘날 경제 대국이 되었다. 이를 보더라도 국가지도자들의 전략적 사고와 국민적 단합과 결집을 이끌어 낼 수 있는 정치적 리더십이 얼마나 중요한 것인지 새삼 깨닫게 된다.

임진왜란과 일제 35년의 식민지배 등 침략을 일삼았던 일본이 오늘날에는 비록 입헌군주제이기는 하나 우리와 같은 자유민주주의와 시장경제를 정치체제로 채택하고 있다. 그 일본을 어떻게 바라보며 한반도에서 국가 생활을 영위해 가야 할지 참으로 고뇌하게 하고 분발하게 한다. 현재 이 나라, 우리 국민들은 머리로는 일본을 용서하기 어렵다. 그러나 체제를 같이하는 국가이자 경제 대국인 일본을 '극일'(克日)의 가슴으로 대하며 우리의 자존을 지켜가야 할 것이다.

나가며

    필자의 마지막 공직 생활 근무지는 국립서울현충원이었다. 우리 국민들이 잘 알고 있는 바와 같이 국립서울현충원은 6·25전쟁과 월남전 파병으로 전사한 12만 7천여 명의 장병들과 국토방위 임무를 수행하다 불의에 희생된 장병들의 충혼을 국가적 차원에서 추념하고 유족들을 위로하기 위하여 조성된 국군묘지이다. 일제에 항거하며 조국의 독립을 위해 헌신하였던 임정요인과 애국지사, 오늘의 대한민국의 기반을 닦은 대통령들과 국가유공자들이 안장되어 있는 국가적 성소이며, 우리 국민들이 그들의 나라사랑과 희생정신을 본받는 국민 교육의 도장이기도 하다. 순국선열과 호국 영령의 혼이 깃든 곳이어서 국가지도자들과 우리 국민들이 국가 기념일이나 국가 행사가 있을 때마다 이곳을 참배하며 그분들의 높은 뜻을 기리고 계승 발전시키겠다는 다짐을 새로이 하고 있다.

필자는 국립서울현충원장으로 근무하며 현충원 곳곳을 돌아볼 때마다 임진왜란, 병자호란, 일제강점기, 6·25전쟁, 남북 분단과 같은 고통의 역사를 되돌아보곤 하였다. 스무 살 꽃다운 나이의 젊은이들이 꿈을 채 펴보기도 전에 국가와 국민을 지키고자 전선에 나갔다 희생되어 흰색의 화강석 묘비가 되어 돌아와야 했던 국가적 위기 상황을 회고하고, 앞으로는 그러한 실수나 과오가 우리 역사에서는 반복되지 않도록 해야 한다는 지상 명령과도 같은 가르침을 현충원은 웅변하고 있다. 그러므로 필자뿐만 아니라 우리 국민 누구라도 현충원 화강석 묘비 앞에 서면 국가 안보의 실패는 국민을 희생시키고 국가 발전을 후퇴시키는 엄혹한 대가를 요구하고 있음을 저절로 생각하게 되는 것이다.

우리는 지금도 남북이 분단되어 200여만 명에 이르는 병력이 휴전선을 경계로 군사적으로 대치하고 있는 상태이다. 한반도는 여전히 전쟁의 위험에 노출되어 있으며 세계에서 전쟁이 일어날 가능성이 가장 높은 지역으로 평가받는다. 아직도 끝나지 않은 6·25전쟁은 임진왜란과 맞먹는 고통의 과정을 겪었다. 고통스러운 날이 지나고 평화가 찾아와도 그 평화를 착실히 지키고 미래를 대비하지 않으면 평화는 지속되지 않는다. 우리가 역사의 교훈을 가슴에 새기고 준비하고 단합하지 않으면 임진왜란, 병자호란, 국권의 상실과 일제의 강점, 6·25전쟁과 같은 국가적 비극은 다시 도래할 수 있다. 고통스런 역사가 반복될 때 그 고통은 고스란히 일반 백성, 국민들의 몫이 된다. 지금까지 이 책에서 지난날의 고통스런 역사를 다시 살펴본 이유도 이러한 일들이 이 땅에 다시는 일어나지 않도록 하기 위해서이다.

임진왜란 당시, 병력의 규모가 곧 군사력의 핵심이었던 시대에 최대 7~9만 정도의 병력밖에 동원할 수 없었던 조선과 많아야 5만여 병력 수준에서 조선으로 파병 온 명나라에 비해 33만의 병력을 동원하여 육상도 아닌 바다를 건너 전쟁할 수 있는 능력을 가졌던 일본은 조·중·일 3국 중에서 사실상 가장 강력한 군사력을 보유한 국가였다. 일본 본섬 혼슈에 더해 오키나와에 이르기까지 일본 열도를 장악한 히데요시는 내친 김에 조선을 침입, 점령하는 것도 얼마든지 가능하다고 판단하고 실제로 한반도를 침입한 지 20일 만에 조선의 수도 한성을 쉽게 점령하였다.

우리 민족이 한반도에 정착하여 나라를 세우고 삼국 시대와 통일신라, 고려, 조선 개국 후 200여 년에 이를 때까지 중국 본토나 몽고의 침입과 정치 외교적 괴롭힘을 당하긴 했지만 섬나라 일본으로부터 대규모 군사력에 의한 침공을 받은 경우는 없었다. 그러므로 조선 조정에는 경제력으로나 군사력으로나 적어도 일본보다는 앞섰다는 자부심이 있었고 의식주 해결을 위해 때때로 삼남 지방에 침입해 오는 왜적에 대한 군사적 대비태세도 어느 정도 갖추어져 있다고 믿고 있었다. 조선 조정이 일본의 침공 움직임이나 유사한 정보 보고가 있어도 종래의 경험에 비추어 얼마든지 대응할 수 있을 것이라고 판단한 것도 그런 이유 때문이었다. 그러나 1592년에 침입해 온 왜군은 조선 조정의 예상을 뛰어넘어 엄청난 규모의 병력과 조총으로 무장한 강력한 군대였다. 100년의 전국시대를 거치면서 왜군의 군사지휘관들은 우수해졌고 군사 동원 능력과 전투 기술도 크게 향상되어 조선군은 적수가 될 수 없었다. 류성룡의 고백처럼 이순신의 분투와 명나라의 원조가 없었더라면 조선은 일본의 식민지가 되었을 것이다.

임진왜란처럼 전쟁은 언제나 예상 밖의 상황을 연출하지만 전쟁의 조짐은 반드시 있기 마련이며 미리 전쟁을 억제할 기회도 능히 포착할 수 있다. 필자는 일선 국방 현장에서 근무하며 이런 사실을 역사의 교훈으로 체험하듯 깨닫기도 했다. 임진왜란도 조선 조정이 영의정 신숙주의 진언만 잘 기억하고 대비해 왔어도 일본에 그렇게 처절하게 당하지는 않았을 것이다. 임진왜란이 있기 150여 년 전인 1443년(세종 25년) 조선통신사 변효문(卞孝文)의 서장관(書狀官, 사신단의 정사와 부사를 보좌하면서 사행을 기록하고 외교문서를 작성하는 임무 수행, 4~6품의 젊은 문관이 주로 담당)으로 일본 사행에 참여한 신숙주(申叔舟, 1417~1475년, 세조 8년 1462년 영의정. 복귀하여 일본의 지형과 국내 사정, 외교절차 등을 정리하여 해동제국기(海東諸國記)를 세종에 보고, 1471년 성종 2년에 발간)는 일본의 능력과 발전상을 확인하고 만년에 이르러 성종에게 "원컨대 일본과 화(和)를 잃어서는 안 됩니다"라며 대일관계의 중요성을 진언하였다. 그러나 신숙주 이후 세월이 흐르면서 조선 조정은 일본의 변화와 도전 가능성을 간과하였다. 그리고 150년이 지난 1590년 황윤길과 김성일을 필두로 조선통신사를 파견했을 때에도 일본의 내정 변화를 확인할 수 있는 기회를 잡을 수 있었지만 조선의 국가지도자들은 그 기회도 놓치고 말았다.

섬나라 일본으로서는 명나라가 영토적으로나 경제, 군사력 면에 있어 대적하기에는 만만한 과업이 아니었다. 대한해협을 건너 명으로 접근해 가기 위해서는 교두보 확보가 필요했고 이를 위해서는 한반도 조선의 점령이 일차적 방책이었다. 결과적으로 임진왜란을 통해 일본은 조선이 예상했던 것보다 약체이고 얼마든지 요리해 갈 수 있다는 자신감과 경험을 축적하게 되었다. 히데요시의 조선 점령 시도는 후세 일본 정치가들에게 의미 있는 메시지로 계승되었을 것이다. 일제의 조선 식민지배가 그 상징적인 사례이다. 19세기 제국주의로 발돋움하는 데 성공한 그들에게 근성으로 내면화되어 있는 조선 정복에 대한 야심은 자연스럽게 정치력과 군사력에 투사되어 일본이 조선을 강제 점령한 동인이 되었다. 일제 35년간의 조선 지배는 남북한 분단 상황으로까지 연결되어 오늘날까지 우리는 고통스러운 역사의 수레바퀴에 눌려 있다.

지금도 역사는 반복되고 있다. 우리가 속해 있는 동북아시아는 침략과 식민지배의 역사적 배경을 바탕으로 이데올로기를 달리하며 체제 경쟁을 지속하는 중이다. 일본은 중국과 러시아에 대응하기 위해 미국과 동맹관계를 구축하여 안보를 확보하면서 한반도 문제에 직간접으로 관여하며 영향력을 행사한다. 세계의 4강이라는 거대국들과 인접하며 그 틈바구니 속에서 생존하고 성장하는 국가는 지구상에서 대한민국이 유일하다. 오늘의 대한민국은 어제의 연속선상에 있다. 우리 조상들이 겪어야 했던 어려움과 극복 정신, 교훈이 전수되지 않는다면 비극적인 역사는 또다시 반복될 것이다. 국가가 적에게 침략을 허용하고 무참히 패배하는 이유는 국방태세 유지에 실패하기 때문이다. 역사는 우리를 향해 엄중하게 경고하고 있다. 정신 차리고 대비하지 않으면 임진왜란은 언제든 다시 올 수 있다고!

부록

임진왜란이 남긴
통영과 남해와 여수의 유적들

통영

통영(統營)은 삼도수군통제영(三道水軍統制營)을 줄인 말이다. 선조 37년(1604) 통제사 이경준이 거제현 두룡포(지금의 통영시)로 수군통제영을 옮기면서 여기에서 통영의 명칭이 비롯되었다. 통제영은 1895년(고종 32년) 폐지되었다. 그때의 거제현 두룡포는 고성현으로 이속되어(1677년 숙종 3년) 춘원면으로, 다시 진남군(1900년, 광무 4년), 용남군(1909년, 광무 4년), 통영군(1914년 용남·거제 양군을 통합) 등으로 개칭되었다. 오늘날 통영시의 원조격이었던 두룡포(420여 년 전)는 근세에 들어 통영면(1917년), 통영읍(1931년), 충무시(1955년), 통영시(1995년)로 승격되어 왔다. 역사가 말해 주듯 통영시나 충무시의 명칭은 삼도수군통제영과 충무공에 연유하여 붙여진 이름이다.

통영 삼도수군통제영

삼도수군통제영은 통영시 세병로 27(문화동)번지에 소재하고 있는 조선시대

규장각 소장 통영 고지도   삼도수군통제영 전경

의 군사유적지로 통제영은 삼도수군통제영의 약칭이며 경상·전라·충청
도의 삼도 수군을 지휘·총괄하였던 본영으로 지금의 해군본부 겸 해군작
전사령부에 해당하였던 곳이다.

통제영은 1593년 삼도수군통제사 직제를 새로 만들어 전라좌수사가 겸임
한 것에서 비롯된다. 왜란 당시 초대 통제사로 제수된 전라좌수사 이순신의
한산 진영이 최초이다.

1603년(선조 36) 제6대 이경준(李慶濬) 통제사가 통제영을 두룡포(頭龍浦: 현 통영
시 관내)로 정하여 통제영 터를 닦기 시작하여 2년 만인 1605년(선조 38) 음력
7월 14일 세병관(洗兵館: 국보 305호)·백화당·정해정 등을 창건하였다. 1895
년(고종 32) 각도의 병영 및 수영이 폐영될 때까지 292년간 존속되었으며 209
명의 통제사가 체임되었다(역대 삼도수군통제사를 기록한 한산도선생안에 의하면 35대
김응해 통제사 다음에 통제사를 지낸 변사기가 효종 2년(1651년) 김자점과 함께 역신으로 몰
려 처형된 이후 그를 한산도선생안에서 배척해 208대로 보는 견해도 있다).

그 후 일제강점기 때 일제의 민족정기 말살 정책에 의해 세병관만 남겨두고
대소 관아 100여 동의 건물들이 모두 헐리고, 이후 학교·법원·검찰청·
세무서 등이 자리 잡았다. 1998년 2월 20일 사적 제402호로 지정되었다.

삼도수군통제영의 건물 가운데 현존하는 것은 세병관이며, 1987년에 수항
루(受降樓), 2003년에 운주당, 2011년에 백화당·12공방·중영·공내헌·공

록당, 2013년에 산성청 및 좌청, 운주당 후원 등의 관아 건물 29동이 복원되었다. 수항루를 지나 우측에는 두룡포기사비(경남유형문화재 112)와 비각 건물이 있고, 좌측에는 매표소 및 관리사 건물이 위치한다.

1996년 지표조사를 실시하여 당시의 통제영에 있던 100여 동의 주요 관아 건물들의 위치를 확인, 국방유적지로서의 중요성 및 역사성 등이 인정되어 국가지정문화재로 지정되었다. 2011년 7월 28일자 문화재청 고시에 따라 '통제영지'에서 '통영 삼도수군통제영'으로 명칭이 바뀌었다.

통영충렬사

통영충렬사

통영충렬사는 임진왜란 당시 수군통제사로서 위대한 업적을 남긴 충무공 이순신 장군의 위패를 봉안한 사당으로 통영시 여황로 251(명정동 213번지)에 있다. 1606년에 왕명에 의해 제7대 이운룡(李雲龍) 통제사가 충무공 이순신 장군의 위훈을 기리고 추모하기 위하여 창건하였고 1973년 사적 제236호로 지정되었다.

충렬사에는 정침을 비롯하여 내삼문, 동제, 서제, 중문, 숭무당, 경충제, 외삼문, 비각 6동, 강한루, 전시관, 홍살문 등 경내에 24동의 건물이 있으며, 경역은 9,068㎡(2,743평)이다. 특히 전시물 가운데 명나라 신종 황제가 내린 8가지의 선물인 명조팔사품(보물440호)이 의장물 중 도독인 1점과 호두령패 귀도 참도 독전기 홍소령기 남소령기 곡나팔 등 2점씩이 전시되어 있다. 정침과 외삼문에 걸려 있는 충렬사 현판은 현종 임금의 사액 현판으로 문정공 송준길의 글씨라고 한다. 이곳에서 개최되는 행사는 춘계향사와 추계향사 및 4월 28일 공의 탄신제 등이 있다. 특히 음력 2월이면 충렬사 안에 있는 동백나무에 동백꽃이 활짝 펴 내부 정경이 아름답다.

통영충렬사 명조팔사품 병풍

착량묘

착량묘

충무공의 위패와 영정을 모시고 있는 사당이다. 선조 31년(1598) 노량해전에서 이순신 장군이 전사하자 이를 애통하게 여긴 이 지방 사람들은 그의 충절과 위업을 기리기 위해 착량지가 내려다보이는 언덕 위에 초가를 짓고 정성껏 그를 모셔온 것이 이 사당의 시초가 되었다. 착량(鑿梁)이란 '파서 다리를 만들다' 라는 뜻으로 당포해전에서 참패한 왜군들이 쫓겨 달아나다 미륵도와 통영반도 사이 좁게 이어진 협곡에 이르러 돌을 파서 다리를 만들며 도망한 데서 붙인 이름이다. 착량묘는 공의 사당 중 최초의 것으로 고종(高宗) 14년(1877) 공의 10세손 이규석 통제사가 초옥을 와가로 고쳐 짓고 착량묘라 하였으며, 이곳에서 지방민 자제들을 교육하였다. 현재 경역은 면적 899㎡에 사당, 서재, 동재, 고직사 등 4동의 건물과 내삼문, 외삼문으로 되어 있다.

한산섬

제승당(制勝堂)

제승당은 임진왜란 때 충무공이 항시 군사작전을 의논하고 군사를 진두지휘하던 곳이다. '제승' 은 손자병법의 수인지이제류 병인적이제승(水因地而制流 兵因敵而制勝)[1] 에서 연유된 이름이다. 통영 시내에 위치한 충렬사가 이순신 장군이 전사한 뒤에 지어진 기념관 같은 곳이라면, 한산도에 있는 제승당(당시에는 운주당)은 장군이 통제사로 있을 때 손수 지휘하여 지은 유서 깊은 사적이다. 1593년부터 1597년까지 삼도 수군 본영으로 이순신 장군이 거처하면서 삼도 수군을 지휘하며 무기를 만들고 군량을 비축했던 이곳의 대첩문을 들어서서 충무문을 통과하면 제승당 건물이 웅장한 위용을 드러낸다. 내벽 면에는 한산대첩도, 우국충정도, 사천해전도, 노량해전도, 진중생활도 등의 기록화가 당시의 모습을 재현하고 있다.

이순신 장군은 이곳을 본거지로 삼아 당포승첩(唐浦勝捷) 후 왜적과 세 번째로 접전하여 적을 섬멸하는 대첩(한산대첩)을 거둠으로써 해상권을 장악하는 동시에 적의 해상 보급로를 차단할 수 있게 되어 적의 사기와 전의에 큰 타격을 주었다. 장군은 한산도에 삼도수군통제영의 진(陣)을 친 후 늘 이곳 제승당에 기거하면서 휘하 참모들과 작전계획을 협의하였고 집무실로도 사용하였다. 제승당이 자리 잡은 곳은 원래는 운주당(運籌堂) 터이기도 한데 운주당은 이순신 장군이 이동해 가는 곳마다 기거하던 곳을 편의상 부르던 명칭이다.

정유재란 때 폐허가 되어 버린 이곳에 제107대 통제사 조경이 1739년에 유허비를 세우면서 '제승당' 이라 하였고, 1976년에 이곳을 방문한 박정희 대통령이 지금의 제승당과 충무사, 한산정, 수루 등을 새로 짓고 경내를 정화하였다. 통영항에서 배를 타고 20여 분쯤 가면 한려수도 관광 1번지, 한산도 제승당에 이르게 되는데 제승당으로 가는 바닷길에는 임진왜란 당시 대밭을 육성하여 화살을 공급하던 대섬이 있고 조금 더 가면 만나게 되는 거북 등대는 한 덩이의 돌로 조각한 것으로 유명하다.

---

1) 손자병법 허실편: 물은 지형에 따라 흐르는 방향이 결정되며, 군대는 적의 정세에 따라 승리의 방법을 결정한다. 그러므로 전쟁하는 데 고정된 방법이 없는 것은 물이 일정한 형태가 없는 것과 같다.

한산도 제승당 전경

제승당 수루

한산정

한산정의 과녁

삼도수군통제영과 관련된 한산섬의 지명들[2]

한산섬은 한산면의 본도이며 행정구역상 한산면은 본도와 주변에 산재한 도서들로 이루어진 총 65개의 유·무인도를 포함하고 있다. 임진왜란의 3대 대첩 중의 하나인 '한산대첩'을 이룬 국난극복의 현장이며 한려해상국립공원의 시발점이다.

섬을 둘러싸고 있는 해안선은 드나듦이 매우 복잡하고 거울 표면과 같은 잔잔한 바다를 끼고 있으며, 바깥 바다로 나갈수록 낭떠러지가 심하여 절경을 이루고 있다. 한산섬에 사람이 살기 시작한 것은 역사적 기록은 없으나 약

---

2) 통영시 홈페이지, 우리 동네(한산면) 소개 참조.

450여 년 전 또는 임진왜란으로 통제영이 설치되면서 피난 온 백성들이 거주하기 시작한 것으로 추정되며 기후는 여름에는 시원하고 겨울에는 온화하여 기온이 영하로 내려가는 날이 드물다.

한산도란 지명 유래는 '한(閑)'자를 '막을 한(閑)'으로 해석하여 임진왜란 때 이 충무공이 이곳에서 왜적을 막았다는 데서 비롯되었다는 설과 '한가할 한(閑)'의 뜻으로 해석되어 통영 앞바다에 한가로이 떠 있는 섬이라 하여 한산이라고 불리어졌다는 설, 그리고 육지로부터 한산도로 들어오는 관문인 한산면 여차, 관암, 문어포 마을과 제승당의 지형이 한자의 '한(閑)'자, '산(山)'자와 비슷하여 한산도라 불리었다는 구전이 있다.

임진왜란과 관련된 한산섬의 마을지명 해설

한산면 지도

• 개포(더풀개): 임진왜란 때 한산 앞바다에서 이순신 장군의 학익진 전법에 결딴났던 왜군의 패잔병들이 우왕좌왕 도망갈 길을 찾자 우리 수군들이 한산만으로 유인해 일부는 두억개에서, 일부는 이 개안에서 모조리 도륙했다. 왜적들이 온 개안을 덮었다 하여 '덮을 개'라 했다.

• 염개: 통제영에 군수용 소금을 구워 공급한 염전(鹽田)이 있었던 곳이라 하여 염포(鹽浦)라 부르다가 그 후 고포(羔浦)로 이름을 고쳤는데, 1961년도에 대고포, 소고포로 분동하였다.

• 너추리: 제승당으로 들어가는 바닷길 좌측 고동산 밑에 있는 곳으로 여차 마을의 통상 호칭이다. 여차 마을의 옛 지명은 '내추리'로서 배를 젓는 노(櫓)를 뇌 추리라 하였는데 삼도수군통제영의 각종 전선에 필요한 노를

이곳에서 제작·공급하였다. 즉, 뇌 추리의 '뇌'는 '노'의 방언이다.

• 고동산: 제승당으로 들어가는 바닷길의 좌측에 위치한 해발 188m의 산
이다. 임진왜란 때 운주당이 있는 본영과 해상에 전개되어 있던 함선 간
에 서로 연락을 취하기 위해 이 산에 올라 소라고동을 불어 신호하였다
하여 고동산이라 불린다.

• 독안바위: 장곡마을 북편 도로변, 바다로 쑥 내민 언덕 왼쪽 오목 들어간
곳에 자리 잡은 조그마한 뜸이다. 임진왜란 때 삼도 수군의 함선을 수리
했던 곳이라 하기도 하고, 조선 수군에서 필요한 도간(도가니, 질그릇)을 만
들었다 해서 도간배우라 불리기도 하고, 마을 옆에 홀로 외롭게 서 있는
바위 즉, 독암(獨岩)이 있었다 해서 붙여진 지명이라는 설도 있다.

• 숯덩이골: 제승당에서 약 8km 떨어진 장곡마을 부근의 조그마한 골짜기
로 여러 군영에 필요한 숯과 기타 연료를 만들어 공급하던 곳이라 하여
붙여진 이름이다.

• 창동(倉洞): 제승당에서 동남쪽으로 약 9km 지점의 해변에 있는 이 마을은
글자 그대로 창고(倉庫) 마을이다. 임진왜란 당시 약 3,000석가량의 군량
미를 비축했던 창고가 있었던 곳이어서 창동(倉洞)이라 불리게 되었다.

• 입정포(立定浦): 삼도수군통제영의 전선들이 왜적의 습격을 대비하고 적선
을 발견하여 공격하기 위해 이 일대의 해역을 초계(哨戒)하다 이곳에 일시
입항하여 정박한 곳이라 하여 붙여진 이름이다.

• 진두(津頭, 陣頭): 우리 수군이 진을 치고 경비초소를 두어 통제영과의 연락
보급과 담당구역의 해상경비 임무를 수행하던 곳(陣頭)이며, 또한 예로부
터 한산 본도와 추봉도 사이의 좁은 해협을 연결하는 나루터(津頭) 구실을
해 왔기 때문에 붙여진 이름이다.

• 야소(冶所): 풀무간(대장간)을 설치하여 쇠를 녹여 병장기를 제조하고 수리 하였던 곳으로 풀무란 뜻의 한자인 '冶'를 따서 '야소(冶所)'라 일컫게 되 었다. 오늘날의 병기창이 있었던 곳이다.

• 의암(衣岩, 옷바위): 임진왜란 때 한산도에 주둔한 우리 수군들의 군복을 짓 고 수선하는 피복창(被服廠)이 있었다. 특히 다른 곳에서는 볼 수 없는 큰 바위들이 널려 있으며, 어느 곳보다 햇볕이 강하고 일조 시간이 길므로 빨래한 군복들을 널어 말리기에 안성맞춤인지라 수만 벌의 각양각색의 군복이 이 해변과 산기슭 일대에 널려 장관을 이루었다고 한다.

• 멜개(荷浦, 하포): 삼도수군통제영에서 이곳에 보급창을 두고 각 진영에 보 급할 군수물자의 조달과 보관이 이루어졌다. 우리 수군의 병참 지원을 원 활하게 하기 위해 각지에서 조달해 온 군수물자를 싣고 들어온 배들과 각 진영에 보급할 물자를 실어 나르는 배에서 짐을 어깨에 메고 싣고 풀었다 해서 멜개라 일컫게 되었다.

• 못개: 멜개(하포)마을을 중심으로 남북에 솟아 있는 두 산을 잇는 잘록한 목 너머에 위치한 곳으로 임진왜란 당시 삼도수군이 사용할 물을 공급하 기 위해 이곳에다 여러 개의 넓고 큰 못을 만들어 군사용 식수 및 생활용 수를 저장했다.

• 진터골: 개목(의항)마을과 매왜치 사이의 쑥 들어간 개 안(포구)이다. 임진 왜란 때 삼도수군의 본영이 한산도에 설치되었을 때 육전대의 전투훈련 을 벌였던 곳이다. 이 진터골은 상륙훈련은 물론, 진(陣) 치는 법, 적의 퇴 로를 차단하고 포위 섬멸하는 전술을 익히던 곳이다.

• 매왜치: 매왜치란 왜적의 시체를 매장한 갑곶(치)이란 뜻으로 한산해전이 끝난 후 온 바다와 갯가에 떠밀린 왜적들의 시체들과 도망치다 도륙당한 시체들을 한 곳으로 거두어 매장했던 곳이다.

- 개미목(蟻項, 의항): 한산해전에서 대패한 왜군 잔적들이 살길을 찾아 허둥댈 때 우리 수군들이 한산만으로 유인하여 소탕하고자 하였다. 문어포에서 도망갈 길이 트였다는 말에 속은 왜적들이 한산만(제승당개)으로 몰려들었으나 길이 막혀 오도 가도 못하게 되자 이곳 산허리를 뚫고 도망가기 위해 개미 떼처럼 엉겨 붙었다고 전해진다. 이들은 뒤쫓아 온 아군과 앞서 상륙한 육전대에게 모조리 도륙당하고 말았다. 그래서 왜적들이 개미 떼같이 엉겨 붙은 형상이 개미허리와 모가지같이 되었다 하여 붙인 이름이다.

- 두억개(頭億浦): 두억개는 제승당에서 남쪽으로 강줄기처럼 긴 포구로 조수간만의 차가 커서 한산해전 때 이곳으로 쫓겨 온 왜적들이 물길이 막히자 미처 뱃머리를 돌리지 못하고 거의 전멸되었다. 소탕전에 나선 우리 군사들 칼에 머리가 억수로 떨어졌다 하여 붙여진 지명이다.

- 문어포(問語浦): 한산해전에서 대패한 후 한산만 좁은 물길로 쫓겨 온 왜군 패잔병들이 바닷가에 앉아 있는 노인에게 이리로 가면 넓은 바다로 빠져나갈 수 있느냐고 도망갈 길을 묻자 그렇다고 거짓 대답을 했다고 해서 붙여진 이름이다. 뱃길을 따라 한산만 좁은 개 안으로 들어가다 보면 오른쪽 목으로 깊숙이 들어가는 좁은 물길이 이어지는데 밖에서 바라보면 계속 넓은 바다로 뚫려 있는 것처럼 보인다.

남해

남해 관음포 이 충무공 유적[3]

남해섬은 충무공 이순신 장군의 충의가 담긴 국난 극복의 현장으로 부산포와 여수를 잇는 해로의 중간 지점에 위치하고 있어 조선 수군 작전의 승

---

3) 남해시 홈페이지, 이순신 순국공원: 남해 관음포 이 충무공 유적 참조.

이순신 순국공원

패를 좌우하던 길목과 같은 수역이다. 이곳에서 통제사 이순신 장군과 진린 제독의 조·명 연합 수군은 철수하는 왜군을 섬멸하기 위해 관음포 앞바다에 진을 치고 최후의 전투를 벌였다.

1598년 8월 도요토미 히데요시(豊臣秀吉)의 사망으로 왜군은 조선에서 퇴각하라는 명령을 받았다. 순천에 주둔하고 있던 고니시 군사들은 조선 수군에 의해 남해의 길목이 차단되어 고립되어 있던 중 사천 일대에서 원군으로 온 왜군들과 합세하여 이탈을 시도하면서 해상 전투인 노량해전이 벌어지게 되었다. 정유재란의 마지막 전투였던 이 해전에서 이순신 장군이 왜적의 탄환에 맞아 전사하게 되자 관음포 만의 이락장곶(李落長串)으로 장군의 주검을 맨 먼저 모신 것으로 전해지고 있다.

이순신 장군의 8대손 이항권이 1832년(순조 32)에 통제사로 부임하여 왕명으로 제사를 지내는 단과 유허비, 비각을 세웠다. 남해 관음포 이 충무공 유적은 1973년 6월 11일 사적 232호로 지정되었다.

관음포만

대성운해 편액이 적힌 비각

유언비

1998년 12월 16일(1598년 당시 음력 11월 19일) 이순신 장군 순국 400주년 추모식 때 제막되었다. 높이 8m의 자연석에는 '전방급신물언아사(戰方急愼勿言我死, 싸움이 한창 급하니 내가 죽었다는 말을 하지 말라)'라고 새겨져 있다.

유언비

여수[4]

여수는 이순신 장군이 8년(1591. 2~1598. 11. 19)을 머물렀고, 전라좌수영의 본영으로 거북선을 처음으로 출정시킨 곳이기도 하다. 여수에는 거북선을 최초로 만든 선소, 이순신 장군의 공적을 새긴 통제이공수군대첩비, 공을 추모하여 세운 눈물의 비석 '타루비'와 국내 최초로 세워진 이순신 사당인 '충민사'가 있다.

충민사

거북선 선소

---

4) 여수시 홈페이지, 충무공의 발자취 참조.

타루비   진남관

진남관은 충무공 이순신이 전라좌수영의 본영으로 삼았던 진해루가 있던
자리로 임진왜란이 끝난 다음 해인 1599년, 충무공 이순신 후임 통제사 겸
전라좌수사 이시언이 정유재란 때 불타버린 진해루 터에 75칸의 대규모 객
사를 세우고, 남쪽의 왜구를 진압하여 나라를 평안하게 한다는 의미에서
'진남관(鎭南館)'이라고 이름 지었다.

참고문헌

- 『광해군일기(정초본)』 141권. 115권.
- 구태훈. 『일본사 강의』. 서울 : ㈜ 히스토리메이커, 2017.
- 국방부전사편찬위원회 편. 『임진왜란사』. 서울: 국방부, 1987.
- 기타지마 만지. 『도요토미 히데요시의 조선침략』. 김유성, 이민웅 역. 서울: 경인문화사, 2008.
- 김강식. 『임진왜란시기의 의병운동을 통해 본 조선사회』. 지역과 역사 23권. 부경역사연구소, 2008.
- 김명준. 『임진왜란과 김성일』. 서울: 백산서당, 2006.
- 김덕수. 『이순신의 진실』. 서울: 플래닛미디어, 2016.
- 김문길. 『임진왜란은 문화전쟁이다』. 서울: 혜안, 1995.
- 김성우. "전쟁과 번영-17세기 조선을 바라보는 또 다른 관점" 역사비평 2014년 여름호, 2014.
  _____ "임진왜란 시기 관군은 왜 약했는가?" 역사와 현실 제87호, 한국역사연구회, 2013.
- 김시덕. 『그들이 본 임진왜란』. 서울: 학고재, 2012.
- 김종대. 『이순신, 신은 이미 준비를 마치었나이다』. 서울: 가디언, 2012.

• 김용곤. "조선전기 군량미의 확보와 운송-임란 당시를 중심으로" 한국사학회, 사학연구 32호, 1981.

• 노병천. 『이순신』. 서울: 양서각, 2005.

• 도현신. 『원균과 이순신』. 서울: 비봉출판사, 2008.

• 민덕기. "임진왜란기 납치된 조선인의 일본잔류 배경과 그들의 정체성 인식" 한국사연구회, 한국사연구 제140호, 2008.

_____ "임진왜란에 납치된 조선인의 일본생활" 호서사학, 제36집, 2005.

_____ "임진왜란에 납치된 조선인의 귀환과 잔류로의 길" 한일관계사 연구 제20집, 2004.

• 박재광. "임진왜란기 일본군의 점령정책과 영향" 군사 44, 국방부 군사편찬연구소, 2001.

• 박창기. 『토요토미 히데요시』. 서울: 신아사, 2009.

• 배영복. "한국을 살린 UP통신의 아침 길거리 특종" 국방일보 기획 연재. "6·25전쟁의 진실과 비밀, 전쟁과 보도전쟁" 2016.

• 백지원. 『조일전쟁』. 서울: ㈜진명출판사, 2009.

• 『선조실록』 2권. 31권. 35권. 48권. 54권. 74권. 88권. 99권. 117권. 122권. 124권. 136권. 140권. 150권. 188권. 212권.

• 『선조수정실록』 26권. 41권.

• 송복. 『류성룡, 나라를 다시 만들 때가 되었나이다』. 서울: 가디언, 2014.

• 송양섭. "임진왜란기 국가의 둔전 설치와 경영" 고려사학회 한국사학보 7호, 고려사학회, 1999.

• 안영배. 『잊혀진 전쟁 정유재란』. 서울: 동아일보사, 2018.

• 야마모토 시치헤이. 『기다림의 칼-100년의 잔혹시대를 끝낸 도쿠가와 이에야스』. 박선영 역. 서울: 21세기북스, 2010.

• 우인수. "선비들의 임란 창의정신과 의병활동" 퇴계학과 유교문화, 제56호, 2015.

• 육군사관학교 군사연구실. 『한국군제사 근세조선전기편』. 서울: 육군본부, 1968.

• 이기백. 『역사적 경험에 비춰본 민족의 통일』 한국사 시민강좌 26. 서울: 일조각, 2000.

• 이내주. 『한국의 전통무기와 전술변화(2), 임진왜란 이후』. 서울: 국방과 기술, 2004.

• 이덕일. 『교양한국사 3권』. 서울: 휴머니스트, 2003.

• 이덕일. 『설득과 통합의 리더 유성룡』. 서울: 역사의 아침, 2007.

• 이민웅. 『임진왜란 해전사』. 서울: 청어람미디어, 2004.

• 이숙경. "조선 선조대 유근의 대외관계 활동" 한국인물사연구회, 한국인물사연구 15호, 2011.

• 이순신역사연구회 편. 『이순신과 임진왜란』 제4권. 서울: 비봉, 2006.

• 이원희. "정유재란기 칠천량해전의 패인 분석" 육군 군사연구 제139집, 2015.

• 이은식. 『원균 그리고 이순신』. 서울: 타오름, 2009.

• 이장희. 『임진왜란사 연구』. 서울: 아세아문화사, 2007.

• 이재호 역. 『징비록』. 서울: 역사의 아침, 2007.

• 이종봉. "임진왜란 시기 일본의 병량미 보급과 그 정책" 부산대 한국민족문화연구소, 한
　　　국민족문화 27, 2006.

• 이한우. 『선조, 조선의 난세를 넘다』. 서울: 해냄, 2007.

• 『인조실록』 8권.

• 장학근. "제승방략이 지닌 병력운용의 가치" 군사 64권, 국방부 군사편찬연구소, 2007.

• 장학근. 『조선 평화를 짝사랑하다』. 서울: 플래닛미디어, 2008.

• 장한식. 『오랑캐 홍타이지 천하를 얻다』. 서울: 산수야, 2018.

• 정두희. 이경순 엮음. 『임진왜란, 동아시아 삼국전쟁』. 서울: 휴머니스트, 2010.

• 정재정. 『한일통사』. 서울: 효형출판, 2007.

• 정종숙. 『징비록, 기억을 기억하라』. 서울: 북스타, 2015.

• 제장명. 『이순신 백의종군』. 서울: 행복한 나무, 2011.

• 조성도. 『이순신의 생애와 사상』. 서울: 명문당, 2014.

• 조원래. 『임진왜란사 연구의 새로운 관점』. 서울: 아세아문화사, 2011.

• 한명기. 『임진왜란과 명나라 군대』. 서울: 역사비평사, 2001.

• 함규진. 『선조 나는 이렇게 본다』. 서울: 보리, 2012.

정치와 리더십의 실패가 부른 전쟁

임진왜란 대비하지 않으면 다시 온다

초판 인쇄 2020년 11월 14일
초판 발행 2020년 11월 20일

지은이   김형기
발행인   권윤삼
발행처   도서출판 산수야

등록번호   제1-1515호
주소   서울시 마포구 월드컵로 165-4
우편번호   03962
전화   02-332-9655
팩스   02-335-0674

ISBN 978-89-8097-526-6 03910

이 도서의 국립중앙도서관 출판시도서목록(CIP)은
서지정보유통지원시스템 홈페이지(http://seoji.nl.go.kr)와
국가자료공동목록시스템(http://www.nl.go.kr/kolisnet)에서 이용하실 수 있습니다.
(CIP제어번호: CIP2020037379)